高等职业教育教材

接发列车工作

庞　敏　牛春年◎主编
王文浩◎主审

中国铁道出版社有限公司
2024 年·北 京

内 容 简 介

本书是高等职业教育铁道交通运营管理专业教材。全书共有4个项目、17个任务，具体内容包括接发列车相关知识认知、接发列车工作认知、正常情况接发列车、接发列车应急处置与非正常情况接发列车。

本书适合作为高等职业教育铁道交通运营管理专业教材，也可供从事铁路运输相关工作的干部、职工学习参考。

图书在版编目（CIP）数据

接发列车工作 / 庞敏，牛春年主编. -- 北京 ：中国铁道出版社有限公司，2024. 12. --（高等职业教育教材）. -- ISBN 978-7-113-30780-6

Ⅰ. U292.15

中国国家版本馆 CIP 数据核字第 2024SH0313 号

书　　名：接发列车工作
作　　者：庞　敏　牛春年

责任编辑：王佳琪　悦　彩　　**编辑部电话：**（010）51873169　　**电子邮箱：**2307202638@qq.com
封面设计：刘　莎
责任校对：安海燕
责任印制：高春晓

出版发行：中国铁道出版社有限公司（100054，北京市西城区右安门西街8号）
网　　址：https://www.tdpress.com
印　　刷：三河市国英印务有限公司
版　　次：2024年12月第1版　2024年12月第1次印刷
开　　本：787 mm×1 092 mm 1/16　**印张：**16.75　**字数：**345千
书　　号：ISBN 978-7-113-30780-6
定　　价：49.00元

前　言

铁路是国民经济大动脉，是国家的关键基础设施和重大民生工程，是综合交通运输体系的骨干，在我国经济社会发展中起着至关重要的作用。到2024年底，全国铁路营业里程达到16.2万km，其中高速铁路营业里程4.8万km。

为适应未来铁路运输业发展需求，社会急需一大批具备一定铁路运输基础理论和专业实践技能的高素质技术技能人才。“接发列车工作”作为铁道交通运营专业核心课程，在培养铁路运输技术技能人才方面起着重要作用。

本书紧紧围绕高等职业教育的培养目标，本着“以能力为本位，以实践为基础，以学生为主体”的基本理念进行编写。编写过程中，校企专家反复研讨、论证，在对接发列车岗位职业能力分析的基础上，根据车站值班员、助理值班员等岗位任职要求，以《铁路技术管理规程》、《铁路接发列车作业》(TB/T 30001—2020)、《铁路车机联控作业》(TB/T 30003—2020)和《铁路车站行车作业人身安全规定》为依据，精选教材内容，同时融入铁路新设备、新技术，使教材既具有较强的实践性，也具有一定的前瞻性。

本书具有以下特点：

1. 素养提升，德育渗透

本书设置“素养提升”板块，通过对接发列车工作各类制度与技术进行思考，大力弘扬铁路精神，培养学生严谨认真、按章作业的职业态度和工匠精神，树立作业中的大局意识和安全责任意识，让学生意识到遵守规章、安全行车的重大意义。

2. 项目引领，任务驱动

本书每个项目首页设置“项目导读”，旨在帮助学生建立本项目的知识体系。每个项目下设若干个任务，每个任务设置“学习目标”“所需工具备品材料”“工作安全”“关联任务”“知识准备”“任务布置”“任务实施”“任务评价”“学生感悟”等板块，让学生在完成工作任务的过程中掌握相关的知识与技能。

3. 纵横连接，任务关联

本书每个任务都设置“关联任务”板块，使学生在学习本任务的同时，能迅速定位查找与本任务相关的知识点，这样既能建立项目之间的纵向连接，又能建立相关知识之间的横向联系，从而使学生搭建立体化的知识架构。

4. 趣味设置,形式纷呈

本书部分任务设置“知识拓展”“警钟长鸣”“思维延伸”“素养提升”等板块,以调动学生兴趣,拓宽学生视野,使学习内容丰富化、生动化。

5. 数字资源,辅助教学

本书配有丰富的数字资源,包括微课、动画、优质课件等,通过多位一体的立体化资源,辅助教师教学和学生学习。

本书中,信号员是指助理值班员岗位中负责执行《铁路接发列车作业》(TB/T 30001—2020)信号员技术作业的人员。本书所涉及作业用语中“(　)”内的字可省略,“[　]”内的字与加粗字根据实际情况选择使用。

本书由山西铁道职业技术学院、大秦铁路股份有限公司太原职工培训基地、大秦铁路股份有限公司太原北站等共同组织编写,由山西铁道职业技术学院庞敏、大秦铁路股份有限公司太原职工培训基地牛春年任主编,中国国家铁路集团有限公司调度指挥中心王文浩任主审,山西铁道职业技术学院赵爱威、陈高峰,大秦铁路股份有限公司太原北站陈国柱参与编写。具体编写分工如下:牛春年、陈高峰编写项目一,庞敏编写项目二,赵爱威编写项目三,陈国柱编写项目四。

编写过程中参阅了许多相关教材和资料,在此谨向这些教材和资料的作者致谢!由于编者水平有限,书中难免存在一些疏漏和不妥之处,敬请读者批评指正。

编　者

2024 年 10 月

目 录

项目1　接发列车相关知识认知

项目导读

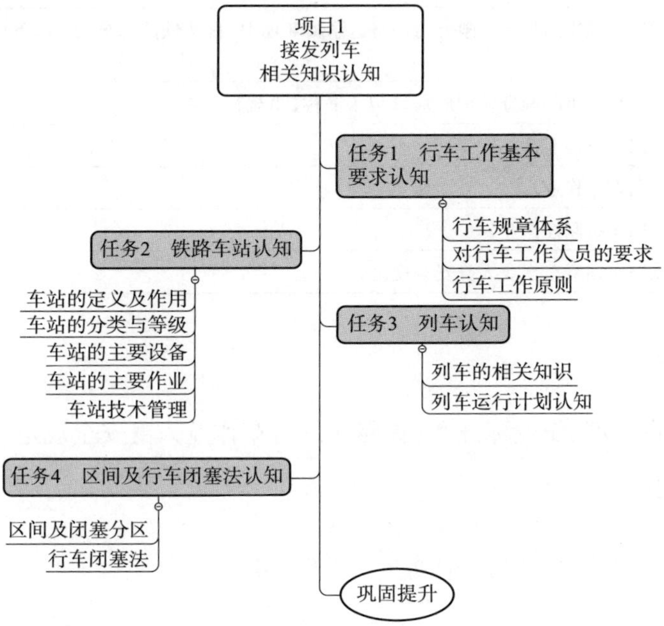

任务1　行车工作基本要求认知	编号	XM1-1
	岗位及等级	车站值班员高级 助理值班员高级

学习目标

1. 知识目标

(1)掌握铁路行车规章体系的作用、意义、种类、主要内容及相互关系。

(2)熟知规章对行车人员的要求。

(3)掌握行车工作六项基本原则。

2. 技能目标

能够严格执行规章制度和作业标准,杜绝违章、违纪、违标等“三违”行为。

3. 素养目标

(1)培养严谨认真、敬畏规章、遵守规章、按标作业的良好习惯。

(2)牢固树立紧密联系、协调配合的大局观念,培养责任意识、标准意识、执行意识、安全意识。

所需工具备品材料

序　号	名　称
1	《铁路技术管理规程(普速铁路部分)》[以下简称《技规(普速铁路部分)》]
2	《中国国家铁路集团有限公司铁路运输调度规则(普速铁路部分)》[以下简称《调规(普速铁路部分)》]
3	《铁路交通事故调查处理规则》(以下简称《事规》)
4	《铁路接发列车作业》
5	《铁路调车作业》
6	《铁路车机联控作业》
7	《铁路车站行车作业人身安全规定》

工作安全

严格执行规章制度、作业标准和《铁路车站行车作业人身安全规定》。

关联任务

项目 2 任务 2、任务 3,项目 4 任务 4。

知识准备

1.1.1　行车规章体系

1. 行车规章的作用和意义

规章制度是国家机关、社会团体、企事业单位等制定的有关行政管理、生产操作、学习和生产等方面的各种法规、章程、规范、细则和制度的总称。在铁路运输企业管理中,行车规章属于技术管理范畴,正确合理地制定规章制度,全面有效地落实规章制度,是企业技术管理的主要任务,是衡量企业管理水平的重要标志。

铁路是一个特殊的物质生产部门,可以从两个方面进行理解,一是运输存在于生产过程中,二是运输是生产和消费之间联系的环节。铁路运输的产品是运输服务,是一种无形产品,产品质量表现形式集中体现在安全、快捷、经济、舒适、多样化等方面。铁路行车规章制度就是为提升铁路运输产品质量,优质、高效地完成客货运输任务、组织生产活动、约束生产行为而制定的行为规范和准则。

铁路运输具有军事化特征、高度集中的特点、联动机特性。铁路点多、线长、面广、流动、分散、全天候运转、作业环节多、接合部多，列车要按图运行，设备要定置管理，规章制度及作业标准要落实，这就要求各工种、各环节间各负其责，紧密联系、协同配合，只有每个人都一板一眼落实、不打折扣执行，才能让命令和指挥生效，才能让规章和制度落地，正所谓一点不差，差一点不行。

安全和效益是铁路运输两大永恒主题。行车规章是保障安全生产的生命线，铁路行车技术管理的一系列行车规章制度，就是在保证安全的基础上，尽可能地提高效益做出的规定，可见，加强行车技术管理，对保障行车安全，提高作业效率和效益，实现企业的目标，具有重要作用。

2. 铁路行车规章种类

铁路行车规章一般分为基本规章、专业规章、作业标准。基本规章指《铁路技术管理规程》（以下简称《技规》）、《普速铁路行车组织规则》（以下简称《行规》）、《高速铁路行车组织细则》（以下简称《行细》）、《车站行车工作细则》（以下简称《站细》）等；专业规章主要包括《中国国家铁路集团有限公司铁路运输调度规则》（以下简称《调规》）、《事规》等；作业标准主要有《铁路接发列车作业》（TB/T 30001—2020）、《铁路调车作业》（TB/T 30002—2020）、《铁路车机联控作业》（TB/T 30003—2020）、《铁路车站行车作业人身安全规定》等。除上述规章、标准外，上级下达的与行车有关的文件、电报、规则、办法、命令等也是行车规章的重要组成部分。

（1）《技规》。

《技规》依据《中华人民共和国铁路法》《铁路安全管理条例》等有关法律法规制定，是国家铁路基本技术规章，统领各专业技术规章、企业标准等。各部门、各单位制定的技术管理文件等，都必须符合《技规》的规定。当其他规章、标准与《技规》有冲突时，以《技规》为准。

《技规》规定了国家铁路的基本建设、产品制造、验收交接、技术性能、使用管理及保养维修方面的基本要求和标准；规定了与行车相关的各部门、各单位、各工种在从事铁路运输生产时，必须遵循的基本原则、责任范围、工作方法、作业程序和相互关系；规定了信号的显示方式和执行要求；明确了铁路工作人员的主要职责和必须具备的基本条件。

※知识拓展

《技规》适用范围

《铁路技术管理规程（高速铁路部分）》［以下简称《技规（高速铁路部分）》］适用于200 km/h及以上的铁路和200 km/h以下仅运行动车组列车的铁路。

《技规(普速铁路部分)》,适用于200 km/h以下的铁路(仅运行动车组列车的铁路除外),包括设计速度200 km/h以下客货共线铁路、重载铁路及仅运行普通旅客列车的铁路等。

(2)《行规》及《行细》。

《行规》《行细》是铁路局集团公司普速铁路及高速铁路的基本技术规章,是铁路局集团公司为实施《技规》规定的行车组织原则和办法,针对铁路局集团公司技术设备、运输特点、工作水平等具体条件而制定的行车组织办法。

《行规》《行细》主要内容包括《技规》授权由铁路局集团公司规定或批准的事项;《技规》未做统一规定,又不宜由基层站段自行补充规定的行车办法;根据铁路局集团公司管内信号、联锁、闭塞设备,线路、供电、信息设备,机车车辆类型及特殊地段的平、纵断面等特点,对行车规定的特殊要求和注意事项;铁路局集团公司在生产实践中创造的普遍推广的先进经验和行之有效的安全生产措施等。

(3)《站细》。

《站细》是车站贯彻执行《技规》、《行规》和《行细》,加强车站技术管理、保证安全高速高效地进行行车组织工作的重要技术文件。车站应根据《技规》、《行规》、《行细》、《调规》、列车编组计划、列车运行图,以及其他有关规章要求,结合车站运输条件及设备情况进行编制,并在技术设备、作业组织方法发生变化时及时修订。

《站细》主要内容包括车站的位置、性质、等级和任务;线路、道岔、调车设备,信号、联锁、闭塞、通信设备,车站信息系统,照明、供电、给水设备,客、货运设备的设置数量、使用条件和管理负责制;车站日常作业计划的编制、执行及生产管理制度;车站正常及非正常情况接发列车办法、车站调车工作及与行车有关的客运工作、货运工作、军事运输工作组织;车站各项技术作业程序和时间标准,列车技术作业程序及机车出入段、整备时间标准,列车解体、编组时间标准,集结及各种等待时间标准,各种车辆停留时间标准;车站通过能力和改编能力;附注有坡度的车站线路平面图、进站信号机外制动距离内平纵断面图、联锁图表及电气化区段接触网高度和分相绝缘器位置等资料。

(4)《调规》。

《调规》由中国国家铁路集团有限公司(以下简称国铁集团)制定。《调规(普速铁路部分)》适用于200 km/h以下铁路(仅运行动车组列车的铁路除外);《中国国家铁路集团有限公司铁路运输调度规则(高速铁路部分)》[以下简称《调规(高速铁路部分)》]适用于200 km/h及以上的铁路和200 km/h以下仅运行动车组列车的铁路。

《调规》主要内容包括运输调度的组织机构、职责范围、工作制度和调度工作设备配置的基本要求;运输调度日常工作必须遵循的基本原则、职责范围、工作方法、作业程序和相互关系;运输调度人员招聘(选拔)、培训的基本条件和基本要求。

《调规》是铁路各级运输调度管理的基本规则和工作标准，各级运输调度及有关部门制定规则、细则、标准和办法等，必须符合《调规》的规定。

铁路运输调度部门是铁路日常运输组织的指挥中枢，分别代表各级领导组织指挥日常运输工作。铁路运输调度担负着保障运输安全、组织客货运输、保证国家重点运输、提高客货运输服务质量的重要责任，对完成铁路运输生产经营任务，提高铁路运输企业效益起着重要作用。凡与行车组织有关的日常生产活动都必须在运输调度的统一组织指挥下进行。铁路运输调度工作实行国铁集团、铁路局集团公司、站段三级管理，集中统一指挥。各级运输调度和运输有关人员必须认真学习、严格遵守和执行《调规》的规定。

(5)《事规》。

《事规》根据国务院颁布的《铁路交通事故应急救援和调查处理条例》制定，适用于国家铁路、合资铁路、地方铁路及专用铁路、铁路专用线等发生事故的调查处理。

《事规》主要内容包括铁路机车车辆在运行过程中发生冲突、脱轨、火灾、爆炸等影响铁路正常行车的事故，含影响铁路正常行车的相关作业过程中发生的事故；铁路机车车辆在运行过程中与行人、机动车、非机动车、牲畜及其他障碍物相撞的事故。《事规》对事故的分类和等级、事故构成条件、事故报告、事故调查、事故责任判定和损失认定及事故的统计和分析等做出了具体的规定。

(6)作业标准。

作业标准是指和直接生产活动有关的作业项目或程序，是在内容、顺序、质量、时限、工具、动作、态度等方面所做的统一规定。它是对生产作业人员具有约束性的准则。铁路作业标准有国家铁路局制定的标准、国铁集团制定的标准、铁路局集团公司制定的标准、各基层站段制定的标准。铁路行车工作常用的作业标准主要有：

①《铁路接发列车作业》。

《铁路接发列车作业》规定了双线自动闭塞集中联锁设备车站、单(双)线半自动闭塞集中联锁设备车站、单(双)线半自动闭塞色灯电锁器联锁设备车站、自动站间闭塞集中联锁设备车站、单(双)线电话闭塞无联锁设备(联锁设备失效)车站、单(双)线自动闭塞分散自律控制模式下车站操作方式车站、自动站间闭塞分散自律控制模式下车站操作方式车站的接发列车作业程序、岗位作业技术要求，适用于国家铁路、地方铁路、专用铁路的接发列车作业。

②《铁路调车作业》。

《铁路调车作业》规定了铁路调车作业的基本要求、准备作业、自动化驼峰作业、半自动化驼峰作业、简易驼峰作业、平面牵出线作业、编组列车作业、列车摘挂作业、取送车辆作业、停留车作业等内容，适用于国家铁路、地方铁路、专用铁路及铁路专用线的调车作业。

③《铁路车机联控作业》。

《铁路车机联控作业》规定了铁路车机联控的设备、作业人员、作业程序及用语，适用于国家铁路、地方铁路、专用铁路及铁路专用线的车机联控作业。

(7)《铁路车站行车作业人身安全规定》。

《铁路车站行车作业人身安全规定》是国铁集团依据《技规》等有关规定，结合现场设备及作业组织变化制定的铁路车站行车作业人身安全的基本要求。其主要内容包括行车作业人身安全通用规定，接发列车作业人身安全规定，调车作业人身安全规定，清扫(扳道)作业人身安全规定等。

没有规矩，不成方圆。规章制度是制定作业标准的重要依据，而作业标准是以规章制度要求的结果为目标，对作业程序、作业项目、技术要求等做出的优化规定，作业标准把作业过程程序化，它是规章制度的细化、量化和执行保证，按标准作业无疑就是贯彻了规章制度。由此可见，规章制度与作业标准关系密切，目的统一，相辅相成，不可偏废。

※知识拓展

国铁集团及其所属企业简介

国铁集团以铁路客货运输为主业，实行多元化经营。负责铁路运输统一调度指挥，统筹安排路网性运力资源配置，承担国家规定的公益性运输任务，负责铁路行业运输收入清算和收入进款管理。自觉接受行政监管和公众监督，负责国家铁路新线投产运营的安全评估，保证运输安全，提升服务质量，提高经济效益，增强市场竞争能力。坚持高质量发展，确保国有资产保值增值，推动国有资本做强做优做大。

国铁集团下设33家企业。

(1)铁路局集团公司(18个)：中国铁路哈尔滨局集团有限公司、中国铁路沈阳局集团有限公司、中国铁路北京局集团有限公司、中国铁路太原局集团有限公司、中国铁路呼和浩特局集团有限公司、中国铁路郑州局集团有限公司、中国铁路武汉局集团有限公司、中国铁路西安局集团有限公司、中国铁路济南局集团有限公司、中国铁路上海局集团有限公司、中国铁路南昌局集团有限公司、中国铁路广州局集团有限公司、中国铁路南宁局集团有限公司、中国铁路成都局集团有限公司、中国铁路昆明局集团有限公司、中国铁路兰州局集团有限公司、中国铁路乌鲁木齐局集团有限公司、中国铁路青藏集团有限公司。

(2)川藏铁路有限公司。

(3)专业运输公司(3个)：中铁集装箱有限责任公司、中铁特货运输有限责任公司、中铁快运股份有限公司。

(4)非运输企业(11个)：中国铁路投资有限公司、中国铁道科学研究院集团有限公司、中国铁路经济规划研究院有限公司、中国铁路信息科技有限责任公司、中国铁路设计集团有限公司、中国铁路国际有限公司、铁总服务有限公司、中国铁道出版社有限公司、《人民铁道》报业有限公司、中国铁路专运中心、中国铁路文工团有限公司。

1.1.2 对行车工作人员的要求

行车工作事关铁路运输安全、事关人民生命和财产安全，行车人员除了严格遵守《中华人民共和国安全生产法》《中华人民共和国劳动法》等国家有关法律法规规定外，《技规》对行车从业人员提出了特殊要求。

1. 任职条件

行车有关人员，在任职、提职、改职前，必须按照铁路职业技能培训规范要求，进行拟任岗位资格性培训，并经职业技能鉴定和考试考核，取得相应职业资格证书和岗位培训合格证书后，方可任职。在任职期间，须按照铁路职业技能培训规范等规定，定期参加岗位适应性培训和业务考试，考试不合格的，不得继续履职。

行车有关人员，在任职前必须经过健康检查，身体条件不符合拟任岗位职务要求的，不得上岗作业。在任职期间，要定期进行身体检查，身体条件不符合任职岗位要求的，应调整工作岗位。

驾驶机车、动车组、自轮运转特种设备（铁路救援起重机除外）的人员，必须持有国家铁路局颁发的驾驶证。变更驾驶机（车）型前，必须经过相应的技术培训并考试合格。实习和学习驾驶机车、动车组、自轮运转特种设备和操纵信号或重要机械、设备及办理行车作业的人员，必须在正式值乘、值班人员的亲自指导和负责下，方准操作。

2. 岗位要求

行车有关人员，接班前须充分休息，严禁饮酒，如有违反，立即停止其所承担的任务。行车有关人员在执行职务时，必须坚守岗位，穿着规定的服装，佩戴易于识别的证章或携带相应证件，讲普通话。

对行车有关人员，应进行日常安全生产知识和劳动纪律的教育、考核，并有计划地组织好在职人员的日常政治和技术业务学习。

※警钟长鸣

违反规定钻车底，列车起动致重伤

1. 事故概况

某日，某站助理值班员出场接车，横越5道时没有确认5道停留车列的状态钻越车底，被起动运行的×××××次车列碾轧致重伤。依据《事规》第十三条规定，构成铁路交通一般B2类事故。

2. 原因分析

这是一起典型的作业人员安全意识淡薄、违反违章制度导致的人身伤害事故。该职工在站内横越停有机车、车辆的线路时，没有先确认机车、车辆暂不移动，然后在该机车、车辆较远处通过,反而钻越车底,导致被起动运行的列车碾轧致重伤。

3. 应采取的措施与方法

行车有关人员在作业过程中要做到严格执行《铁路车站行车作业人身安全规定》,认真确认列车运行计划、站内停留车位置,做好班前风险研判、班中互控,提高安全责任意识,确保人身安全。

1.1.3 行车工作原则

铁路行车组织工作,必须贯彻安全生产的方针,坚持高度集中、统一领导的原则。运输、机务、车辆、工务、电务、供电、信息、房建等部门要发扬协作精神,主动配合,紧密联系,协同动作,组织均衡生产,不断提高效率,挖掘运输潜力,完成或超额完成铁路运输任务。

1. 安全生产原则

“安全第一、预防为主”是党和国家的一贯方针,也是对铁路运输生产在质量标准上的基本要求。铁路一旦发生事故,不仅会给人民生命财产造成严重损失,而且会在政治上、社会上带来不良影响。因此行车有关各部门、各单位必须认真贯彻安全生产的方针。

※思维延伸

安全与生产、安全与效益的关系

安全是生产的“控制器”。安全与生产是相互促进、相互制约、相辅相成的辩证统一的关系,即生产是企业的目标,安全为生产服务;安全是生产的前提,生产必须安全。

安全是效益的“保险箱”。安全与效益是一个问题的两个方面,是一个完整的、密不可分的辩证统一体。安全与效益始终成正比关系,安全好必然效益好,安全差必然效益差,安全没保证,效益就会流失,安全发生重大事故,效益就会大打折扣。所以说,安全就是效益,没有安全就没有效益,对铁路而言安全就是最大的效益。当安全与效益不能兼顾时,效益要让位于安全;当安全与效益发生矛盾时,要采取有效的措施,消除不安全因素,避免各类事故的发生,真正地从安全生产上提高经济效益。

2. 集中领导、统一指挥、逐级负责原则

行车工作具有点多、线长、面广和多工种联合作业的特点,为使行车各部门、各工种能够步调一致、协同动作,只有坚持集中领导、统一指挥、逐级负责的原则,才能把各部门组成一个统一的整体，使各个环节相扣，紧密联系，保证运输生产安全、迅速、准确、协调地进行。

铁路局集团公司与铁路局集团公司间由国铁集团统一指挥，铁路局集团公司管内各区段间由铁路局集团公司统一指挥，一个调度区段内由本区段列车调度员统一指挥。车站由车站值班员，线路所由线路所的车站值班员统一指挥。凡划分车场的车站，各车场由该车场的车站值班员统一指挥；车场间接发列车进路互有关联的行车事项，由指定的车站值班员统一指挥。列车和单机由司机负责指挥。列车或单机在车站时，所有乘务人员应按车站值班员的指挥进行工作。在调度集中区段，调度集中控制车站有关行车工作由该区段列车调度员直接指挥；但转为车站控制时，由车站值班员指挥。

3. 协作原则

铁路是国民经济中一个主要的物资生产部门，与各个方面都有广泛的联系，因此必须树立全局观念和全心全意为人民服务的思想，发扬社会主义协作精神，运输、机务、车辆、工务、电务、供电、信息等部门要主动配合，紧密联系，协同动作，共同完成任务。

4. 均衡生产原则

铁路不仅涉及的部门多、岗位工种多、工种人员多、作业环节多，而且不分昼夜、连续性强、时间性强。因此，无论是工作组织上、人员和时间安排上，都要统筹兼顾、精心安排，组织均衡生产，这是增强铁路输送能力的重要途径。为此，行车有关部门，必须不断提高计划质量，加强调度指挥工作，提高站段工作水平，积极总结和推广先进经验，改进作业组织，充分挖掘运输潜力，不断提高运输效率，保证全面完成和超额完成运输生产任务。

5. 按图行车原则

铁路是一个庞大的多工种组成的联动机。在运输过程中，要求联动机的各个环节、各个部门相互配合，协调动作，像钟表一样准确地工作。而列车运行图在保证铁路各部门各单位相互配合和协调动作上起着重要的组织作用。列车运行图可以把所有与行车有关的单位组织起来，严格按照一定的程序，有条不紊地进行工作。所以说，列车运行图是铁路行车组织工作的基础，所有与列车运行有关的铁路部门，必须按列车运行图的要求，组织本部门的工作，以保证列车按运行图运行。

列车运行图应根据客货运量、区段通过能力等因素确定列车对数，并符合下列要求：一是制定列车运行、车站间隔、技术作业等时间标准；二是要迅速、便利地运输旅客和货物；三是要充分利用通过能力，经济合理地运用机车车辆和安排施工、维修天窗；四是组织好列车运行线与车流的结合；五是要做好各站、各区段间的协调与均衡；六是合理安排乘务人员作息时间。

6. 按列车编组计划组织车流原则

货物列车编组计划是全路的车流组织规划。列车编组计划统一安排全路的车流组织方案,规定编组货物列车的要求、方法和内容。编制编组计划的基本原则是:坚持全局观点,局部服从整体,管内服从跨局;根据货流调查、车流规律和车流径路,合理采用多种车流组织方式,最大限度地组织成组、直达运输,发展快速运输,适应运输市场需求;统筹安排各编组(区段)站任务,减少车辆中转,提高车站作业效率。

※素养提升

扣好人生第一粒扣子,把好青春奋斗的航向

如果第一粒扣子扣错了,剩余的扣子都会扣错。人生的扣子从一开始就要扣好。希望大家要坚定理想信念,把好青春航向。

一要坚定理想。加强理论学习,努力改造主观世界,补足精神之"钙",拧紧"总开关",扣好人生第一粒扣子,坚定理想信念,把好青春航向。

二要严守规矩。养成良好的遵章守纪习惯,心中有规矩,行为定方圆。只要规章制度要求的,都要按规矩办事,服从命令听指挥,不打折扣地落实到位,把学习中、生活中的每一件事做就做好。

三要加强学习。牢固树立终身学习的理念,把学习作为首要任务,作为一种精神追求、一种内在需要、一种生活方式,既读有字之书,也读无字之书,养成学习的良好习惯。

四要练就本领。要向书本学习,认真学习铁路专业知识,学习高速铁路、重载新技术,提高业务技能;要向他人学习,三人行,必有我师,虚心学习别人的长处,补齐自己的短板;要理论联系实际,学以致用,用以促学,练就一身过硬本领,让增长的本领成为搏击青春的能量。

任务布置

请叙述行车工作人员的任职条件和岗位要求。

任务实施

序　　号	作业项目	作业内容
1	掌握任职条件	
2	明确岗位要求	

任务评价

评价项点	评价标准	本人自评得分（20%）	小组互评得分（20%）	校内教师评价得分（30%）	企业导师评价得分（30%）	综合得分
知识点掌握（30%）	掌握行车作业人员的任职条件					
技能点运用（40%）	能够严格按照岗位要求，按章作业，按标作业					
职业素养（30%）	具备严格遵守规章制度、按岗位要求作业的良好习惯					
综合评价						

学生感悟

思考总结	
心得分享	

任务2　铁路车站认知	编号	XM1-2
	岗位及等级	车站值班员高级 助理值班员高级

学习目标

1. 知识目标

（1）掌握车站的定义、作用、分类、等级、设备及作业。

（2）了解道岔定位规定，熟知道岔人工加锁装置种类。

（3）掌握接发列车表示牌、安全帽、占线板（揭示板）、手摇把管理使用规定。

2. 技能目标

（1）会对车站股道编号。

（2）会对车站道岔编号。

3. 素养目标

（1）培养严谨认真、遵章守纪的工作作风。

（2）牢固树立紧密联系、协调配合的大局观念及安全责任意识。

所需工具备品材料

序　号	名　称
1	《技规(普速铁路部分)》
2	区间空闲、区间占用、区间封锁表示牌、“停基改电”表示牌
3	占线板(揭示板)、手摇把

工作安全

根据区间的状态,及时正确地揭挂各种表示牌及安全帽,保证行车安全。

关联任务

项目 1 任务 4,项目 2,项目 4 任务 3、任务 4。

知识准备

1.2.1　车站的定义及作用

车站是铁路线上设有配线的分界点。在车站可以办理列车的出发、到达、通过、会让、越行等作业,通常还可以办理客货运业务。

配线是指配置在车站内的各种用途的线路。

分界点是指车站、线路所及自动闭塞区段的通过信号机。线路所及自动闭塞区段的通过信号机是无配线的分界点,其作用是保证行车安全和必要的通过能力。

车站是铁路与人民群众及国民经济各部门的重要联系环节,参与整个运输生产过程。车站工作的质量直接关系到铁路运输工作的水平。

车站在铁路运输中主要有以下作用:

(1)车站将铁路线路划分为若干个区段和区间,保证行车安全和必要的通过能力。

(2)车站是铁路运输生产的基本单位,拥有铁路线路、站场、通信、信号等技术设备和行车、客运、货运、装卸等方面的设备和工作人员,是办理客货运输的始发、中转和终到作业的地点,是铁路与运输有关的行车、客运、货运、机务、工务、电务、车辆、供电等部门协调进行生产活动的场所。

(3)车站是铁路联系旅客和客户的窗口。

(4)车站在贯彻党的方针政策、执行铁路规章制度,合理利用现有技术设备,分析、改善车站组织,不断改进工作方法,保证客货运输安全,提高运输效率,完成铁路运输任务等方面都具有重要作用。

1.2.2 车站的分类与等级

为便于掌握、管理和运用，根据每个车站在路网上所处的地位和所承担的任务，可按业务性质、技术作业和等级对车站进行分类。

1. 按业务性质分类

按车站是否办理客运、货运业务将其分为营业站、非营业站。办理客运或货运业务的车站为营业站；既不办理客运业务也不办理货运业务的车站为非营业站。营业站根据办理的业务分为：

(1)客运站：设于具有特殊意义的城市(如首都、省会、旅游地等)和客流量较大的城市，专门办理客运业务。

(2)货运站：设于大城市，工业中心、港口、矿区或有大量货物装卸、中转作业的地点，专门办理货运业务。

(3)客货运站：既办理客运业务又办理货运业务。

2. 按技术作业分类

车站按技术作业性质分为编组站、区段站和中间站。编组站和区段站统称为技术站。

(1)编组站：设置于大量车流集散，港、矿附近或若干铁路线路衔接的地点，其主要作业为解体和编组各种货物列车。因此，在设备上有较多的配线、若干车场和调车设备，以及机车整备、车辆检修等设备。故编组站又有"列车工厂"之称。

(2)区段站：设置于机车牵引区段两端，一般为机务段(折返点)所在站。区段站主要办理无调车作业中转列车的技术作业，机车的更换或整备，乘务组的换班，区段列车和摘挂列车的编、解作业，以及直达、直通列车的补减轴作业，也担当部分列车的编、解作业。始发、终到旅客列车较多的客运站、客货运站，进行大量机车换挂等技术作业，也属于区段站。

(3)中间站：在每一区段内设有若干个中间站，其中包括单线区段的会让站和双线区段的越行站。中间站主要办理列车的会让、越行、停站、通过，以及摘挂列车摘挂车辆等作业。个别的中间站也进行编组列车和机车整备作业，以及补机摘挂、列车技术检查等作业。

3. 按等级分类

车站按其担负客货运量和技术作业量的大小，以及在政治、经济和铁路网上所处的地位，划分为特等站、一等站、二等站、三等站、四等站、五等站等六个等级。

由于车站是依其主要特点和不同角度分类的，因而一个车站按技术作业性质可能为区段站，按业务性质可能为客货运站。

1.2.3 车站的主要设备

车站根据业务性质、运量大小及技术作业的需要，设置下列主要设备：

(1)到发线。

(2)调车线。

(3)牵出线。

(4)机车运转整备线、车辆站修线及救援列车停留线、自轮运转特种设备停留线等。

机车运转整备线,指站内供机车上水、上砂、加油、检查等整备作业的线路。

车辆站修线,指站内供车辆部门施行货车辅修和摘车轴检、临修的线路。

救援列车停留线,指固定停留救援列车的线路,设在国铁集团指定的车站上。救援列车停留线应与正线或到发线贯通,并不得停放其他机车车辆,使用时无须转线即可出动。

自轮运转特种设备停留线,指固定停放工务、电务、接触网等带有运行动力的维修专用车辆的线路。

(5)办理货物装卸作业的车站,应有货物装卸线,并根据需要设置高架货物线、换装线、轨道衡线、货车洗刷线、油罐列车整备线、机械冷藏车加油线及特殊危险货物车辆停留线。

对大量卸粗杂、溜散货物的车站应设高架货物线;货物发送量较大的车站应有检查货物装载量的轨道衡线;办理大量牲畜、畜产品,水产鲜食品及危险货物的卸车站,一般应设置货车洗刷线路;油罐车基地应有专门整备油罐列车的整备线;调车场内应有专门停留装载爆炸品、气体类危险货物车辆的线路,以及机械冷藏车加油线等。

(6)机务段或折返段所在站,按照机车出入段与接发列车、调车作业干扰最小的原则,一般设在车站和段内,设有专供机车出入段走行的机车走行线;根据需要设置出段机车等待挂头或入段机车等待入段的机待线。

(7)车站与动车组运用所连接时,应设动车组出入段(所)走行线,其目的是减少动车出入库与车站接发列车之间的干扰。当设有机车出入段走行线并具有相同进路时,本着节省投资的原则,可以合设共用,也可分设。

(8)动车组长期停放的车站应设动车组存车线。动车组长期停放,是指动车在中间站过夜停放。车站设动车组存车线,应具备为动车供电、防溜、安全防护等条件。

(9)车站应设置通信、信号、联锁、闭塞设备。

(10)编组站、区段站应根据作业需要,修建简易驼峰、半自动化驼峰或自动化驼峰,设置车辆减速器、减速顶、加速顶等调速设备。

(11)根据接发列车、调车作业的需要设置隔开设备等安全设施。隔开设备主要有安全线、避难线、有联锁的平行进路及有联锁能起隔开作用的防护道岔。防护道岔是指与接发车进路衔接的能将邻线隔开的道岔。接发列车时,隔开设备不包含脱轨器(调车作业时可充当隔开设备)。脱轨器如图 1-2-1 所示。

图 1-2-1　脱轨器

(12)调车作业繁忙的车站,应设置站场扩音设备、站场无线通信设备、货运票据和调车作业通知单传递(输)装置,车场内线路间、牵出线和推峰线调车人员经常走行区域应填平(不得高于道床),并设有排水和高架照明设备,车场间应有硬路面的通道。

(13)为提高信息化水平,提高作业效率,编组站、区段站应设置列车预确报、现在车管理等信息系统设备。

(14)为加强联系,提高作业效率,作业繁忙的车站应设置无线调车灯显设备。为加强调车安全控制,应根据车站调车作业实际情况,设置无线调车机车信号和监控系统(STP)。

(15)编组站、区段站为确保货物列车尾部安全防护装置(以下简称列尾装置)正常使用,应设置货物列车列尾装置主机的维修、检测设备。

(16)为保证货物列车运行安全,编组站、区段站和开行动车组列车的客货共线线路入口车站应设超偏载检测装置、轨道衡、超限检测仪、货车装载视频监控设备等货运安全检测设备。

(17)机车乘务组、动车组司机及随车机械师、客运乘务组进行中途换乘作业的车站,应为乘务员换乘和休息创造良好条件,设置值班室、休息室及其他配套设施。

(18)编组站到发线间有货物列车列检作业时,列检人员需要每天在股道内多次走行,夜间和不良天气时作业条件较差,因此,到发线间地面应具备方便作业条件。

(19)技术站车场分类。

编组站、区段站和其他较大的车站线路较多,为便于管理和减少各种作业间的互相干扰,实行平行作业,提高车站能力,可根据线路的配置情况及用途按线群划分车场。车场一般分为下列几种:

①到达场:主要办理接入到达解体列车作业的车场。

②出发场:主要办理编组始发列车作业的车场。

③到发场:兼办列车到达与出发作业的车场(还可分为货物列车到发场与旅客列车到发场)。

④直通场:主要办理无调车作业的中转列车的车场。

⑤调车场:主要办理列车的解体与编组作业的车场。

⑥编发场:兼办列车编解与出发列车作业的车场。

1.2.4 车站的主要作业

1. 中间站作业

中间站是铁路网上数量最多的车站,主要办理以下作业:

(1)接发列车作业:办理列车的到发、通过、会让、越行,是中间站最主要的行车作业。

(2)客运作业:售票、旅客的乘降、行李的承运、保管、装卸、交付及客运服务。

(3)货运作业:货物的承运、装卸、保管、交付作业及货运服务。

(4)调车作业:摘挂列车的车辆摘挂和向货场或专用线取送车辆的作业。

双线铁路中间站布置如图 1-2-2 所示。

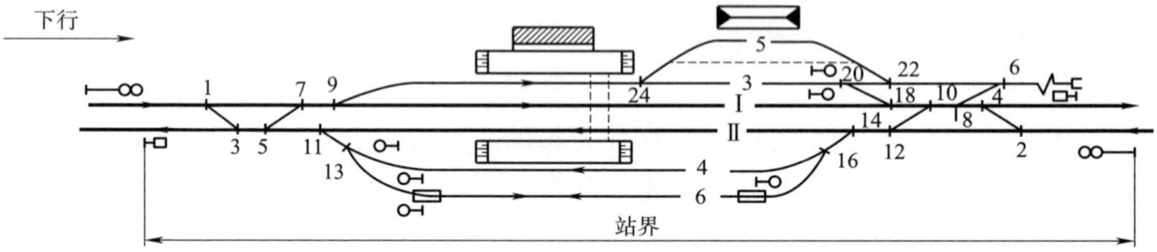

图 1-2-2　双线铁路中间站布置

2. 区段站作业

区段站是铁路网上各牵引区段的分界点,主要办理以下作业:

(1)客货运作业:与中间站基本相同,但数量较大。

(2)行车作业:包括接车和发车作业(区段站一般不办理货物列车通过),以及中转列车作业,中转列车作业是区段站最主要的作业。为保证列车继续运行安全和货物完整,列车在车站进行的技术作业,包括车辆技术检修、货运检查、核对现车、摘挂车辆、票据交接、简略试验、准备发车、发车等,区段列车、摘挂列车到达、解体、编组、出发作业,以及向货物装卸作业地点取送车辆的调车作业。

(3)机务作业:换挂机车及更换乘务组,机车整备、检修等作业。

(4)车辆作业:车辆技术检查和车辆检修等作业。

单线横列式区段站布置如图 1-2-3 所示。

3. 编组站作业

编组站除办理区段站的全部作业外,其主要行车作业是办理大量列车解体和编组作业。编组站拥有比区段站数量更多、规模更大的列车到发场,具有线路更多的调车场,采用驼峰调车。编组站一般都设有机务段和车辆段,在路网性编组站的车场设置特级列检作业场,在其他编组站设置一级列检作业场,并均设有站修作业场。

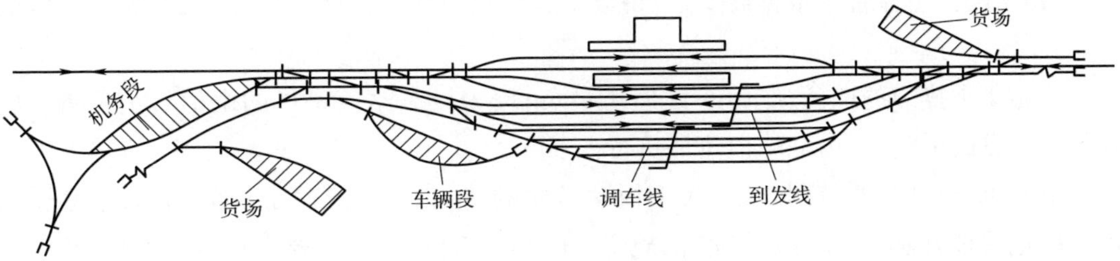

图 1-2-3　单线横列式区段站布置

双向二级四场混合式编组站布置如图 1-2-4 所示。

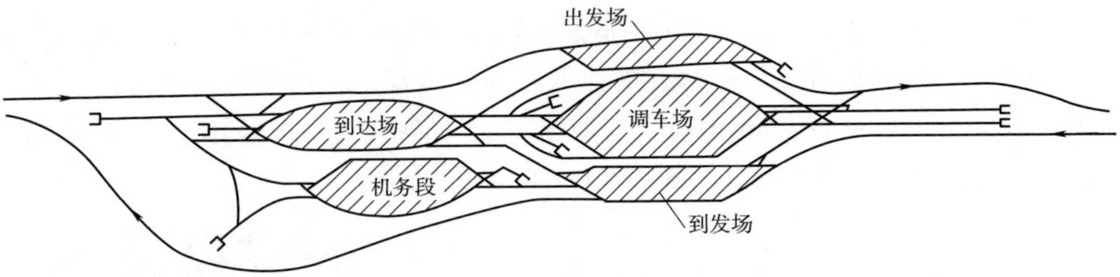

图 1-2-4　双向二级四场混合式编组站布置

1.2.5　车站技术管理

车站技术管理和作业组织应在《站细》中规定。

《站细》由车站站长会同有关单位,根据《技规》和有关规定,结合具体情况进行编制和修订。

机务、车辆、工务、电务、供电、通信、信息、房建等单位须及时向车站(车务段)提供有关的技术资料。

车站(车务段)应及时将《站细》或有关内容摘录分发给有关处所和单位。凡在车站参加作业的站、段、所等有关人员,均须熟悉和执行《站细》的有关规定。

1. 道岔管理

(1)道岔管理范围。

道岔是车站主要行车设备之一。道岔的扳动是否正确,直接关系到行车安全,必须明确道岔的使用管理责任。《技规(普速铁路部分)》规定:"站内线路的道岔及车站与其他单位所管线路相衔接的道岔(包括防护道岔),由车站负责管理。"岔线在区间与站内正线接轨,影响区间通过能力,危及行车安全,亦不便于管理。为此新建铁路岔线,不准在区间与正线接轨(一般与站内线路接轨)。既有区间岔线,在接轨地点应设置线路所或辅助所管理。区间道岔由辅助所管理时,该道岔与有关信号机或闭塞设备联锁,受指定车站控制。

(2)道岔管理责任制。

人工扳动的道岔或道岔组,应由值班扳道员一人负责管理。个别道岔无专人负责的，由指定的人员兼管。根据需要，可将数个道岔组组成道岔区，设扳道长领导道岔区的工作。

车站集中操纵的道岔，应由车站值班员负责，未设车站值班员的由信号员负责。驼峰集中操纵的道岔，应由驼峰值班员负责。

道岔组、道岔区的范围划分，人工扳动道岔的清扫分工，道岔加锁的钥匙、电动转辙机手摇把管理办法，均应在《站细》内规定。电动转辙机手摇把，要实行统一编号、集中管理，建立登记签认制度。

(3)道岔加锁装置。

道岔加锁装置指用于锁闭道岔、保持道岔位置、令道岔尖轨密贴、防止道岔动作的装置，包括道岔转辙机加锁装置，用于加锁道岔尖轨的勾锁器、紧固器，以及闭止把、弹簧扳道器等扳道机构加锁装置等。《技规(普速铁路部分)》规定："联锁道岔应配备紧固、加锁装置，以备联锁失效时用以锁闭道岔。"加锁装置包括锁板、勾锁器、闭止把加锁、带柄标志加锁。各类加锁装置如图 1-2-5 ~ 图 1-2-8 所示。

(a) 勾锁器备品　　(b) 应用实景

图 1-2-5　分动外锁闭道岔勾锁器加锁

图 1-2-6　普通勾锁器加锁

图 1-2-7　非集中联锁闭止把加锁

(4)道岔定位。

道岔除使用、清扫、检查或修理外，经常向某一线路开通的位置称为定位。道岔临时根据作业需要向另一线路开通的位置称为反位。

《技规(普速铁路部分)》规定："道岔除使用、清扫、检查或修理时外，均须保持定位。"道岔的定位规定如下：

①单线车站正线进站道岔，为由车站两端向不同线路开通的位置，如图 1-2-9 所示。

图 1-2-8　非集中联锁带柄标志加锁

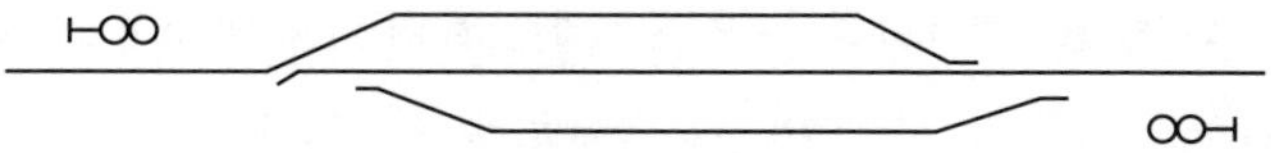

图 1-2-9　单线车站正线进站道岔定位

②双线车站正线进站道岔，为各该正线开通的位置，如图 1-2-10 所示。

图 1-2-10　双线车站正线进站道岔定位

③区间内正线道岔及站内正线上其他道岔（引向安全线、避难线的除外），为正线开通的位置，如图 1-2-11 所示。

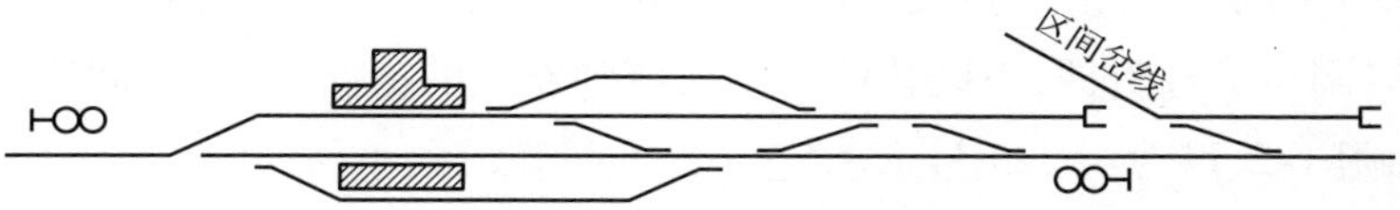

图 1-2-11　区间内正线道岔及站内正线上其他道岔定位

④引向安全线、避难线的道岔，为安全线、避难线开通的位置，如图 1-2-12 和图 1-2-13 所示。

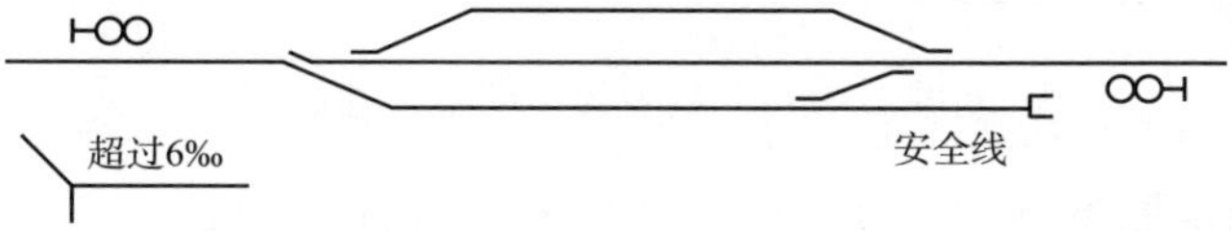

图 1-2-12　安全线道岔定位

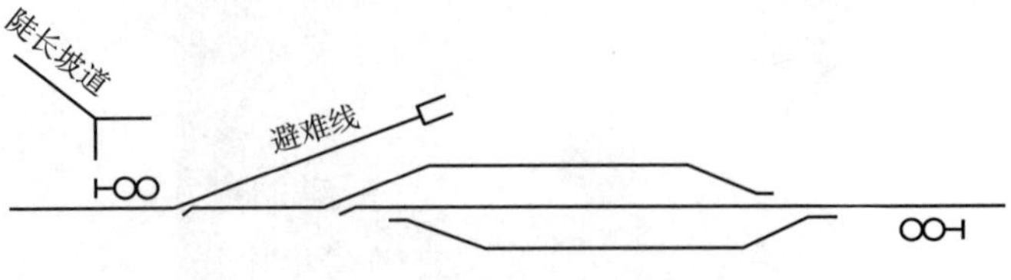

图 1-2-13　避难线道岔定位

※警钟长鸣

臆测行车酿事故

1. 事故概况

某日，某站调车机车 DF7 60 ×× 推送 6 辆货车由 4 道去面粉厂专用线 1 道，途经 41 号道岔（安全线处道岔）分路不良区段时，因内勤助理值中途转换 41 号道岔，导致运行中的调车车列挤坏 41 号道岔，造成一般 D3 类事故。

2. 原因分析

信号员未认真执行分路不良区段作业办法，在没有得到现场作业人员汇报调车车列已出清 41 号道岔分路不良区段的情况下，盲目擅自单操将安全线上的 41 号道岔恢复定位，导致挤岔事故。

3. 应采取的措施与方法

（1）作业人员要严格按照分路不良区段的作业办法作业，不臆测行车。

（2）作业人员要加强联系和互控，信号员单操单锁及恢复道岔定位时，一定要确认分路不良区段道岔空闲。

⑤到发线上的中间道岔，为到发线开通的位置。设置在到发线上（线路两端出站信号机之间），以调车信号防护，衔接其他货物线或到发线的道岔，称为中间道岔（俗称中岔或腰岔）。如图 1-2-14 所示，29 号道岔定位开通 4 道。

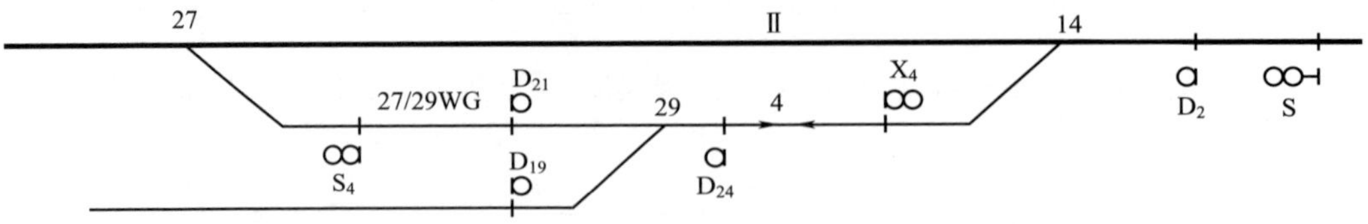

图 1-2-14　到发线中间道岔站场

⑥其他由车站负责管理的道岔，由车站根据具体情况规定。这些道岔的定位，根据行车安全和减少扳动次数等因素综合考虑。如到发线与货物线连接的道岔，应以开通到

发线为定位;调车场梯线连接线上的道岔,以开通梯线连接线为定位;车站与其他单位线路衔接的道岔,以不使机车车辆进入站内的位置为定位;停放装载爆炸品、压缩气体、液化气体车辆的固定线路,以不能进入为定位;其他道岔以经常使用的位置为定位。

⑦集中操纵的道岔及不办理接发列车的非集中操纵的道岔可不保持定位(到发线上的中岔和引向安全线、避难线的道岔除外)。这是因为集中操纵的道岔,在准备进路时,只需按压进路按钮,有关道岔当时无论在什么位置,都能自动转换到该进路开通的位置,并被防护该道岔的信号锁闭,因此,可不保持定位。不办理接发列车的非集中操纵的道岔,主要用于调车作业,可不保持定位,以减轻作业人员的劳动强度和减少在站场内的走行。但对引向安全线、避难线的道岔、到发线上的中岔,应在使用完毕后恢复定位。

段管线的道岔定位,由各段按照既有利于安全、又便于使用和管理的原则自行规定。

道岔定位是车站技术管理工作的重要内容之一,所以应在《站细》内记明,便于有关人员了解掌握。集中操纵的道岔,平时可不保持定位,但同样应在《站细》内记明定位,以备单独操纵道岔,停电或联锁失效时,根据道岔的定反位准备进路。

※思维延伸

防护道岔与带动道岔

微课:防护道岔与带动道岔

防护道岔指为防止侧面冲突、保证作业安全,排列进路时将不在所排列进路上的道岔(即接发车进路上衔接的能将邻线隔开的道岔)处于防护位置并锁闭的道岔。办理某条进路时,所有防护道岔要带动到位、检查表示并锁闭到指定位置,通俗称为“带、查、锁”。防护道岔因故不能被带动到规定位置时,该进路应不能锁闭;进路锁闭后,操作防护道岔应不能转换;信号开放后,如防护道岔失去表示(以下简称道岔失表),该信号应自动关闭。

为了满足平行作业的需要,排列进路时,还需要把某些不在进路上的道岔带动到规定位置,并进行锁闭,这种道岔称为带动道岔。办理某条进路时,按进路表规定所有带动的道岔应被带到规定位置;若带动道岔未带动到规定位置(如该道岔还被锁闭着)或被带动的道岔失表时,不影响进路排列和信号开放,已开放的信号不应关闭。它不涉及安全,只是影响作业效率。

(5)道岔编号。

站内道岔应由工务部门会同电务部门、车站共同统一顺序编号,并纳入《站细》。道岔编号,从列车到达方向起顺序编号,上行为双号,下行为单号;尽头线上,向线路终点方向顺序编号。车站划分车场时,每个车场的道岔单独编号。一个车站的道岔不得有相同的编号。不同车站道岔及股道编号情况如图1-2-15～图1-2-17所示。

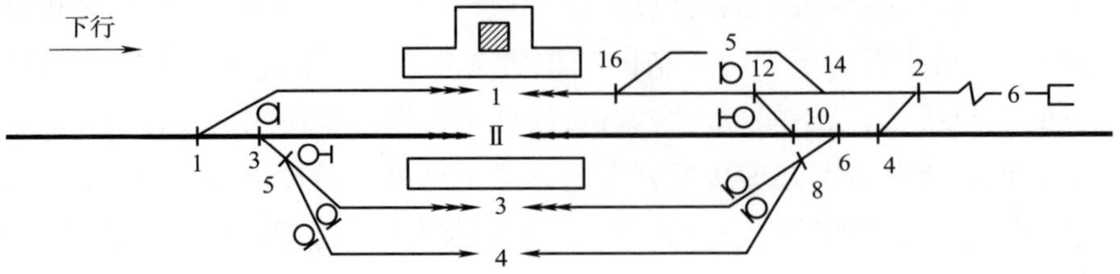

图 1-2-15　单线中间站道岔及股道编号

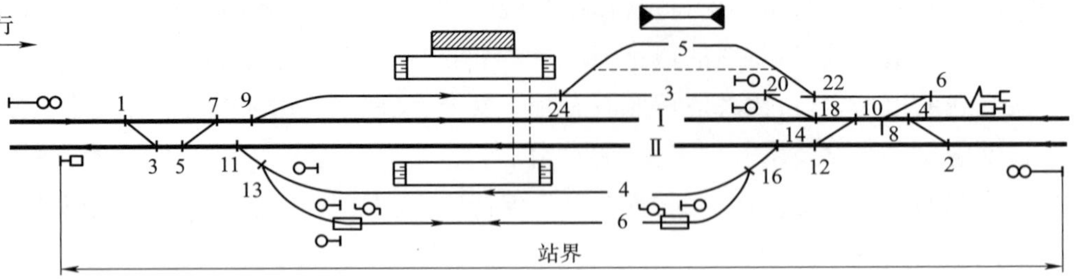

图 1-2-16　双线中间站道岔及股道编号

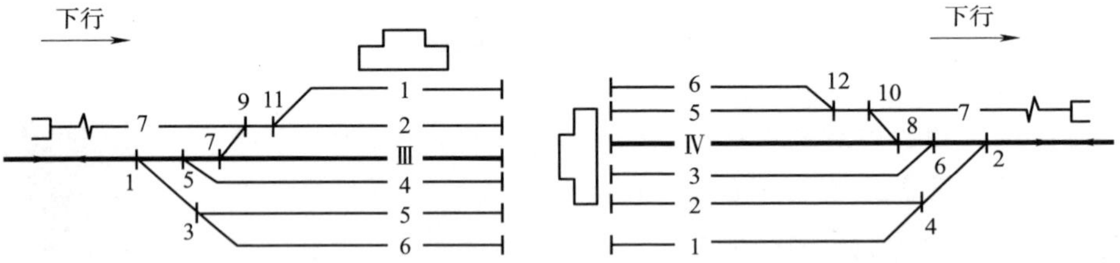

(a) 站房位于到发线一侧　　　　(b) 站房位于到发线一端

图 1-2-17　尽端式车站道岔及股道编号

2. 车站线路管理

(1)铁路线路分类、含义及管理。

铁路线路分为正线、站线、段管线、岔线、安全线及避难线。

①正线。

正线是指连接车站并贯穿或直股伸入车站的线路。正线可分为区间正线及站内正线。连接车站的正线为区间正线,贯穿或直股伸入车站的部分为站内正线。

②站线。

车站内除设有正线外,还根据业务性质、运量大小及技术作业的需要,分别铺设其他配线,这些配线统称为站线,主要包括到发线、调车线、牵出线、货物线及站内指定用途的其他线路。

到发线是指供列车到达、出发使用的线路。

调车线是指进行列车编组与解体作业使用的线路。

牵出线是指设在调车场的一端，并与到发线连接，专供车列解体、编组及转线等牵出使用的线路。

货物线是指专供办理货物装卸车使用的线路。

站内指定用途的其他线路，是指站内救援列车停留线、机车走行线、机车等待线、车辆站修线、轨道衡线、换装线、货车洗刷线、驼峰迂回线等。

③段管线。

段管线是指机务、车辆、工务、电务、供电等段专用并由其管理的线路。

④岔线。

岔线是指在区间或站内接轨，通向路内外单位（厂矿企业、砂石场、港湾、码头及货物仓库）的专用线路。

⑤安全线。

安全线是为防止列车或机车车辆从一进路进入另一列车或机车车辆占用的进路而发生冲突的一种安全隔开设备。

※知识拓展

安全线设置的有关规定

安全线设置应符合有关设计规范的规定。

岔线、段管线与正线、到发线接轨时，均应铺设安全线。岔线与站内到发线接轨，当站内有平行进路及隔开道岔并有联锁装置时，可不设安全线。

在进站信号机外制动距离内进站方向为超过6‰下坡道的车站，应在正线或到发线的接车方向末端设置安全线。

合资铁路、地方铁路及专用铁路与国家铁路车站接轨，其接轨处或接车线末端应设隔开设备（设有平行进路并有联锁时除外）。

安全线向车挡方向不应采用下坡道，其有效长度一般不小于50 m。

⑥避难线。

避难线是在长大下坡道上能使失控列车安全进入的线路。避难线是为防止长大下坡道上失去控制的列车发生冲突或颠覆而设置的。

正线、到发线是办理接发列车的线路，正线主要办理列车通过作业，到发线主要办理列车到达、出发作业。

安全线及避难线是接发列车时的安全隔开设备，通过隔开设备把列车进路与其他进路隔开，从而保证列车运行安全。

站内正线及站线由车站负责管理。机车车辆由区间、段管线、岔线等地点进入站内正线或站线时，都须经车站允许并按规定办理手续。

(2)股道编号。

股道编号,单线区段内的车站,从靠近站舍的线路起,向远离站舍方向顺序编号(图1-2-15);双线区段内的车站,从正线起顺序编号,上行一侧为双号,下行一侧为单号(图1-2-16);尽端式车站,向终点方向由左侧开始顺序编号,如站舍位于线路一侧时,从靠近站舍的线路起,向远离站舍方向顺序编号(图1-2-17)。一个车站(分场时为一个车场)的股道不准有相同的编号。

站内股道编号,正线用罗马数字表示,站线用阿拉伯数字表示。

3. 车站行车备品管理

车站行车地点有关行车备品管理应按国铁集团《车站行车工作细则编制规则》要求,制定各岗位行车备品(规章、行车凭证、簿册、工具备品、道岔加锁的钥匙、电动转辙机手摇把等)的名称、数量、存放地点及保管、使用、交接、检查制度,并纳入《站细》。

(1)涉及接发列车的岗位一般应配备下列备品:

行车室行车备品见表1-2-1。

表1-2-1　行车室行车备品表

序号	名称	单位	常备数量		附注
			行车室	应急箱内	
1	路票	张	每方向不少于30	—	—
2	绿色许可证	册	1	1	自动闭塞区间配备
3	红色许可证	册	—	1	—
4	调度命令	册	1	1	—
5	出站/跟踪调车通知书	册	1	1	—
6	轻型车辆使用书	册	—	1	—
7	调度命令登记簿	册	1	1	使用TDCS/CTC车站在应急箱配备
8	书面通知	册	1	1	自动闭塞区间配备
9	半自动闭塞发车进路通知书	册	1	1	半自动闭塞设有发车进路信号机的车站配备
10	行车时刻表	份	1	—	纳入“行车岗位技术资料册”内
11	手信号旗	副	每人1	1	红黄绿
12	手信号灯	盏	每人1	1	红绿黄白1或红黄白、红绿白各1
13	止轮器、防溜铁鞋	个	4	—	调车(助理)室配备时行车室可不配置
14	货车人力制动机紧固器(带扳手、钥匙)	个	4	—	电气化区段配备
15	绝缘靴	双	1	—	电化区段有隔离开关的车站配置(隔离开关由供电人员操纵隔离开关时除外)
16	绝缘棒	根	1	—	同上

续上表

序号	名　　称	单位	常备数量		附　　注
			行车室	应急箱内	
17	绝缘板	块	1	—	同上
18	绝缘手套	副	1	—	同上
19	应急照明灯	只	1	—	—
20	时钟	个	1	—	—
21	口笛	个	1	—	—
22	勾锁器(带锁)	组	2	—	扳道(助理)室配备时行车室可不配置
23	交接班簿	册	1	—	—
24	《技规》	册	1	—	—
25	《行规》	册	1	—	—
26	《站细》	册	1	—	—
27	行车设备检查登记簿	册	3	—	工、电、其他各1
28	行车设备施工登记簿	册	1	—	—
29	各种行车表示牌、安全帽	个	10	—	—
30	占线板(指示板)	块	1	—	—
31	简易紧急制动阀	个	1	—	—
32	行车日志	册	—	1	使用TDCS/CTC车站在应急箱配备
33	3~4 h列车运行计划登记簿	册	—	1	使用TDCS/CTC车站在应急箱配备
34	货物列车列尾装置主机钥匙	把	1	—	使用货物列车列尾装置区段
35	软管垫	个	10	—	有列检作业场除外
36	占线板(揭示板)	块	1	—	—
37	巡视簿	册	1	—	—
38	站名印	个	1	—	—
39	调度命令签阅章	个	1	—	—
40	作废章	个	1	—	—
41	车站示意图章	个	1	—	利用本务机车调车的中间站配置
42	反方向行车章	个	1	—	双线区段车站
43	调车作业通知单	册	1	—	—
44	手摇把	把	2	—	—
45	速动扳手	把	2	—	—

注:具体数量车站根据需要配置,纳入《站细》。

助理值班员室备品见表1-2-2。

表1-2-2　助理值班员室备品表

序号	名　　称	单位	常备数量	附　　注
1	《技规》	册	1	—
2	《行规》	册	1	—
3	《站细》摘录	册	1	—
4	行车时刻表	份	1	—
5	应急照明灯	只	1	—
6	时钟	个	1	—
7	交接班簿	册	1	—
8	占线板(揭示板)	块	1	—
9	手信号旗	副	每人1	—
10	手信号灯	盏	每人1	—
11	GSM-R手持终端	台	每人1	—
12	止轮器、铁鞋、货车人力制动机紧固器	个	各2	—
13	调车作业通知单	册	1	—

注:具体数量车站根据需要配置,纳入《站细》。

(2)表示牌、安全帽、占线板(揭示板)的保管、使用。

表示牌及安全帽为车站行车室固定备品,由车务站(车站)段根据需要制作,由车站值班员负责保管、使用。

计算机联锁的车站可根据计算机操纵的特点制定具体的表示方法纳入《站细》。一般是使用按钮"封锁"或"戴帽"功能对显示屏线路两端对应按钮进行封锁或戴帽,并在揭示板进行标记。使用方法一般规定如下:

接停车的旅客列车,排好接车进路后,在进路始端列车按钮上戴帽,待列车进入接车线停妥后摘下;发出旅客列车时,排好发车进路后,在进路始端列车按钮上戴帽,待列车整列出站(场)后摘下;接通过旅客列车在接、发车始端列车按钮上分别戴帽,待列车整列出站或出场后摘下。

遇有非正常情况,区间空闲而闭塞设备不能表示区间空闲时,在接车的始端或发车的终端列车按钮上戴帽,并在揭示板对应位置使用黑笔标记"区间空闲"字样。

遇有非正常情况,区间占用而闭塞设备不能表示区间占用时,在接车始端或发车的终端列车按钮上戴帽,并在揭示板对应位置使用红笔标记"区间占用"字样。

当区间封锁时,在该区间接车的始端或发车的终端列车按钮上戴帽,并在揭示板对应位置使用红笔标记"封锁区间"字样。

因闭塞机故障或停用基本闭塞改用电话闭塞法行车时,在揭示板对应位置使用红笔标记"停基改电"字样。

当区间或场间接触网停电时，在接车的始端或发车的终端列车按钮上戴帽，并在揭示板对应位置使用红笔标记“区间（场间）停电”字样；当全场接触网停电时，在有关区间（场间）接车的始端或发车的终端列车按钮上戴帽，并在揭示板上空白位置使用红笔标记“全场停电”字样。

当站内线路或道岔区段停有轻型车辆进行作业时，在该线路两端列车按钮或防护该道岔区段的调车按钮上戴帽，并在揭示板内使用红笔标记“轻型车辆”字样。

当站内线路、道岔封锁、施工或装卸作业时，在该线路两端列车按钮或防护该道岔的调车按钮上戴帽，并在揭示板内使用红笔标记“封锁”“施工占用”字样。

继电集中联锁车站，车站办理行车作业时，应按照《行规》《站细》的有关规定，在闭塞机及控制台上揭挂下列标志：

闭塞设备不能表示区间占用时，占用区间揭挂“区间占用”表示牌。

闭塞设备不能表示区间空闲时，区间空闲揭挂“区间空闲”表示牌。

封锁区间时揭挂“封锁区间”表示牌。

停止基本闭塞法改为电话闭塞法时，揭挂“停基改电”表示牌。

当区间接触网停电时，车站值班员在该方向最外方列车按钮上揭挂“停电”表示牌；当站内接触网全部停电时，在车站两端最外方列车按钮上揭挂“停电”表示牌；当车站到发线接触网停电时，在该线两端列车按钮上揭挂“停电”表示牌。

上述表示牌除“区间空闲”表示牌为白底黑字，其他均为白底红字。控制台上使用的安全帽的揭挂，由车站规定纳入《站细》。

（3）手摇把（含速动扳手）的保管、使用、交接和检查制度。

手摇把（含速动扳手）及钥匙的保管：手摇把（含速动扳手）固定存放在行车室（信号楼）手摇把箱内，由电务统一编号、加封，统一装箱，电务、车务双方加锁，钥匙分别保管（无信号工区的车站，钥匙由站长保管）。手摇把箱（含速动扳手）及车务保管钥匙由车站值班员负责保管，在交接班时进行交接。

手摇把的使用：使用手摇把（含速动扳手）时，在“行车设备检查登记簿”（电务）内登记后方可使用。遇集中联锁失效，应立即通知信号工区处理，在车站值班员的指示下，由扳道人员用手摇把将道岔转换至所需位置，并达到锁闭。

手摇把的交接和检查：手摇把使用后应及时收回，由车务、电务双方清点数量并核对号码后由电务加封，车站、电务双方加锁后销记签认。

任务布置

乙站布置情况如图 1-2-18 所示，图中标有箭头的线路为到发线，最外侧一条线路为货物线，货物站台上设有粮食仓库和棉花仓库。试对乙站股道及道岔编号，并说明双线正线进站道岔、货物线两端道岔开通位置。

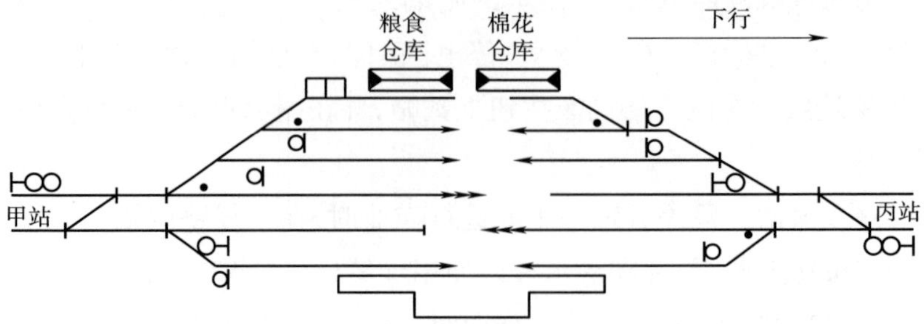

图 1-2-18 乙站布置情况示意

正线进站道岔开通位置:________号道岔,开通________位置。

货物线两端道岔开通位置:________号和________号道岔,开通________位置。

任务实施

序号	作业项目	作业内容
1	对股道进行编号	
2	对道岔进行编号	
3	确定双线正线进站道岔、货物线两端道岔开通位置	

任务评价

评价项点	评价标准	本人自评得分(20%)	小组互评得分(20%)	校内教师评价得分(30%)	企业导师评价得分(30%)	综合得分
知识点掌握(30%)	掌握车站道岔定位、道岔编号、股道编号规定					
技能点运用(40%)	会对双线车站股道及道岔编号,能准确确定道岔定位					
职业素养(30%)	具备按规章作业的良好习惯					
综合评价						

学生感悟

思考总结	
心得分享	

任务3　列车认知	编号	XM1-3
	岗位及等级	车站值班员高级 助理值班员高级

学习目标

1. 知识目标

(1)掌握列车的概念、分类、等级、列车车次、运行方向、行车时刻。

(2)了解3～4 h列车运行调整计划的编制及组织实现方法。

2. 技能目标

(1)会画货物列车分类示意图。

(2)能从列车车次识别列车的种类、性质、等级及运行方向。

(3)会签收核对(正确填记)3～4 h列车运行调整计划。

3. 素养目标

(1)培养严谨认真的工作态度。

(2)树立大局意识和安全责任意识。

所需工具备品材料

序　号	名　称
1	《技规(普速铁路部分)》
2	货物列车编组计划(摘录)
3	3～4 h列车运行调整计划

工作安全

根据区间的状态,及时正确地揭挂各种表示牌及安全帽,保证行车安全。

关联任务

项目1任务4,项目2,项目4任务3、任务4。

知识准备

1.3.1　列车的相关知识

1. 列车定义

列车是指按照规定条件编成的车列,并挂有机车及规定的列车标志。动车组列车为自走行固定编组列车。单机(包括单机挂车)、大型养路机械(图1-3-1)及重型轨道车(图1-3-2),虽未完全具备列车条件,在发往区间时,因其在办理闭塞、接发列车手续、区间追停后发防护及处理、服从调度指挥及发生事故处理等方面,均具有与列车相同的性质,亦应按照列车办理。

按规定编成的车列是指列车应按《技规》、列车编组计划和列车运行图规定的编挂条件、车组、重量或长度编组。

图1-3-1　大型养路机械

图1-3-2　重型轨道车

※思维延伸

按规定编成的车列中"规定"详解

按《技规》规定编组列车,是指车辆编入列车的技术条件、隔离限制、自动制动机数量、编挂要求、列车尾部挂车条件、编入列车的机车编挂位置、装载危险及易燃货物车辆编入列车的隔离限制等,必须符合《技规》"编组列车"的规定。对于编挂装载超限货物车辆和特种车辆,还要执行《铁路超限超重货物运输规则》等规章的规定及有关临时指示。

按列车编组计划规定编组列车,是指列车种类、去向、编组内容、车组和车辆的编挂位置必须符合列车编组计划的规定。

按列车运行图规定编组列车,是指列车牵引质量、长度必须符合列车运行图的规定,其尾数波动范围为,实际编成的列车质量比规定的牵引质量允许上下波动80 t,实际编成的列车长度比规定的列车长度(计长)允许少1.3换长。

编组超重列车时,在编组站、区段站应商得机务段调度员同意,在中间站应得到司机同意,并均须经列车调度员准许。开行超长列车、欠轴列车、超限列车、单机挂车,以及违反列车编组计划的列车,均须取得调度命令准许。

对于牵引机车，《技规（普速铁路部分）》规定："工作机车应挂于列车头部，正向运行（牵引小运转、路用、救援列车的机车除外）；无转向设备的，可逆向运行。双机或多机牵引时，本务机车的职务由第一位机车担当。"

列车标志是指列车运行时，应根据其种类及运行的线路和方向，在头部和尾部分别显示规定的标志，以表示列车的性质、列车的完整性。列车标志应为容易被辨识的标志。

列车标志分别向运行前方、后方显示不同位置和颜色的灯光，表示列车在不同的线路上、以不同的方式运行，包括列车前部的头灯、中部的侧灯、旅客列车尾部的标志灯、货物列车列尾装置、尾部吊起的软管等。《技规（普速铁路部分）》规定，列车标志的显示方式，昼间与夜间相同，昼间可不点灯。

阅读：列车标志的显示方式

2. 列车按运输性质分类

为适应旅客和货物运输的不同需要，列车按运输性质主要分为以下五种：

（1）旅客列车：以动车组运送旅客或以客车编成的为运送旅客及行李、邮件的列车。根据旅客列车的车底及运行速度或旅行速度等，可分为动车组列车，特快、快速、普通旅客列车等。

（2）特快货物班列：使用动车组、行李车或邮政车等客车车辆，根据需要编组，整列装载行李、包裹和邮件等的列车。

（3）军用列车：按规定条件整列运送军队与军用物资并冠以军用列车车次的列车。

（4）货物列车：为运送货物和排送空货车开行的列车，分为快速货物班列、快运列车、重载列车、直达列车、直通列车、冷藏列车、自备车、区段列车、摘挂列车、超限列车及小运转列车。

① 快速货物班列：固定发站和到站、固定车次和运行线、明确开行周期、发到时刻和编组内容的货物列车。

② 快运货物列车：采用运行速度 120 km/h 的专用车辆，以高附加值货物为重要运输对象的快速列车。

③ 重载货物列车：在装车站或技术站（组合站）组织，由单机或多机牵引，满足重载条件的列车，按组织形式分为整列式重载列车、组合式重载列车和单元式重载列车。

a. 整列式重载列车：在装车站或技术站组织的重载列车。

b. 组合式重载列车：在技术站或组合站由两列及以上同一到站或同一去向列车组合的重载列车。

c. 单元式重载列车：固定车辆，固定发站和到站，固定运行线，运输单一品种货物，在装、卸站间往返循环运行，中途不拆散，不进行改编作业的重载列车。

※知识拓展

重载铁路

满足列车牵引质量8 000 t及以上、轴重为27 t及以上、在至少150 km线路区段上年运量大于4 000万t三项条件中两项的铁路为重载铁路。

④ 直达货物列车：在装(卸)车站或技术站编组，通过一个及其以上编组站不进行改编作业的列车，或整列在同一车站装(卸)车，到达同一车站卸(装)车，途中不通过编组站的列车。直达货物列车包括始发直达列车、空车直达列车和技术直达列车。

a. 始发直达列车是指在一个车站或在同一区段(或相邻区段)的几个车站装车后组成的直达列车，按组织形式分为基地始发直达列车和阶梯始发直达列车，按货物品类分为煤炭直达列车、矿石直达列车和石油直达列车等。

(a)煤炭直达列车：整列煤炭或以煤炭为基本组的始发直达列车。

(b)矿石直达列车：整列矿石或以矿石为基本组的始发直达列车。

(c)石油直达列车：整列石油或以石油为基本组的始发直达列车。

b. 空车直达列车是指在一个或数个卸车站，或者在技术站由空车编组而成的直达列车。

c. 技术直达列车是指在技术站以中转车及货物作业车等编成的直达列车。

⑤ 直通货物列车：在技术站编组，通过一个及其以上区段站不进行改编作业的列车。

⑥ 冷藏货物列车：利用机械冷藏车专门运送鲜活、易腐等需要保持特定温度货物的列车。

⑦ 自备车列车：是指为运输大宗、固定的货物往返运行于特定区段内，全部用企业自备车编组而开行的直达列车。

⑧ 区段货物列车：在技术站编组，到达相邻技术站，在区段内不进行摘挂作业的列车。

⑨ 摘挂货物列车：在技术站编组，在相邻区段内的中间站进行摘挂作业的列车。只在指定的几个中间站进行摘挂作业的列车为重点摘挂列车。

⑩ 超限货物列车：挂有装载超限货物的车辆并冠以超限列车车次的列车。

⑪小运转列车：在技术站和邻接区段规定范围内的几个车站间开行的列车为区段小运转列车；在枢纽内各站间开行的列车为枢纽小运转列车。二者统称为小运转列车。

编组列车应按列车运行图规定的列车牵引质量或换长满轴编组，尾数波动执行有关规定。

摘挂列车、小运转列车允许欠轴开行。摘挂列车的主要任务是挂运中间站到发的车流。摘挂列车的始发站,应将到达途中各站的车流按到站成组挂运,为区间留轴后尚有余轴时,可按列车编组计划规定内容补轴。

限速的机车、车辆,虽属直达、直通或区段车流,也可利用摘挂列车挂运。

货物列车分类如图1-3-3所示。

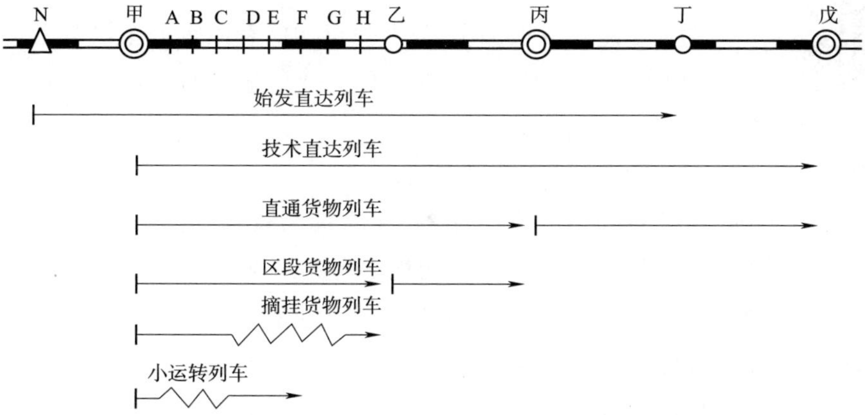

图1-3-3　货物列车分类

(5)路用列车:不以营业为目的,专为运送铁路自用物资或设备而开行的列车。如试验列车,运送铁路器材、路料的列车,因施工、检修需要开行的轨道车、接触网作业车、大型养路机械车组等。

除上述五种列车以外,还有为执行任务而开行的特殊用途列车,如专运、救援列车等。

3. 列车运行等级顺序

根据运输任务的轻、重、缓、急,列车分为不同的等级。在行车工作中,正常情况下必须按照列车的等级顺序放行列车、调整列车运行秩序。在编制列车运行图、制定日常列车运行计划及调度调整运行秩序时,亦须统筹兼顾,妥善安排。列车运行等级顺序原则上按速度等级从高到低排序,同速度等级的列车原则上按以下等级顺序:

(1)动车组列车。

(2)特快旅客列车。

(3)特快货物班列。

(4)快速旅客列车。

(5)普通旅客列车。

(6)军用列车。

(7)货物列车。

(8)路用列车。

开往事故现场救援、抢修、抢救的列车,应优先办理。特殊指定的列车或列车种类,其等级应在指定时确定。

4. 列车车次、运行方向及铁路行车时刻

阅读:列车车次编定表

(1)列车车次编定。

为便于组织各项工作,各类列车均应有固定的车次范围,车次的形式为:列车种类标识符 + 车次号码。列车车次反映了列车的种类、性质、等级及运行方向。

(2)列车运行方向及车次。

列车运行,原则上以开往北京方向为上行,车次编为双数;反之为下行,车次编为单数。全国各线的列车运行方向,以国铁集团的规定为准,但枢纽地区的列车运行方向,由铁路局集团公司规定。干支线衔接的车站开往干线为上行,开往支线为下行。在个别区间,使用直通车次时,可与规定方向不符。

(3)列车正、反方向运行规定。

列车在双线区段运行时,应按左侧单方向运行(我国铁路为左侧行车制),这个方向称为双线正方向行车,反之称为反方向行车。

(4)铁路行车时刻。

全国铁路行车时刻,均以北京时间为标准,从零时起计算,实行 24 小时制,即行车时刻从 0:00 起至 24:00 止,为一个行车日。

铁路各项指标的统计时刻,以昨日 18:00 起至当日 18:00 止为一个统计日。

铁路行车房舍内和办理行车工作的有关人员均应备有钟表。钟表的时刻应与调度所的时钟校对。调度所的时钟及各系统的时钟须定期校准。

1.3.2 列车运行计划认知

1. 车站作业计划

车站作业计划是车站为保证完成铁路局集团公司日(班)计划,实现列车运行图、货物列车编组计划、月度货物运输计划和运输生产经营计划的行动计划。车站作业计划包括车站班计划、阶段计划及调车作业计划。

2. 3~4 h 列车运行调整计划

列车运行图是铁路行车组织工作的基础。所有与列车运行有关的铁路各部门,必须按列车运行图的要求,组织本部门的工作,以保证列车按运行图运行。列车运行调整,是在列车偏离基本运行图规定的运行线运行时,通过各种组织手段使其恢复按图行车的措施。列车运行调整是通过编制列车运行调整计划来完成的。列车运行调整计划是对未来 3 ~4 h 的列车运行、会让、甩挂等所做的具体安排。列车运行调整计划按阶段进行编制,通常为 3 ~4 h 阶段计划。

(1)列车运行调整计划编制原则。

①"先客后货""先跨局后管内""先快后慢",按等级调整和合理会让,保证重点列车优先,努力使晚点列车恢复正点,实现按图行车,提高列车运行正点率。

② 保证完成班计划任务,服从上级调度及铁路局集团公司领导指挥,重点工作组织。

③ 既要安排紧凑,又要留有余裕,对关键列车要有两手准备。

④ 贯彻安全第一的方针,在保证安全的前提下,努力提高运输效率。

(2)列车运行调整计划的编制方法。

列车调度员编制和执行列车运行调整计划的方法,一般分为收集资料、编制计划、下达计划、组织实现四个步骤。

(3)列车运行调整计划下达。

列车调度员在阶段计划编制完成后,于阶段计划开始前 1 h,及时向有关站段和有关执行人员下达。根据具体情况,可采用集中、分段或个别的方式下达计划。对列车运行调整的关键,超限、限速列车及其他重点事项,还应通过电话口头详细布置给有关站段和人员,使本区段行车人员做到心中有数,下达后一般不要变更,避免忙乱,发生问题。特殊情况需要变更时,应重点进行布置。

① 调度集中系统(CTC)或列车调度指挥系统(TDCS)正常使用的车站(场),由列车调度员通过系统及时向车站(场)下达列车运行调整计划。对 CTC/TDCS 无法下达的内容,要利用调度电话重点布置(如军运、特运等)。车站值班员通过 CTC/TDCS 及时签收。

② 未开通 CTC/TDCS 系统或 CTC/TDCS 系统故障的车站(场):

a. 列车调度员应使用电话及时下达"3 ~4 h 列车运行调整计划",内容包括客车正晚点情况、车站到发时分和列车会让计划、其他事项(含列车在车站作业计划,军运、超限、专特运列车计划,施工和区间装卸计划,重点列车注意事项,区域调车机车运用计划)。

b. 车站值班员应认真接收列车调度员发布的"3 ~4 h 列车运行调整计划",并将有关内容抄收在"列车占线簿"内,同时将阶段起止时间、调度命令号码、调度员姓名一并记入。

c. 车站值班员在办理接发列车时,应与"3 ~4 h 列车运行调整计划"进行核对,发现列车车次、方向等与计划不符时,应及时与列车调度员核对并按其指示办理。列车办理完毕后,车站值班员应使用红笔画横线及时抹消。

列车占线簿(3 ~4 h 列车运行调整计划)见表 1-3-1。

表 1-3-1　3～4 h 列车运行调整计划

________站(场)________年________月________班

内　　容	阶　　段
客车正晚点情况	
车站到发时分和列车会让计划	
其他事项	
调度命令号码	
调度员姓名	

规格：A4 纸竖排。

(4)列车运行调整计划组织实现。

列车调度员不仅是列车运行调整计划的编制者，同时也是组织实施列车运行调整计划的指挥者。在组织执行计划的过程中，列车调度员要随时注意列车运行情况的变化，做到勤沟通、勤联系，特别是对重点列车(如在旅客列车前运行的货物列车，或在旅客快车前面运行的旅客慢车等)、超限列车、限速列车、旅客列车等重点事项要随时掌握，盯控列车运行情况，接到危及行车安全的报告时，立即停车，采取果断措施，妥善处理，摆正安全与效率的关系，绝不能盲目求快。对施工封锁和区间卸料计划要重点布置有关人员，按施工计划及时给点，并组织施工单位和卸料部门按预定方案实施，随时了解施工情况，掌握作业进度，及时发布限速运行的调度命令。

车站值班员在执行列车运行调整计划过程中，要加强与列车调度员、邻站、机车乘务员的联系，掌握作业重点，把控作业关键，时刻盯控列车运行状态，合理使用到发线，组织车站接发列车与调车作业，中间站车站值班员要组织好摘挂列车调车作业，尽量避免穿正调车、越出站界调车或跟踪出站调车，以防止调车作业影响列车运行。作业过程中发现问题，要及时报告列车调度员，并第一时间采取拦、停、扣措施，确保列车运行安全。

微课：越出站界调车　　　　微课：跟踪出站调车

※警钟长鸣

错误办理信号，致使列车停车

1. 事故概况

某日，×线正常行驶的399 ××次列车行至A站至B站间，B站上行进站信号机由黄灯突变红灯，列车停于B站站内上行正线K213 +693处，车站开放出站信号后9:42开，经电务检查设备正常，构成铁路交通一般D5类事故。

2. 原因分析

该站4道单机对牵出线转线后8—10DG遗留白光带，信号员利用区段故障解锁时，错误解锁399 ××次列车径路上的4DG，造成进站信号机突变红灯。

3. 应采取的措施与方法

(1)作业中要严格执行计算机联锁操作标准，杜绝违章蛮干。

(2)加大对计算机联锁知识的学习，熟悉各种按钮功能的使用规定，严格执行"一看、二按、三确认、四呼唤"的作业制度。

(3)作业过程中紧盯"三个关键"(关键设备、关键作业、关键时段)。

任务布置

有关车站货物列车编组计划内容摘录见表1-3-2。

表1-3-2　有关车站货物列车编组计划内容摘录

发站	到站	编组内容	列车种类	定期车次	附注
N站	丁站	丁站及其以远			N站装车
甲站	戊站	戊站及其以远			
甲站	丙站	丙站及其以远(不包括戊站及其以远)			
丙站	戊站	戊站及其以远			
甲站	乙站	戊站及其以远(不包括丙站及其以远)			
乙站	丙站	丙站及其以远			
甲站	乙站	A～H间按站顺编组			
甲站	E站	1. 甲站至C站 2. 甲站至E站			

各站在线路中位置如图1-3-4所示。图中"◎"表示编组站，"○"表示区段站，"|"表示中间站，"△"表示装车站。

图1-3-4　线路位置示意

要求：(1)请在表 1-3-2 中，填记列车种类、定期车次。

(2)请在图 1-3-4 中，画出上述列车种类示意图，并标明列车种类。

任务实施

序号	作业项目	作业内容
1	判断列车种类	提示：根据《货物列车编组计划规则》中货物列车的分类确定
2	查找定期车次	提示：根据《列车运行图编制管理规则》中列车车次编排规定确定
3	画货物列车分类示意图	提示：用规定线条表示，始终点位置及箭头方向正确

任务评价

评价项点	评价标准	本人自评得分(20%)	小组互评得分(20%)	校内教师评价得分(30%)	企业导师评价得分(30%)	综合得分
知识点掌握(30%)	掌握货物列车种类、列车车次编定					
技能点运用(40%)	能绘制货物列车分类示意图					
职业素养(30%)	能践行“安全优质、兴路强国”的新时期铁路精神					
综合评价						

学生感悟

思考总结	
心得分享	

<table>
<tr><td rowspan="2">任务 4　区间及行车闭塞法认知</td><td>编号</td><td>XM1-4</td></tr>
<tr><td>岗位
及等级</td><td>车站值班员高级
助理值班员高级</td></tr>
</table>

学习目标

1. 知识目标

(1)掌握区间的作用,站间区间、所间区间及闭塞分区的概念、划分方法。

(2)掌握区间的三种状态,深刻理解确认区间状态对接发列车工作的意义。

(3)掌握各种线路及闭塞方式条件下的发车权。

(4)了解我国铁路行车闭塞法的分类。

(5)熟知双线正方向、反方向行车的条件及要求。

2. 技能目标

(1)会划分站间区间、所间区间及闭塞分区。

(2)会办理反方向行车。

3. 素养目标

(1)端正积极向上的学习态度。

(2)养成严谨、认真、细致的工作态度和工作作风。

所需工具备品材料

序　　号	名　　称
1	轨道交通综合实训相关设施设备
2	《技规(普速铁路部分)》

工作安全

准确判断区间状态,正确办理反方向行车,保证行车安全。

关联任务

项目 2 任务 2,项目 3 任务 1 至任务 5,项目 4 任务 3、任务 4。

知识准备

1.4.1　区间及闭塞分区

1. 区间及闭塞分区的划分

为提高区间通过能力,保证列车运行安全,使同方向列车不致发生追尾冲突,对向列车不致发生迎面相撞,列车运行是以车站、线路所所划分的区间及自动闭塞区间的通过信号机所划分的闭塞分区作间隔。

微课:区间及闭塞分区

区间及闭塞分区的界限划分如下:

(1)站间区间。

① 在单线上,车站与车站间以进站信号机柱的中心线为车站与区间的分界线,如图 1-4-1 所示。

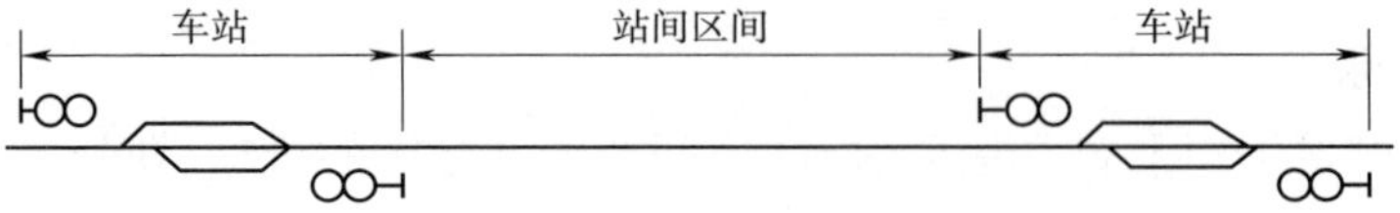

图 1-4-1　单线区段站间区间

② 在双线或多线上,车站与车站间分别以各线的进站信号机柱或站界标的中心线为车站与区间的分界线,如图 1-4-2 所示。

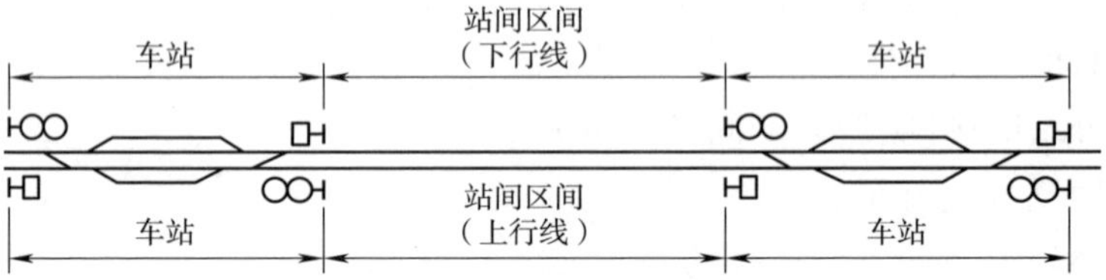

图 1-4-2　双线区段站间区间

(2)所间区间。

线路所是指除正线外无其他配线,只办理列车的闭塞、接发,不办理列车的会让、越行等作业的分界点。

① 单线所间区间,两线路所间或线路所与车站间,以该线上的通过信号机柱的中心线为所间区间的分界线。设有进站信号机的线路所,所间区间的分界方法与站间区间相同。

线路所只设有通过信号机,无管辖地段的,如图 1-4-3 所示。

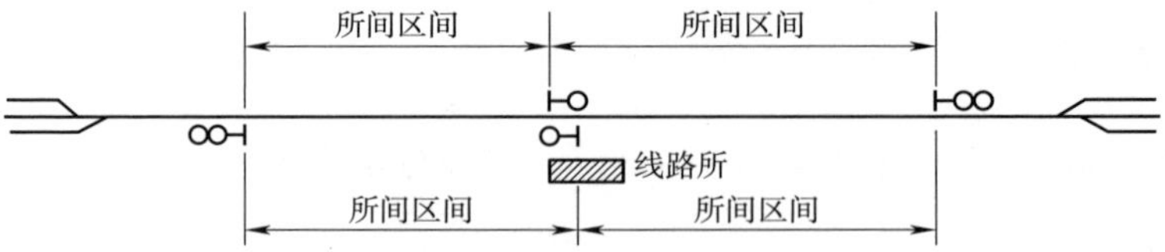

图 1-4-3　只设有通过信号机的单线所间区间

线路所设有进、出站信号机,并有管辖地段的,如图 1-4-4 所示。

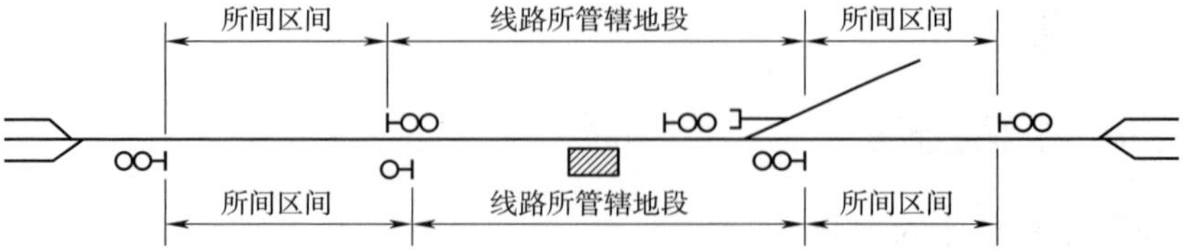

图 1-4-4　设有进、出站信号机的单线所间区间

② 双线所间区间，其划分方法与单线所间区间相同。

线路所只设有通过信号机，无管辖地段的，如图 1-4-5 所示。

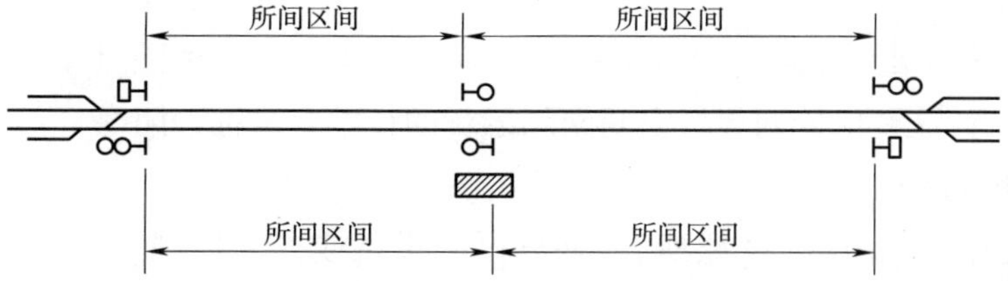

图 1-4-5　只设有通过信号机的双线所间区间界限

线路所设有进、出站信号机，并有管辖地段的，如图 1-4-6 所示。

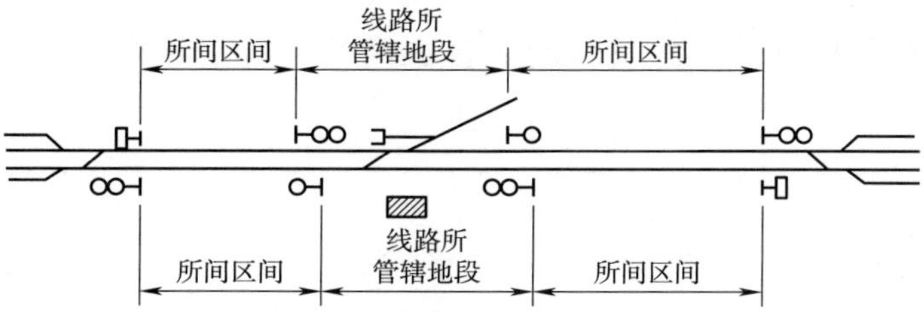

图 1-4-6　设有进、出站信号机的双线所间区间界限

（3）闭塞分区。

自动闭塞区间同方向相邻的两架色灯信号机间，以该线上的通过信号机柱的中心线为闭塞分区的分界线，如图 1-4-7 所示。

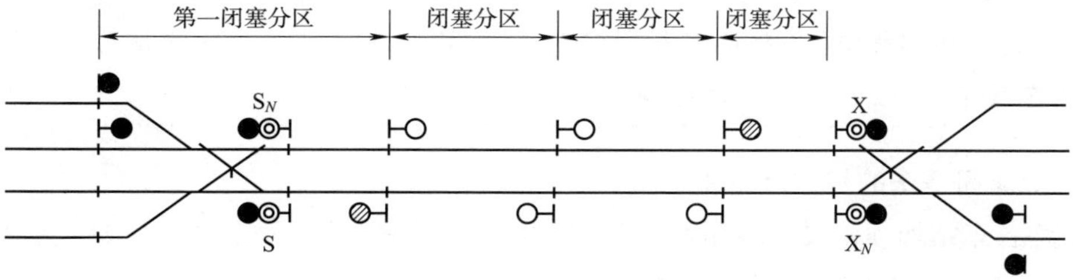

图 1-4-7　双线自动闭塞区段闭塞分区

2. 区间的状态

区间的状态包括区间空闲、占用、封锁。

区间空闲是指区间未被机车、车辆占用，且相邻两站未办妥闭塞手续及出站调车手续。

区间占用是指区间被机车、车辆占用，或相邻两站已办妥闭塞手续及出站调车手续。

区间封锁是指由于施工或区间发生事故等原因，区间不能正常使用，根据调度命令进行封锁，除指定的列车外，禁止其他列车进入。

1.4.2 行车闭塞法

1. 基本概念

(1)闭塞:为保证列车运行安全,在一个区间(分区)的一条线路上,同一时间内,只允许一列列车运行,这种保持列车按空间间隔运行的技术方法称为闭塞。

(2)行车闭塞法。

通过调度所、相邻车站、线路所、闭塞分区的设备或人为控制,对分界点向区间放行列车,给予设备的控制或制度的约束,使列车之间保持一定间隔,保证在同一个区间(闭塞分区)、同一时间只有一列列车运行的技术方法。

我国铁路列车运行一般采用空间间隔法。《技规(普速铁路部分)》规定:"列车运行是以车站、线路所所划分的区间及自动闭塞区间的通过信号机所划分的闭塞分区作间隔。"

※知识拓展

保持列车运行间隔的方法

保持列车运行之间有一定的间隔距离的办法有两类:

(1)空间间隔法:以车站、线路所所划分的区间,自动闭塞区间的通过信号机所划分的闭塞分区,作为两列车间隔的行车方法。即在正常情况下,每个区间(或闭塞分区),在同一时间内,只准有一列列车占用。

(2)时间间隔法(又称隔时续行法):按一定的时间间隔开行续行列车。即第一列车发车后,经过一定的时间,再发出下一列列车。

2. 行车闭塞法的种类及采用

铁路各车站均须装设基本闭塞设备,基本闭塞设备是控制一个区间(或闭塞分区)同一时间内,只准许一列列车运行的设备。

我国铁路的行车闭塞法,分为基本闭塞法和代用闭塞法两类。

我国铁路采用的行车基本闭塞法有自动闭塞、自动站间闭塞、半自动闭塞三种。其中,自动闭塞以闭塞分区作为列车间隔;自动站间闭塞、半自动闭塞都是以站间(所间)区间作为列车间隔;其列车运行均属于空间间隔法。

电话闭塞是在基本闭塞法不能使用时,主要靠人工检查确认和联系制度来保证实现列车运行空间间隔的代用闭塞方法。采用电话闭塞法行车时应根据列车调度员的命令。遇列车调度电话不通时,闭塞法的变更或恢复,应由该区间两端站的车站值班员确认区间空闲后,直接以电话记录办理。列车调度电话恢复正常时,两端站车站值班员应及时向列车调度员报告。

双线区段应采用自动闭塞,较繁忙的双线区段,为减少人工操作,便于列车运行调整,确保反向列车运行安全,反方向上应装设自动站间闭塞设备。运量小且增长速度较慢或受其他条件限制的双线区段,可采用自动站间闭塞或双线半自动闭塞。单线区段应采用半自动闭塞或自动站间闭塞,繁忙区段可根据情况采用自动闭塞。《技规(普速铁路部分)》规定:"在一个区段内,原则上应采用同一类型的闭塞方式。"变更闭塞方式就可能会出现同一区间同一时间内使用两种闭塞法,将危及行车安全。

3. 闭塞法对列车进入区间应构成的条件

(1)列车进入区间,必须获得进入区间的行车凭证。

(2)只有区间空闲时,列车才能获得进入区间的行车凭证。

※思维延伸

行车凭证

行车凭证是指列车从车站进入区间(或第一闭塞分区)的许可。采用不同的行车闭塞法,行车凭证亦不同。行车凭证可分为基本凭证和书面凭证。

(1)基本凭证。基本凭证是按基本闭塞法行车时使用的行车凭证,即出站信号机或通过信号机显示的进行信号。不同的闭塞方式及不同的信号显示方式,其进行信号及含义有所不同。

(2)书面凭证。书面凭证是当不能使用基本凭证的情况下所使用的行车凭证,如路票、绿色许可证、红色许可证、调度命令、车站值班员命令等。

4. 行车制度中的发车权

行车闭塞过程实际上是包括列车占用区间权利(即发车权)的取得、列车出发占用区间、列车出清区间、区间开通重新空闲的全过程。虽然铁路区段条件不一,采用的行车闭塞法也不尽相同,但采用行车闭塞法的实质都是为了解决行车制度中的发车权问题。

(1)单线区间。

在单线区间,区间两端车站共同使用同一区间正线,两端站都有可能向该区间发出列车,为保证同一时间内一个区间只有一个列车占用,任一车站都必须在取得发车权后方可向区间发出列车。

① 单线半自动闭塞车站。

单线半自动闭塞的车站,必须在确认区间空闲的条件下,取得邻站同意接车的通知、并与邻站办妥闭塞手续后才能取得发车权。

② 单线自动闭塞车站。

单线自动闭塞车站,当闭塞系统在发车位时,不需转换发车方向(即不需变更闭塞方向),发车站确认第一或第一、二或第一、二、三闭塞分区空闲,并向接车站预告后方可发出列车。

单线自动闭塞车站,当闭塞系统不在发车位时,需变更闭塞方向,发车站必须确认区间空闲、得到列车调度员的同意、向接车站预告并办理规定的变更闭塞方向手续,才能取得发车权。

(2)双线区间。

双线区间的行车,采用上、下行列车分别固定在上、下行线路上运行的办法。根据左侧行车的规定,出发列车在区间运行方向左侧线路上行驶时,称为双线正方向运行;反之,在运行方向右侧线路上行驶,称为双线反方向运行。

双线区段的车站,发车权归正方向运行的发车站所有。

① 双线正方向。

对双线自动闭塞的正方向,发车站只要确认第一或第一、二或第一、二、三闭塞分区空闲,并向接车站预告,即可发出正方向运行的列车。

对双线半自动闭塞车站,发车站必须确认正方向区间空闲、得到前次列车到达前方站的到达信号并向接车站预告后,方可发出正方向运行的列车。

② 双线反方向。

双线反方向运行属非正常行车,一般不采用。旅客列车仅在正方向区间的线路封锁施工、发生自然灾害或因事故中断行车等特殊情况下,经铁路局集团公司调度所值班主任准许,列车调度员发布调度命令,方可反方向运行;其他列车仅限于整理列车运行时,经列车调度员命令准许,方可组织列车反方向运行。

※警钟长鸣

水漫线路危害大,反向行车风险大

1. 事故概况

某日10:01 工务登记:经工务检查发现××上行线K235+000~K235+400水漫线路,需立即封锁。10:06下达82021号封锁调度命令(B站一场X_1道,因水漫线路危及行车安全,自接令时起封锁)。

10:11 工务登记:经工务检查发现B站一场北岔区水漫线路,需立即封锁。10:13下达82023号封锁调度命令(B站一场北岔区,因水漫线路危及行车安全,自接令时起封锁)。

10:16 工务登记:经工务检查发现××线K0+800~K0+950水漫线路,需立即封锁。10:26 下达 82025 号封锁调度命令（B 站六场至 B 站一场间运三线，因水漫线路危及行车安全，自接令时起封锁）。

事故造成 K1 ××次、K2 ××次列车由 A 站至 B 站四场、K3 ××次列车由 B 站六场至 B 站四场三列客车反方向行车。

2. 原因分析

因发生水漫线路灾害，正方向运行线路封锁。

3. 应采取的措施与方法

水漫线路对旅客列车运行安全造成危害极大，遇类似突发事件，针对设备作业人员要严格按照《技规（普速铁路部分）》第 337 条、338 条、339 条规定的应急处理程序进行处置。同时，日常要加强水漫线路、设备故障等应急培训演练，会及时进行正确处置。

无双向闭塞设备的双线反方向发车时，发车站必须确认反方向区间空闲、取得列车调度员准许停止基本闭塞法改用电话闭塞的调度命令及准许反方向行车的调度命令、取得邻站同意并与邻站办妥电话闭塞手续后，方可发出反方向运行的列车。

设有双向闭塞设备的双线反方向发车时，不必改用电话闭塞，但发车站必须确认反方向区间空闲、取得列车调度员准许反方向行车的调度命令、取得邻站同意并根据反方向的闭塞设备情况办理相应的手续后，方可发出反方向运行的列车。此时反方向采用自动站间闭塞行车。

※素养提升

铁路行车闭塞制度的思考与启示

（1）规则意识：构筑安全行车的坚固基石。

无论技术如何日新月异，如何蓬勃发展，遵守既定规则始终是确保一切活动安全无虞的前提与基石。在铁路运输这一关乎万千生命安全的领域中，对规则的尊重与严格执行更是被提升到了前所未有的高度。铁路行车闭塞制度作为保障列车运行秩序、防止列车相撞事故的关键机制，其严格执行正是对规则意识的最好诠释。它要求每一位铁路工作者必须严格按照既定程序操作，不容许丝毫的疏忽与懈怠，正是这样的严谨与坚持，才构筑起了铁路行车安全的坚固防线。

（2）安全意识：守护铁路运输的生命之源。

安全是铁路运输得以持续健康发展的生命线，也是每一位旅客心中最为牵挂的关键词。行车闭塞法作为铁路安全管理体系中的重要一环,其不断完善与创新,正是为了不断提升行车安全性,确保人民生命财产的安全无虞。从制度的制定到执行,从技术的引入到优化,每一步都凝聚着铁路人对安全的执着追求与深切关怀。正是有了这样的安全意识,铁路才能成为连接城市与乡村、促进经济发展的重要纽带。

(3)创新精神:推动铁路运输发展的不竭动力。

从最初的人工闭塞到如今的自动闭塞,铁路行车闭塞技术的每一次革新与进步,都是对创新精神的最好证明。铁路人不断追求卓越,勇于探索未知,以科技创新为引领,推动铁路运输技术不断迈上新台阶。他们不仅关注技术的先进性与实用性,更注重技术的安全性与可靠性,确保每一次技术革新都能为铁路运输的发展注入强大动力。正是有了这样的创新精神,铁路运输才能在时代的浪潮中乘风破浪,不断前行。

任务布置

试对图 1-4-8 所示的车站及线路划分站间区间、所间区间及闭塞分区。

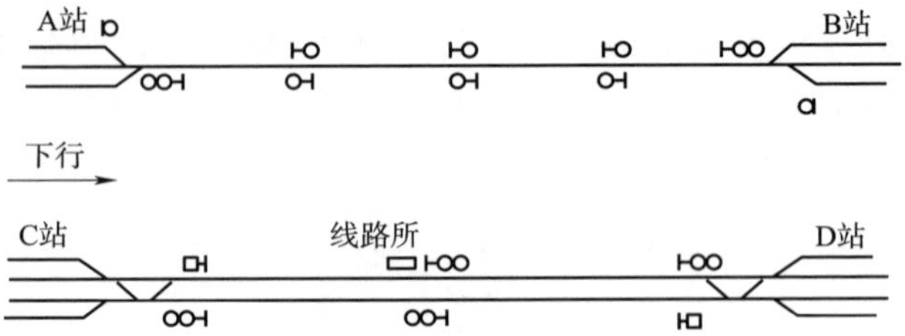

图 1-4-8　区间及闭塞分区的划分

(1)画出 A 站至 B 站单线站间区间。

(2)画出 C 站至 D 站间下行及上行站间区间、下行及上行所间区间。

(3)画出 A 站至 B 站单线自动闭塞区间下行方向闭塞分区。

任务实施

序号	作业项目	作业内容
1	A 站至 B 站单线站间区间确定	
2	C 站至 D 站间下行及上行站间区间、下行及上行所间区间确定	
3	A 站至 B 站单线自动闭塞下行方向闭塞分区确定	

任务评价

评价项点	评价标准	本人自评得分（20%）	小组互评得分（20%）	校内教师评价得分（30%）	企业导师评价得分（30%）	综合得分
知识点掌握（30%）	掌握站间区间、所间区间、闭塞分区划分方法					
技能点运用（40%）	会划分站间区间、所间区间及闭塞分区					
职业素养（30%）	具备认真严谨的职业精神					
综合评价						

学生感悟

思考总结	
心得分享	

巩固提升

一、填空题

1. 车站按技术作业性质分为________、区段站和中间站。

2. 车站按其担负客货运量和________量的大小，以及在政治、经济和铁路网上所处的地位，划分为特等站、一等站、二等站、三等站、四等站、五等站等六个等级。

3. 加锁装置包括锁板、________、闭止把加锁、带柄标志加锁。

4. 列车的三要素包括________、________、________。

5. 引向安全线、避难线的道岔，为________开通的位置。

6. 到发线是指供列车________使用的线路。

7. 站内线路的道岔及车站与其他单位所管线路相衔接的道岔（包括________），由车站负责管理。

8. 道岔除使用、清扫、检查或修理外经常向某一线路开通的位置称为________。

9. 安全线是为防止列车或机车车辆从一进路进入另一列车或机车车辆占用的进路而发生冲突的一种________。

二、判断题

1. 集中操纵的道岔及不办理接发列车的非集中操纵的道岔可不保持定位（到发线上的中岔和引向安全线、避难线的道岔除外）。（　　）

2. 单机(包括单机挂车)、大型养路机械及重型轨道车,因不完全具备列车条件,故不按列车办理。 (　　)

3. 列车车次反映了列车的种类、性质、等级及运行方向。 (　　)

4. 列车运行调整计划是对未来 3 ~ 4 h 的列车运行、会让、甩挂等所做的具体安排。 (　　)

5. 我国铁路基本闭塞法分为自动闭塞法和半自动闭塞法。 (　　)

6. 自动闭塞、自动站间闭塞都是以站间(所间)区间作为列车间隔;半自动闭塞是以闭塞分区作为列车间隔。 (　　)

7. 到发线上的中岔,道岔定位为到发线开通的位置。 (　　)

8. 站内股道编号,正线用罗马数字表示,站线用阿拉伯数字表示。 (　　)

9. 挂有装载超限货物的车辆并冠以超限列车车次的列车称为超限列车。 (　　)

10. 列车运行,原则上以开往北京方向为上行,车次编为双数;相反方向为下行,车次编为单数。 (　　)

三、选择题

1. 属于列车标志的是(　　)。

A. 坡度标　　B. 警冲标

C. 铁路线路安全保护区　　D. 货物列车列尾装置

2. 不属于接发列车隔开设备的是(　　)。

A. 安全线　　B. 避难线

C. 邻线防护道岔　　D. 到发线中间道岔

3. 下列属于直通货物列车车次的是(　　)。

A. K105　　B. 16888　　C. 22022　　D. 42021

4. 由一个装车站组织,经过一个及以上(　　)不进行改编作业的货物列车,称为始发直达列车。

A. 编组站　　B. 区段站　　C. 中间站　　D. 货运站

5. 重载铁路是指满足列车牵引质量(　　)及以上、轴重为 27 t 及以上、在至少 150 km 线路区段上年运量大于 4 000 万 t 三项条件中两项的铁路为重载铁路。

A. 5 000 t　　B. 6 000 t　　C. 8 000 t　　D. 10 000 t

6. 中间站到发的车流,主要靠(　　)列车输送。

A. 直通　　B. 区段　　C. 摘挂　　D. 直达

7. 双线区间相邻两站进站信号机或站界标之间的一段线路是(　　)。

A. 闭塞分区　　B. 双线区间　　C. 站间区间　　D. 所间区间

8. 下列列车中,(　　)的运行等级最高。

A. 军运列车　　B. 特快货物班列　　C. 动车组列车　　D. 快速旅客列车

9. 铁路线路分为正线、站线、段管线、岔线、安全线及避难线,属于站线的是(　　)。

A. 到发线　　B. 安全线　　C. 岔线　　D. 车辆段检修线

10. 站内道岔应由工务部门会同电务部门、车站共同统一顺序编号,并纳入(　　)。

A.《站细》　　B. 工务《段细》　　C. 电务《段细》　　D.《行规》

四、简答题

1.《技规》、《行规》和《站细》相互间有何关系?

2.《技规》对行车人员任职条件有何规定?

3. 铁路行车工作必须遵循哪些原则?

4. 车站是如何分类的? 车站分为几个等级?

5. 中间站、区段站、编组站办理的主要作业是什么?

6. 什么是道岔定位与反位? 道岔定位的原则是什么?

7. 铁路行车闭塞法包括哪些?

8. 铁路线路包括哪些?

9. 什么是列车? 列车按运输性质分为哪几种? 列车运行等级顺序如何确定?

五、技能应用题

有关车站货物列车编组计划内容摘录见题表 1-1。

题表 1-1　有关车站货物列车编组计划内容摘录

发站	到站	编组内容	列车种类	定期车次	附注
甲站	戊站	戊站及其以远			
甲站	丁站	丁站及其以远(不包括戊站及其以远)			
甲站	乙站	乙站及其以远(不包括丁站及其以远)			
甲站	乙站	A ~ H 间站顺			
乙站	丙站	丙站及其以远			
乙站	R 站	R 站卸			乙站装车
丁站	R 站	R 站卸			丁站装车

各站在线路中位置如题图 1-1 所示。图中"◎"表示编组站,"○"表示区段站,"|"表示中间站。

题图 1-1　各站在线路中位置

要求:(1)在题表 1-1 中,填记列车种类、定期车次。

(2)在题图 1-1 中,画出上述列车种类示意图,并标明列车种类。

项目2　接发列车工作认知

项目导读

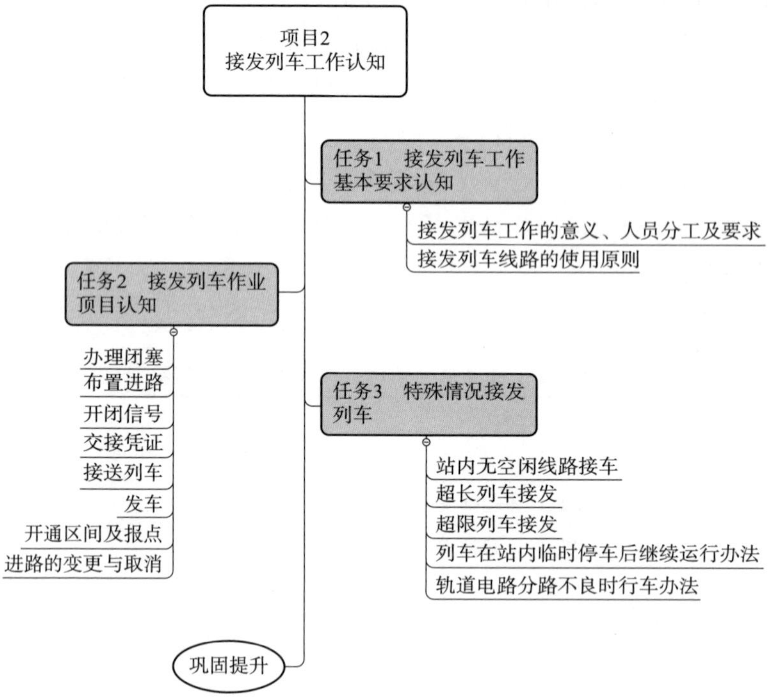

任务1　接发列车工作基本要求认知	编号	XM2-1
	岗位及等级	车站值班员高级 助理值班员高级

学习目标

1. 知识目标

(1)掌握接发列车的意义、人员分工和要求。

(2)熟知接发列车线路的使用原则。

2. 技能目标

(1)能结合列车在站作业合理确定接发列车线路。

(2)会办理旅客列车进路的变更。

3. 素养目标

(1)培养严谨、认真的工作态度,严格执行规章标准的职业精神。

(2)培育团队协作的大局观念及安全责任意识。

所需工具备品材料

序　号	名　称
1	《技规(普速铁路部分)》
2	《调规(普速铁路部分)》
3	《铁路车机联控作业》
4	《铁路车站行车作业人身安全规定》

工作安全

接发列车线路使用时要做到严谨认真,杜绝行车事故的发生。

关联任务

项目1任务1、任务2、任务3,项目3。

知识准备

2.1.1 接发列车工作的意义、人员设置及要求

接发列车工作是车站行车工作的重要组成部分,是保证按图行车、保证铁路畅通的关键环节。在运输生产活动中,所有列车都需经过办理发车和接车作业才能从车站进入区间运行或接入站内进行各项技术作业。接发列车作业系统,是作业人员与行车设备间相互联系、统一动作且又较为复杂的工作系统,是以确保安全为前提,以"统一、协调、精炼、优化"为基本原则,以接发列车作业各工种人员在操作、时机、用语、动作等方面的最佳配合为目的的综合性作业。接发列车的作业安全,直接关系到人民群众的生命财产安全乃至社会的声誉。

参加接发列车工作的主要人员有车站值班员、助理值班员、信号员,在非正常情况接发列车时,还有加岗干部、扳道员、引导员等。现场工作以集中领导、统一指挥、逐级负责的原则开展。车站接发列车时,车站值班员应做到"六亲自",即亲自办理闭塞、布置进路(包括听取进路准备妥当的报告)、开闭信号、交接凭证、接送列车、发车。由于设备或业务量关系,除布置进路(包括听取进路准备妥当的报告)外,其他各项工作可指派助理值

班员、信号员或扳道员办理。

由于参加接发列车工作的人员多、作业环节复杂，在接发列车工作中的任何疏忽或差错都可能造成列车晚点或铁路交通事故，甚至波及其他列车或车站，影响运输全局。因此，所有接发列车工作人员，必须认真执行中华人民共和国铁道行业标准《铁路接发列车作业》(TB/T 30001—2020)所规定的程序和用语，并且在各项作业中严格执行《技规》《行规》《站细》《调规》《铁路车机联控作业》《铁路车站行车作业人身安全规定》等行车规章的有关规定，做到安全、迅速、不间断地接发列车，严格按运行图行车。

2.1.2 接发列车线路的使用原则

1. 接发列车应在正线或到发线上办理

正线、到发线是专门为办理列车的接发和列车进行技术作业而设置。正线和到发线的钢轨、道岔等设备标准比其他线路高，可以使列车在进出站保持较高的运行速度；正线和到发线设有保证进路安全的联锁设备和指示列车运行的信号设备；设置为旅客乘降、行包装卸的站台；在技术站或较大中间站的到发线上，还设有机车整备和列检作业的有关设备，便于进行技术作业；在车站线路布局上，考虑了接发列车与调车作业的紧密配合，保证车站的最大平行作业。因此，在正线、到发线办理接发列车，既能保证车站作业效率，又能确保接发列车作业安全。

特殊情况下，在非到发线上办理接发列车时必须取得调度命令准许。

※思维延伸

接发列车必须在正线或到发线上办理吗?

接发列车不必一定在正线或到发线上办理，但应尽量在正线或到发线上办理，遇特殊情况，接发列车不能在正线或到发线上办理时，可借用货物线、调车线等非到发线，但必须有调度命令准许。

(1)旅客列车、挂有超限货物车辆的列车，应接入规定线路。

旅客列车的规定线路是指设有站台、设有平交道或天桥、地道等设备的线路，这主要是为了保证旅客乘降、行李装卸及旅客出入车站的便利和安全。由于旅客列车较其他列车运行速度高，因此用于侧向接发停站旅客列车的单开道岔不得小于12号。

挂有超限货物车辆的列车，由于超限货物的高度或宽度超出机车车辆限界，与邻近的设备、建筑物或邻线的机车、车辆有剐撞的可能，因此为保证列车安全运行和货物完整、不损坏设备和建筑物，规定必须接入线间距符合规定要求的线路。

※知识拓展

通行超限货物列车线间距的规定

站内相邻两线均通行超限货物列车时,线间最小距离为5 300 mm;站内相邻两线只有一条通行超限货物列车时,线间最小距离为5 000 mm。

车站接发旅客列车、超限列车的线路,应按上述要求固定,并纳入《站细》,车站值班员要熟练掌握并严格遵守。根据《事规》规定,旅客列车、超限列车由于错误办理造成进入非固定股道,均构成“未准备好进路接发列车”一般C类事故(列C8项)。接入停车或通过的列车,列车前端进入进站(进路)信号机或站界标即算。

(2)动车组列车在车站办理客运业务时,须固定股道、固定站台、固定停车位置。

动车组列车运行速度及等级高,因此对在车站办理客运业务的动车组列车均须明确固定股道、固定站台、固定停车位置(即“三固定”)。遇设备故障、自然灾害、列车晚点等不可抗力原因必须调整动车组列车固定股道时,必须经调度所值班主任(值班副主任)准许,不发布调度命令。

(3)动车组列车、特快旅客列车通过时应在正线办理,其他通过列车原则上应在正线办理。

动车组列车、特快旅客列车因运行要求高,应在正线上办理通过,其他通过的列车原则上也应在正线上办理通过。因正线道岔一般处于直向位置,线路条件好,允许通过的速度较高,可以保证司机有良好的瞭望条件,直向通过道岔,能减少轮缘磨耗,保证列车的高速运行和安全。

(4)原规定为通过的旅客列车由正线变更为到发线接车及动车组列车、特快旅客列车遇特殊情况变更基本进路的接车。

原规定在车站通过的列车包括列车运行图规定为通过的列车;有关列车运行时刻的书面文件、电报规定为在车站通过的列车;临时加开列车时,调度命令指定为通过的列车。凡没有指定时刻的列车,一律按停车列车办理。

原规定为通过的旅客列车由正线变更为到发线接车,可分为两种情况:一是变更为由到发线通过,二是变更为到发线停车。旅客列车运行速度较高,在站内正线运行速度一般为80~120 km/h,动车组列车及特快旅客列车速度更高,而列车进入到发线经过12号道岔侧向位置的速度不得超过45 km/h。如司机没有准备,超速进入到发线,由于离心力的作用,可能造成脱轨、颠覆等事故。车站虽然设有预告信号机,但只能预告进站信号机的开放状态,不能预告道岔开通位置是直向或侧向,当机车越过预告信号机后发现进站信号机显示侧向接车时,难以降低到要求的速度,容易超速运行,极易导致事故发生。

动车组列车、特快旅客列车较其他旅客列车运行速度和等级高,应按基本进路办理。“基本进路”是指集中联锁车站按压进路始端按钮和终端按钮排列的进路,这条进路列车运行径路最短、经过道岔最少、对列车运行影响最小。基本进路以外的进路称为变通进路(亦称迂回进路)。随意变更基本进路会严重影响动车组列车及特快旅客列车运行安全。

因此,为保证旅客安全,原规定为通过的旅客列车由正线变更为到发线接车及动车组列车、特快旅客列车遇特殊情况必须变更基本进路时,必须经列车调度员准许(不发布调度命令),并预告司机,以便司机做好降低速度的准备。如来不及预告司机时,不得开放进站信号,使列车在站外停车后再开放进站信号,把列车接入站内。动车组列车遇特殊情况需变更办理客运业务的固定股道时,须经调度所值班主任(值班副主任)准许。

(5)其他列车的合理接车线路。

有摘挂车辆作业的列车应接入靠近作业地点(货场或专用线)的线路,便于作业;在技术站应根据列车性质及在站作业要求,接入有关线路,如接入中转列车要尽量靠近正线,接入解体列车要尽量靠近编组线;接入超长列车时要考虑到发线的有效长等。

2. 站内正线、到发线停留车辆要求

为了实现列车按图行车,车站值班员应保证有不间断接车的空闲线路。为此,车站值班员除必须加强与列车调度员和各部门的联系,随时了解列车运行情况,做到正确合理运用到发线外,无特殊情况不应在正线上停留车辆(尽端式车站除外),在到发线上停留车辆时,也应认真掌握。

(1)正线上不应停留车辆(尽端式车站除外)。

正线是列车通过车站的主要经路,如不保持经常空闲,就迫使列车要经到发线通过车站,而经到发线通过车站,受道岔侧向允许通过速度的限制,会降低列车通过速度,影响运输效率。但是尽端式车站不办理列车通过,其正线可按到发线掌握使用。

(2)到发线上停留车辆须经批准并采取安全措施。

到发线是用于接发列车的专门线路,主要办理列车在车站的到发和会让、列车在站技术作业,为保证安全,到发线上不应停留车辆。在一些线路不繁忙的区段,车站未设货物装卸线、货物装卸线不能满足要求或一些其他原因,必须在到发线上停留车辆时,须经车站值班员准许。

中间站的到发线经常办理列车会让,若必须停留车辆时,除须经车站值班员准许外,还要取得列车调度员的准许,以便列车调度员在运行调整时全面考虑。

未装轨道电路的中间站到发线停留车辆时,道岔开通该线仍能开放进站信号,可能造成列车或其他机车、车辆进入该线,发生列车冲突事故。为防止事故发生,应将两端道岔扳向不能进入该线路的位置并加锁。当车站到发线上装有轨道电路时,由于轨道电路的作用,进站信号机不能开放,可以防止向有车线接车,故不必加锁。

※素养提升

责任心是安全之魂，执行力是安全之宝，标准化是安全之本

工作岗位是人安身立命、实现自我价值之所，“在其位，谋其政，做其事，尽其责”。忠于职守、勤勉尽责是一名职工最基本的职业操守和道德品质。有了责任心和执行力，再复杂的工作也能将风险降到最低；没有责任心、没有执行力，再简单的工作也会险情重重。标准化作业制度是几辈铁路人通过多年的工作经验积累总结出来的宝贵财富，“上标准岗、用标准语、干标准活”是实现安全运输生产的基本要求。养成自觉遵章守纪的好习惯，就是对自己、对他人、对家庭的负责。

任务布置

比武站为单双线集中联锁中间站，北京至天津方向为双线双向四显示自动闭塞，车站衔接的 D 方向为单线半自动闭塞，如图 2-1-1 所示。车站线路Ⅰ、Ⅱ、Ⅲ道为正线，4、5 道为到发线，正线及到发线均为双进路，6 道为货物线。车站联锁方式为计算机联锁，设有信号员。请回答下列问题：

(1)该站接发列车工作由谁统一指挥？

(2)接发列车时车站值班员应亲自办理的事项有哪些？其中关键作业是什么？

(3)接天津方向 40012 次摘挂列车，计划在站甩 2 辆，挂 1 辆，车站值班员如何安排合理的接车线路？

(4)原定从车站Ⅰ道通过的 T391 次列车更改为 4 道停车，车站值班员应如何办理？

(5)北京方向 D2201 次列车遇特殊情况需变更固定接车股道，车站值班员如何办理？

任务实施

序　号	作业项目	作业内容
1	确定车站接发列车工作的统一指挥者	
2	确定接发列车时车站值班员应亲自办理的事项及关键作业	
3	比武站接天津方向 40012 次摘挂列车，计划甩 2 辆，挂 1 辆，安排合理的接车线路	
4	原定从车站Ⅰ道通过的 T391 次列车更改为 4 道停车的办理	
5	北京方向 D2201 次列车遇特殊情况，变更固定接车股道的办理	

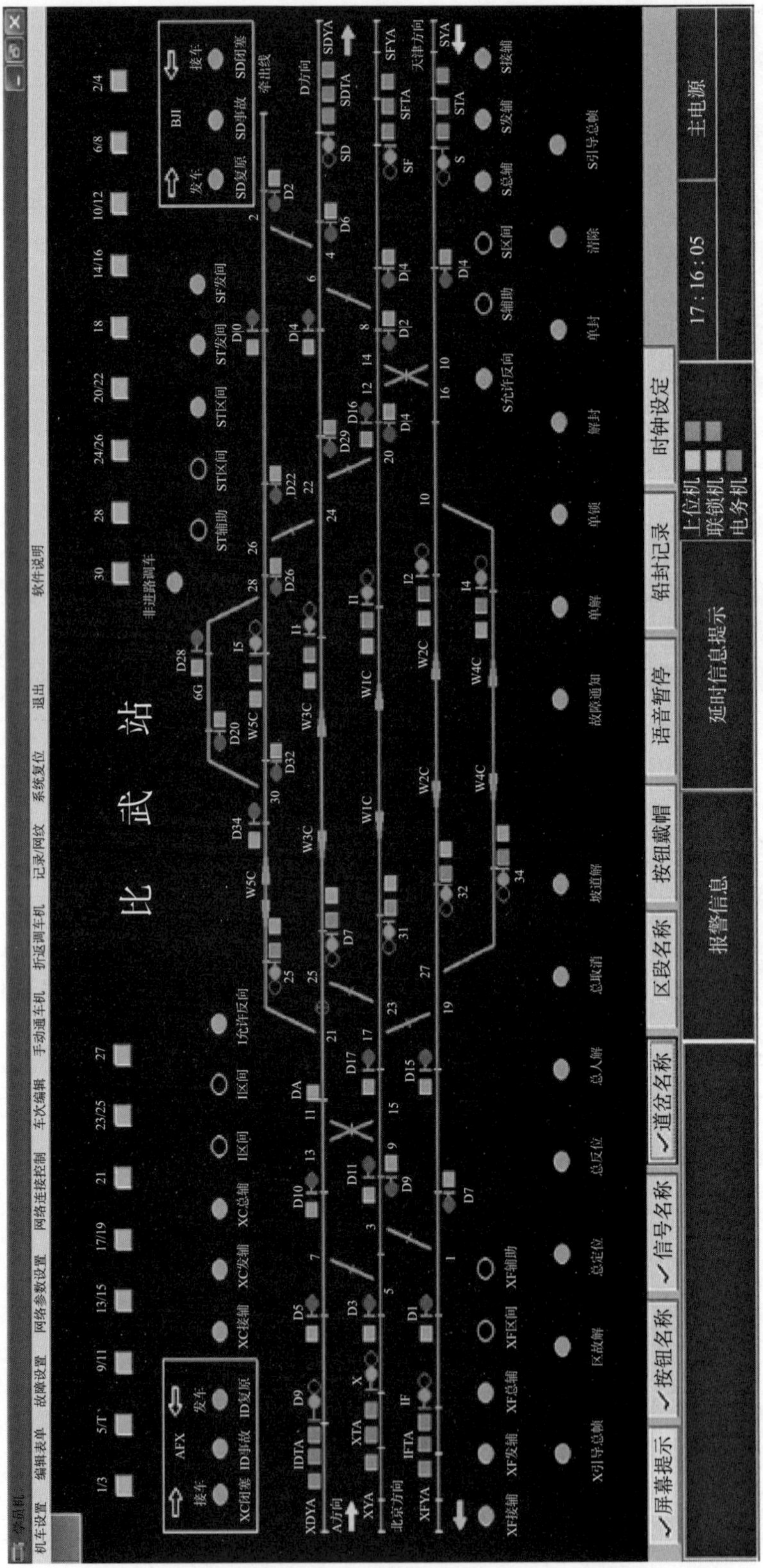

图2-1-1 比武站线路平面

任务评价

评价项点	评价标准	本人自评得分（20%）	小组互评得分（20%）	校内教师评价得分（30%）	企业导师评价得分（30%）	综合得分
知识点掌握（30%）	掌握接发列车指挥、办理项目；熟知接发列车线路使用原则					
技能点运用（40%）	能结合列车在站作业合理确定接发列车线路；会办理旅客列车进路的变更					
职业素养（30%）	具备严谨、认真的工作态度，严格执行规章标准的职业精神；具备团队协作的大局观念及安全责任意识					
综合评价						

学生感悟

思考总结	
心得分享	

任务2　接发列车作业项目认知	编号	XM2-2
	岗位及等级	车站值班员高级 助理值班员高级

学习目标

1. 知识目标

（1）熟知《技规（普速铁路部分）》第350～360条、第362条、第365条。

（2）掌握办理闭塞（发车预告）的实质，熟悉确认区间空闲的方法。

（3）熟悉布置进路、准备进路、确认进路的规定和方法。

（4）能够识别影响接发列车进路的调车作业。

（5）熟知开放和关闭信号机的规定和时机。

（6）熟悉接发列车纸质凭证的类型和使用条件。

（7）掌握完全具备发车条件的含义，掌握接送列车及发车的方法。

(8)熟知列车到达、出发、通过时刻的确定方法。

(9)熟知进路变更与取消的基本原则及办法。

2. 技能目标

(1)能与邻站办理区间闭塞(发车预告)。

(2)能操作集中联锁设备准备接发列车进路,会人工准备进路。

(3)会计算并准确把握信号机的开放和关闭时机。

(4)会填写、核对、交接行车凭证。

(5)会显示接发列车手信号,会“三面迎送”列车。

(6)具有办理平行变通进路、八字形变通进路、进路取消的能力。

3. 素养目标

(1)培养严谨、认真的工作态度,严格执行规章标准的职业精神。

(2)培育团队协作的大局观念及安全责任意识。

所需工具备品材料

序号	名称
1	计算机联锁设备(模拟仿真)
2	列车调度指挥系统(TDCS,车务终端及模拟仿真)
3	调度集中系统(CTC,车务终端及模拟仿真)
4	列车无线调度通信设备(模拟仿真)
5	纸质行车日志
6	各种行车表示牌、行车占线板
7	各类纸质行车凭证
8	信号旗(红、绿、黄)、信号灯
9	《技规(普速铁路部分)》
10	《铁路车站行车作业人身安全规定》

工作安全

助理值班员在接发列车时要严格遵守《铁路车站行车作业人身安全规定》。

关联任务

项目1任务1、任务2、任务3,项目3。

知识准备

2.2.1 办理闭塞

1. 基本概念

(1)办理闭塞:车站值班员通过闭塞设备和电话联络,得到邻站对占用区间承认的过程。办理闭塞包括请求闭塞、承认闭塞、取消闭塞及填写行车日志(电子行车日志)等。办理闭塞的实质是确定发车权。

(2)发车预告:在无双向闭塞设备的双线区间正方向,发车站无须接车站的同意,就可以开放信号向区间发出列车,但为了建立稳定的运行秩序和无阻碍地接发列车,车站值班员在列车发车前须将列车车次通知接车站,称为发车预告。发车预告的实质是确定发车时机。

2. 办理闭塞前的准备工作

(1)按列车运行计划核对车次、时刻、命令、指示及有关注意事项,必要时与列车调度员联系。如接发超重列车、超长列车、超限列车等特殊列车,要提前做好准备工作。

(2)查看"行车设备检查登记簿",看是否有线路、信号、联锁、闭塞等设备维修、施工等情况。

(3)查看 TDCS/CTC 车务终端站间透明显示。

(4)确认区间空闲。

确认区间空闲的主要方法有:

①从设备上检查确认。

a. 半自动闭塞:根据闭塞机上的闭塞表示灯确认区间空闲,接发车表示灯灭灯区间空闲,如图 2-2-1 所示。图中,BSA 表示闭塞按钮,FUA 表示复原按钮,SGA 表示事故按钮。

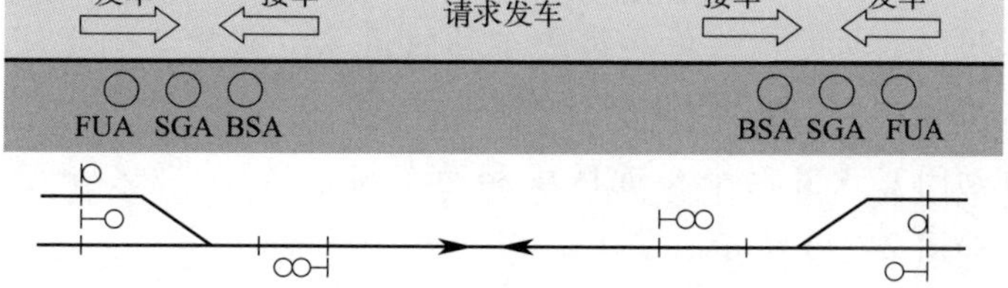

图 2-2-1 半自动闭塞

※思维延伸

闭塞表示灯

半自动闭塞的表示灯有发车表示灯和接车表示灯两种,均用红、黄、绿三种颜色表示,平时处于熄灭状态。办理闭塞接发列车时,发车站点亮发车表示灯,接车站点亮接车表示灯,两站的表示灯显示应一致,当显示不一致时应停止使用半自动闭塞设备。

单线半自动闭塞:黄色灯光表示发车站按下闭塞按钮请求发车,绿色灯光表示接车站按下闭塞按钮同意接车,红色灯光表示列车由发车站进入区间,接车站的两个红色灯光点亮表示列车到达。

双线半自动闭塞:绿色灯光表示发车站开放出站信号机,红色灯光表示列车由发车站进入区间,黄色灯光表示列车到达接车站。

b. 自动闭塞:通过监督器(列车离去表示灯)或出站信号机复示器,确认第一、第二、第三离去(四显示)区段空闲情况,如图 2-2-2 所示。

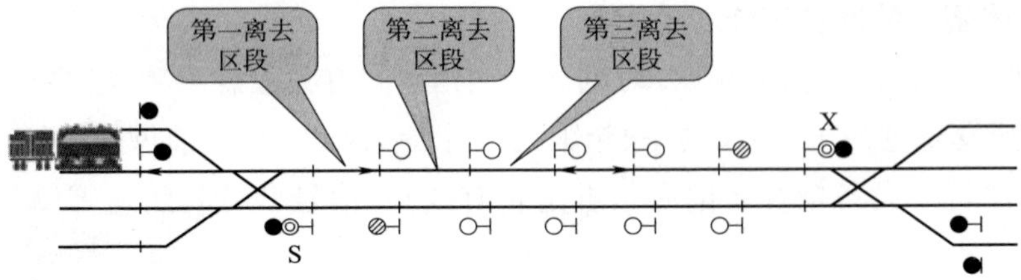

图 2-2-2　四显示自动闭塞

※知识拓展

监督器

自动闭塞区间将邻近车站的几个闭塞分区的占用或空闲情况反馈到车站控制台上,称为接近区段和离去区段。车站控制台上相应设置接近表示灯和离去表示灯,即监督器,用以监督列车接近和离去车站的情况。监督器平时处于灭灯状态,闭塞分区被占用时,对应表示灯点亮红灯。

三显示自动闭塞设置两个接近区段和两个离去区段,即第一、第二接近和第一、第二离去,如图 2-2-3 所示。

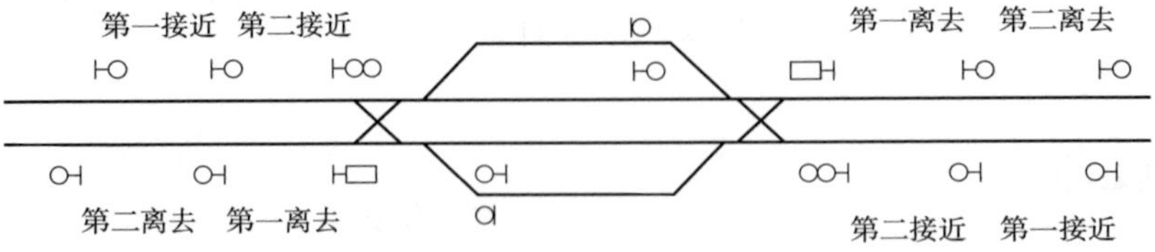

图 2-2-3　三显示自动闭塞的接近和离去区段

四显示自动闭塞设置三个接近区段和三个离去区段，即第一、第二、第三接近和第一、第二、第三离去，如图2-2-4所示。

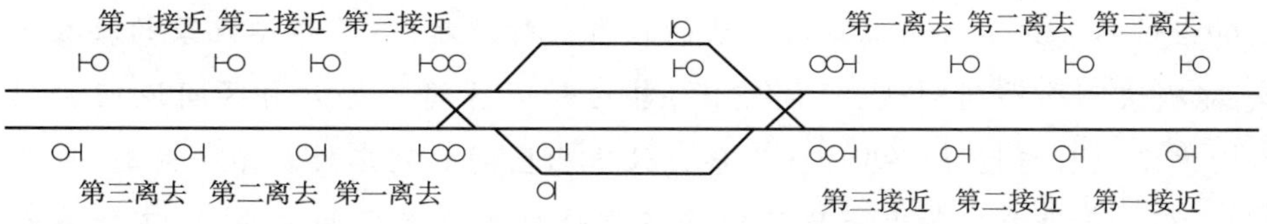

图2-2-4 四显示自动闭塞的接近和离去区段

c. 自动站间闭塞：通过区间占用表示灯、轨道检查装置[计轴设备（图2-2-5）或长轨道电路]确认区间空闲，如图2-2-6所示。轨道检查装置自动检查区间空闲，区间占用表示灯灭灯，区间即为空闲；区间占用表示灯亮红灯，区间即为占用。

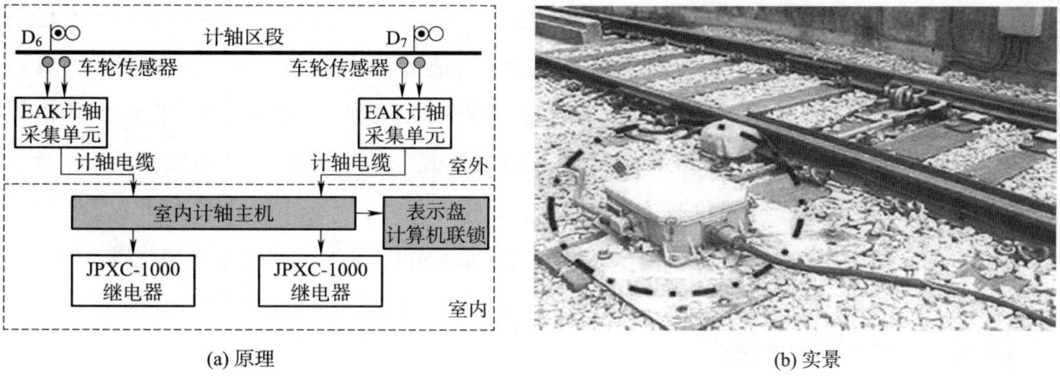

(a) 原理 (b) 实景

图2-2-5 自动站间闭塞计轴设备

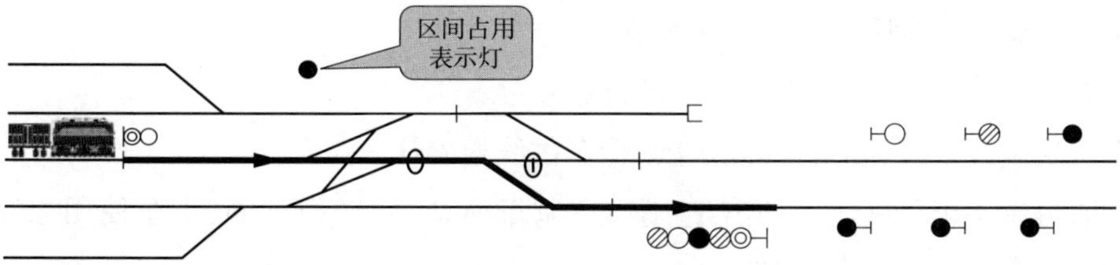

图2-2-6 自动站间闭塞

※知识拓展

区间轨道检查装置

区间轨道检查装置主要有计轴设备和区间长轨道电路，能够自动检查区间空闲状态。

(1)计轴设备。

通过设置在区间两端站的计轴磁头,对进入区间和车站的列车轴数进行记录,并经过传输线路将两端站所记录的轴数进行核对,当两端站记录的轴数一致时,即确认列车整列到达,区间空闲,自动开通区间。发出由区间返回的列车时,由发车站自行检查。当计轴设备记录进出区间的列车轴数不一致时,即判定区间占用。当计轴设备发生故障不能正常计轴或判定区间占用时,不能自动解除闭塞。

采用计轴设备技术的优越性在于:能对长区间进行检查;具有较高的可靠性、安全性及实用性;应用已较为普遍,产生了很好的运用经验和经济、社会效益。因此,目前多采用计轴设备技术。

(2)区间长轨道电路。

区间长轨道电路由三部分组成,包括上、下行接近区段轨道电路(双线时为接近和发车区段轨道电路)和中间区段轨道电路,通过轨道电路对区间是否占用、线路是否良好进行检查。在这三段轨道电路都空闲时,可排列发车进路,开放出站信号,自动完成闭塞;在列车到达前方站(返回发车站)三段轨道电路都空闲后,自动开通区间。当区间任何一段轨道电路处于占用状态时,不能开放出站信号机、自动办理闭塞;当区间任何一段轨道电路故障时,列车虽已到达前方站(返回发车站),但不能解除闭塞开通区间。出站信号机开放后,如果区间轨道电路因故障等处于占用状态时,便自动关闭。

d. 电话闭塞:根据行车日志上电话记录的列车到达情况和助理值班员、扳道员现场确认到达列车情况的报告,确认区间空闲。

② 查看行车日志,确认没有列车运行记录。

③ 从控制台上揭挂的行车表示牌、行车占线板确认。

④ 通过有关记录确认。如出站(跟踪)调车通知书,轻型车辆、小车使用通知书,补机返回记录,区间封锁记录等确认。

3. 办理闭塞手续

(1)请求闭塞(发车预告)。

确认区间空闲后,发车站请求闭塞,用语为"×(次)闭塞"[双线:"×(次)预告"],听取接车站同意的通知,通过闭塞设备按规定办理闭塞手续。

电话闭塞的发车站,单线及双线反方向(正方向首列)请求闭塞:"×(次)闭塞"[双线正方向除首列外:"×(次)预告"];邻站同意后复诵接车站发出的电话记录[双线正方向除首列外为听取接车站同意的通知]。

(2)同意闭塞(接受预告)。

接车站同意闭塞:“同意 ×(次)闭塞”[双线同意预告:“同意 ×(次)预告”],并通过闭塞设备按规定办理闭塞手续。

※知识拓展

64D 型单线半自动闭塞设备办理闭塞的作业程序

64D 型单线半自动闭塞设备,是指 1964 年我国铁路开发的一种单线半自动闭塞设备,其正常办理闭塞分为六个步骤,即请求发车、同意接车、办理发车进路、区间闭塞、列车到达、到达复原。办理时,两端车站值班员先用闭塞电话联系,再操作闭塞设备办理。64D 型单线半自动闭塞设备正常情况简要程序见表 2-2-1。

表 2-2-1 64D 型单线半自动闭塞设备简要程序

发车站	接车站
①车站值班员确认区间空闲后用闭塞电话向接车站请求发车	—
—	②车站值班员确认区间空闲后电话同意接车
③请求发车。按下闭塞按钮,发车表示灯亮黄灯,电铃鸣响	—
—	④接车表示灯亮黄灯,电铃鸣响
—	⑤同意接车。按下闭塞按钮,接车表示灯由黄灯变为亮绿灯(办妥闭塞)
⑥发车表示灯由黄灯变为亮绿灯(办妥闭塞),电铃鸣响	—
⑦办理发车进路。排列发车进路,开放出站信号机,出站信号机亮绿灯	—
⑧区间闭塞。列车出发进入发车轨道电路区段,出站信号机自动关闭,发车表示灯由绿灯变为亮红灯	—
—	⑨接车表示灯由绿灯变为亮红灯,电铃鸣响
—	⑩列车到达。办理接车进路,开放进站信号机,列车头部驶入进站信号机内方轨道电路区段,接车表示灯和发车表示灯均亮红灯
—	⑪到达复原。确认列车整列到达后,按下复原按钮,接车表示灯和发车表示灯均熄灭,闭塞机复原
⑫发车表示灯红灯熄灭,电铃鸣响,闭塞机复原	—
—	⑬通知邻站到达时刻

电话闭塞的接车站,发出电话记录:“ ×号,(×点) ×(分),同意 ×(次)闭塞”[双线正方向除首列外为同意预告:“同意 ×(次)预告”]。

注意,在办理闭塞手续时先联系、后办理。车站值班员按照《铁路接发列车作业》规定用语办理闭塞手续,要做到车次准确清晰、用语准确完整。

(3)取消闭塞。

《技规(普速铁路部分)》规定:“发车站办理闭塞手续后,列车不能出发时,应将事由通知接车站,取消闭塞。”

※知识拓展

64D 型单线半自动闭塞设备取消闭塞

以 64D 型单线半自动闭塞设备为例,取消闭塞具体操作方法如下:

1. 出站信号机开放前

下列两种情况,发车站在通知邻站后,按下复原按钮,闭塞机复原。计算机联锁设备用鼠标或光笔点击复原按钮。

(1)发车站请求发车,发车站已按下闭塞按钮,两端站表示灯亮黄灯时。

(2)接车站同意接车,已按下闭塞按钮,两站表示灯亮绿灯但发车站未办理发车进路,开放出站信号时。

2. 出站信号机开放后

若取消闭塞,须经过两站车站值班员联系,确认列车未出发,发车站值班员先办理发车进路的取消或人工解锁(接近区段有车占用时)。在出站信号机关闭,发车进路解锁后,按下复原按钮,办理取消复原,区间闭塞取消。

(4)办理闭塞的同时应做好下列工作:

① 填写行车日志(或确认电子行车日志)和线路占用表示板。线路占线板的填记符号:“ - ”表示闭塞,“ + ”表示出发;“⊕”表示到达。

② 非正常情况接发列车时要按规定揭挂区间状态标志。

③ 接车站计划安排接车线路。根据调度 3 ~4 h 列车运行调整计划做好安排,保证有空闲线路接车或预计空闲。必要时与列车调度员核对车次,了解列车在站停车、通过、会车等情况。

④ 车站值班员及时通知助理值班员及有关人员到岗接发列车。

※警钟长鸣

按标作业须牢记，简化程序不可取

1. 事故概况

某日 20:00—22:00，××局集团公司工作人员检查×车务段视频监控指挥中心，通过视频回放检查发现：2 月 8 日 2:59，×站车站值班员与邻站联系 821××次列车运行计划后，向邻站办理预告："821××次预告。"在邻站车站值班员只是"嗯"了一声，未进行复诵的情况下，便认为邻站同意发车，于 3:03 布置信号员开放 821××次 2 道出站信号，违反发车作业程序。列该车务段接发列车作业"简化行车主要工种标准作业程序或漏项"问题一件，签发安全问题红色通知书。

2. 原因分析

(1) 车站值班员接发列车作业未落标。车站值班员在办理接发列车作业过程中，未按照接发列车作业程序及用语规定，严格执行"向接车站发出预告，并听取复诵"的作业要求和标准，臆测行车。

(2) 车站值班员现场作业"我行我素"，随意简化、省略作业程序，安全责任意识缺失。

3. 应采取的措施与方法

(1) 接发列车人员应积极接受责任意识、标准意识、执行意识、安全意识、风险意识的教育，更新安全理念。

(2) 积极参与业务培训和演练，严把接发列车作业程序及用语，提升按章作业、按标操作的能力。

2.2.2 布置进路

1. 进路的概念及分类

进路是指车站范围内列车或调车车列运行的径路。

进路按其性质可分为列车进路和调车进路两大类。列车在站内运行时所经过的进路称为列车进路；调车车列在站内运行时所经过的进路称为调车进路。列车进路又可分为接车进路、发车进路和通过进路。

(1) 接车进路是指由进站信号机起至接车线末端计算该线有效长的警冲标或出站信号机（若有延续进路，为至延续进路末端）止的一段线路，如图 2-2-7 所示。

(2) 发车进路是指由列车前端起至相对进站信号机或站界标止的一段线路，如图 2-2-8 所示。设有中间道岔时，由列车尾部至相对方向进站信号机或站界标间的一段线路称为发车进路。

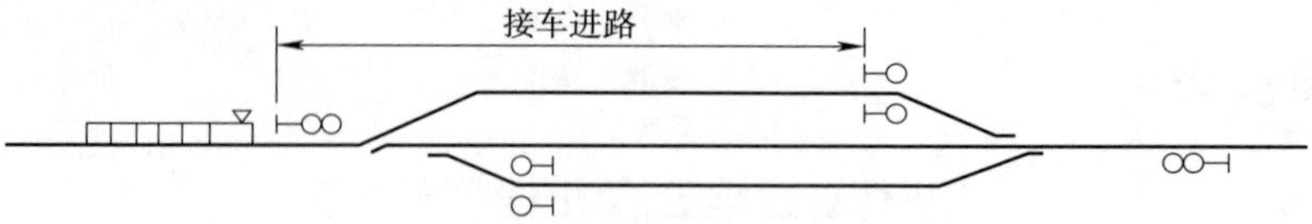

图 2-2-7　接车进路

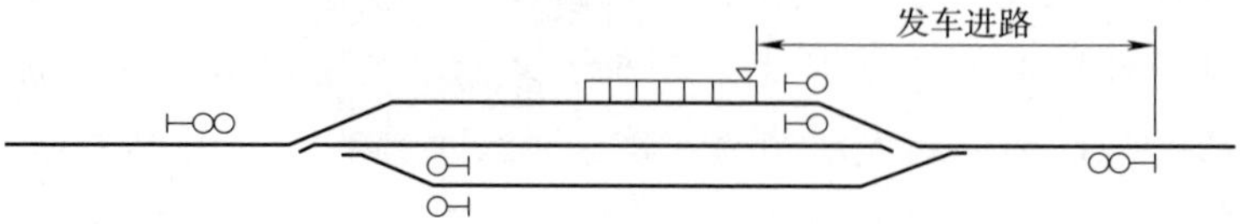

图 2-2-8　发车进路

(3)通过进路为该列车通过线路两端进站信号机间或进站信号机至站界标间的一段线路,如图 2-2-9 所示。

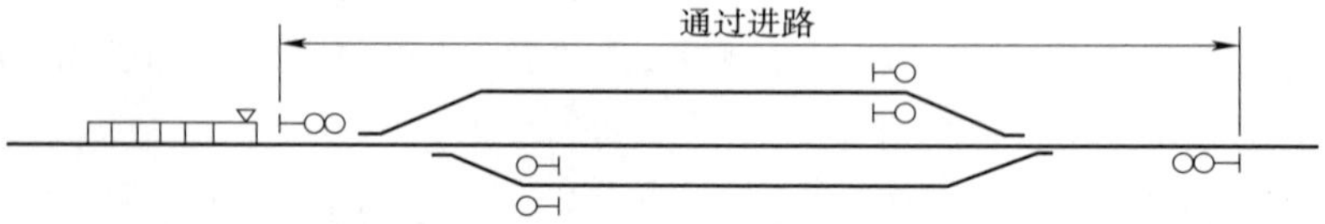

图 2-2-9　通过进路

2. 布置进路的内容和要求

接发列车车站值班员“六个亲自”是接发列车的重要环节,正确及时准备好列车进路是“六个亲自”中的关键环节,车站值班员必须亲自布置进路和听取进路准备妥当的报告。

(1)布置内容。

车站值班员下达接发列车进路命令时,必须简明清楚,正确及时,向有关人员讲清车次和占用线路(如车站一端有两个及以上列车运行方向或双线反方向行车时,还应讲清方向、线别),并要受令人复诵,核对无误。

(2)布置要求。

① 按《站细》规定的时间正确及时地布置进路。

② 使用《铁路接发列车作业》标准规定的用语,要求简明清楚,不得简化。布置进路的命令,不准与其他作业的命令、通知一起下达,以防混淆。

③受令人员必须复诵。当两人及以上同时接受准备进路的命令时,应指定一人复诵。车站值班员要认真听取复诵,核对无误后,方可命令“执行”。

3. 准备进路

信号员、扳道员要严格按照车站值班员的接发列车命令、调车作业计划,正确及时地准备进路。在操纵信号、扳动道岔时,认真执行“一看、二点击(按)、三确认、四呼唤”及

"眼看、手指、口呼"制度,对进路上不该扳动的道岔,也应认真进行确认。

接发列车进路准备完毕后,及时报告车站值班员(能从设备上确认的除外)。

(1)集中操纵道岔制度。

集中联锁的道岔、信号的操纵是按列车或调车运行方向,顺序按压(点击)进路始端按钮、终端按钮,道岔即自动转换、进路锁闭,同时信号自动开放。

"一看、二点击(按)、三确认、四呼唤"制度:

"一看":看准应操作的按钮,同时用"手指"确认,中指食指并拢成"剑指",指向应确认的按钮;计算机联锁设备为鼠标箭头对准应确认的按钮。

"二点击(按)":顺序按下要操作的进路的始端、终端按钮;计算机联锁设备为鼠标箭头点击需操作的按钮。

"三确认":确认进路光带(表示灯)、信号显示正确。

"四呼唤":按照《铁路接发列车作业》规定用语进行呼唤应答。

办理进路时,听清再办、看准再按、手指眼看、确认呼唤,确保进路正确。为确保旅客列车进路的绝对安全,还须在控制按钮台上揭扣"安全帽"(计算机联锁设备可使用按钮封锁功能,相当于按钮戴帽)。有关安全帽的使用各铁路局集团公司的规定有所不同,具体按各铁路局集团公司《行规》或各站《站细》规定执行。

※思维延伸

办理列车进路

1. 基本进路

操作:顺序按下进路始端信号按钮+进路终端信号按钮(对于接车进路来说,进路终端信号按钮实际上是接车股道反向出站信号复示器处的信号按钮)或专设的进路终端按钮,两个按钮按下的时间间隔应小于15 s。这里"+"号左边的按钮为先按压的按钮,其右边的为后按压的按钮,下同。

条件:符合联锁表要求。

显示:按压始端按钮后,信号按钮闪烁,进路建立过程中,屏幕显示出有关道岔的动作情况。进路建立成功后,进路呈白色光带,按钮复原。信号开放后,复示器给出相应显示。若信号按钮停止闪烁,进路建立失败,屏幕提供相应的信息。单独按下信号按钮,15 s内无下一步操作,信号按钮复原,停止闪烁。

2. 通过进路

操作:顺序按下通过进路按钮(在通过进路的始端)+正线发车口进路终端信号按钮或专设的进路终端按钮,两个按钮按下的时间间隔应小于15 s。通过进路也可以按照发车、接车进路分别办理,接发车进路办理与基本进路的办理相同,具备条件时，通过进路应先办理发车进路，后办理接车进路。

条件：符合联锁表要求。

显示：相当于同时排列接车进路和发车进路时的表示。

3. 变通进路

操作：顺序按下始端信号按钮＋变通按钮（一个或一个以上）＋进路终端按钮，相邻两个按钮按下的时间间隔应小于15 s。

条件：符合联锁表要求。

显示：与基本进路相同。

4. 带有坡道延续进路的接车进路

操作：顺序按下接车进路始端按钮＋接车进路终端按钮＋延续进路终端按钮（延续进路终端的列车、调车信号按钮，或专设的延续进路终端按钮），相邻两个按钮按下的时间间隔应小于15 s。发车进路已经建立时，顺序按下接车进路的始端按钮＋接车进路的终端按钮，可建立带有坡道延续进路的接车进路。

条件：符合联锁表要求。

显示：接车进路和延续进路的建立过程类似于基本进路。

(2)集中联锁道岔手摇制度。

集中联锁道岔如遇停电或设备故障时，需使用手摇把人工转换道岔。

“一看、二摇（锁）、三确认、四呼唤（显示）”制度：

“一看”：在手摇道岔前应先看进路是否空闲；看机车车辆是否越过警冲标；看机车车辆是否越过联动道岔；看影响进路的调车作业是否停止；看道岔开通方向；确认是否需要手摇等。

“二摇（锁）”：将道岔摇到所需位置；对应加锁的道岔按规定加锁。

手摇道岔的方法：将转辙机箱钥匙孔盖上的锁孔打开使钥匙盖向下方转动，露出手摇把孔，将手摇把插入孔内，ZD6 电动转辙机手摇转动 36～38 圈（分动外锁闭可动心轨道岔 ZYJ7 电液转辙机手摇转动 220 圈左右），听到“咔嚓”的声音后，即表示道岔已经手摇到位，尖轨被锁闭。

“三确认”：确认道岔开通位置是否正确，尖轨与基本轨是否密贴，应加锁的道岔是否已经加锁。

“四呼唤（显示）”：逐一确认无误后，向车站值班员报告“×道接车（发车）进路准备好”或向要道人员显示股道号码信号和道岔开通信号。

(3)无联锁人工扳动道岔制度。

无联锁人工扳动道岔准备进路时，执行“一看、二扳、三确认、四显示”制度。

“一看”：在扳动前，要看所扳动道岔的位置是否需要扳动；看接车线是否空闲；看机车车辆是否越过警冲标;扳联动道岔时,还得看机车车辆是否越过另一端道岔。

"二扳":将道岔扳到所需的位置。

"三确认":确认道岔开通位置是否正确;闭止块是否落槽;尖轨与基本轨是否密贴;进路上有关道岔位置是否正确。准备接发列车进路时,还要确认影响进路的调车作业是否停止。

"四显示":确认无误后,向车站值班员汇报进路准备妥当或向要道人员显示股道号码信号和道岔开通信号。

在无联锁(联锁失效)的线路上接发列车时,车站值班员除严格按接发列车手续办理外,还应将进路上无联锁的有关对向道岔及邻线上的防护道岔加锁。进路上无联锁的分动外锁闭道岔无论对向或顺向,均应对密贴尖轨、斥离尖轨和可动心轨加锁。具体加锁办法,由铁路局集团公司规定。

※警钟长鸣

关键作业未严控,破坏进路酿事故

1. 事故概况

某日,某站因站内下行线1号道岔更换基本轨引轨施工(1/3号道岔为联动道岔),影响3号道岔正常使用(道岔无表示),上行线×方向需人工准备进路,使用绿色许可证办理发车。19:05,在办理Ⅱ道X21×次列车发车时,车站值班员在未准备好Ⅱ道发车进路,进路上11号道岔处于反位曲股(应为定位直股),也未确认进路正确的情况下,填写绿色许可证组织发车,导致X21×次列车途经11号道岔时,将道岔挤坏,构成铁路交通一般C8类事故。

2. 原因分析

(1)车站值班员违反作业程序,违章蛮干,在未准备好进路的情况下,即填写行车凭证。

(2)盯控把关人员对X21×列车进路准备及行车凭证等关键环节盯控把关不到位,形同虚设,未能发现并制止车站值班员的违章作业。

3. 应采取的措施与方法

加强对闭塞、进路、凭证等关键环节的卡控,特别是卡控好"进路关"关键作业,确保非正常行车安全。

4. 确认进路

(1)确认接车线路空闲。

接车进路空闲系指进路无封锁施工、无机车车辆、小车、重型轨道车、轻型车辆及其他能造成脱轨的障碍物。能造成脱轨的障碍物系指脱轨器、铁鞋、大石块、脱落的车门、装卸跳板及路用交通车辆(不含路外其他交通车辆)。

确认接车线路空闲的方法:

① 在设有轨道电路的车站,通过显示器(控制台)光带或表示灯确认。另外,还需注意现场确认有无轻型车辆、小车及线路附近有无侵入机车车辆限界的障碍物。

② 未设轨道电路或轨道电路发生故障时,由接发列车人员现场确认接车线路是否空闲。

③ 查看股道"占线板(簿)"。

(2)确认进路上的道岔位置正确,应加锁的道岔已加锁。

① 根据信号员或扳道员进路准备好了的报告并通过显示器(控制台)上的光带确认。

② 当联锁失效或在无联锁的线路上接发列车时,按《站细》规定的办法准备和确认进路。

(3)确认影响列车进路的调车作业已经停止。

影响接发列车进路的调车作业系指:

① 占用或穿越列车进路直接影响接发列车的调车作业,如图 2-2-10 所示。

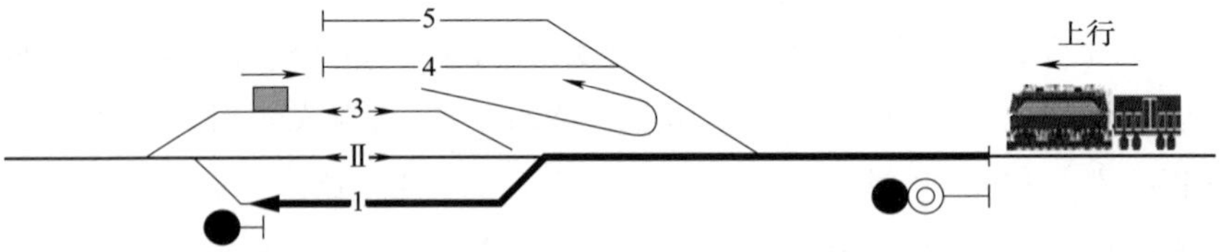

图 2-2-10 占用或穿越列车进路调车作业

② 接发超限列车的线路上,当线路间距不足 5 000 mm 时,邻线上的调车作业,如图 2-2-11 所示。

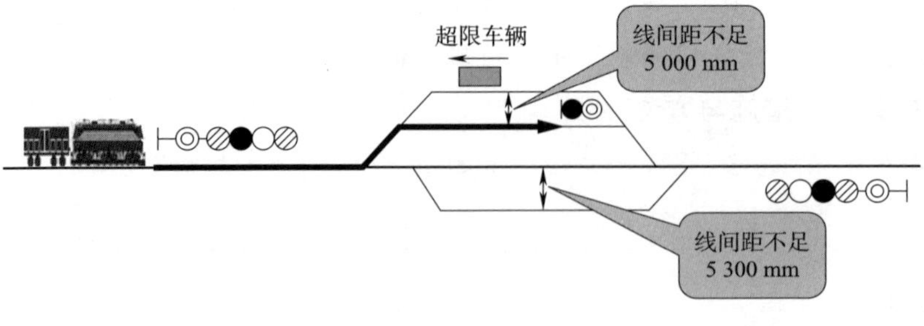

图 2-2-11 接发(超限)列车与调车作业

③ 接发非超限列车的线路上,当线路间距不足 5 000 mm 时,邻线上调动装载超限货物车辆的调车作业。

④ 接发超限列车的线路上,当线路间距不足 5 300 mm 时,邻线上调动装载超限货物车辆的调车作业,如图 2-2-11 所示。

微课:接发旅客列车对调车作业的限制

⑤ 接发旅客列车时,与接发列车进路没有隔开设备或脱轨器的线路,向能进入接发列车进路的方向调车,如图 2-2-12 所示。

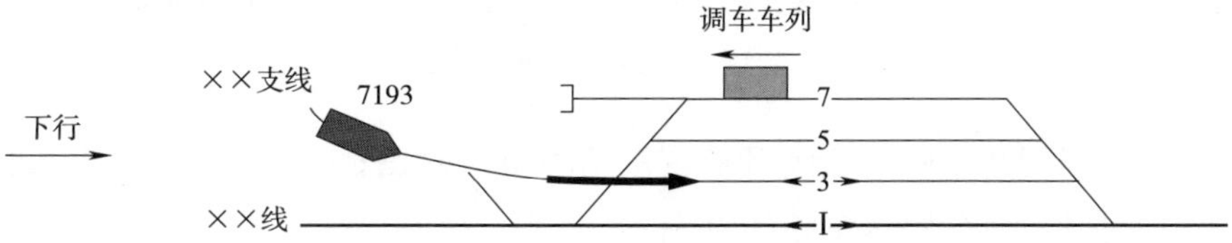

图 2-2-12 接发旅客列车与调车作业

⑥ 进站信号机外制动距离内,进站方向为超过 6‰的下坡道,在接车线末端无隔开设备的延续线路上的调车作业。

⑦ 其他影响列车进路的调车作业(如在无隔开设备的线路上手推调车)。

在接发列车时,应按《站细》规定的时间,停止影响列车进路的调车作业。严禁进行抢钩作业。抢钩作业是指在《站细》规定停止影响列车进路的调车作业时间内,抢着干一钩或几钩。抢钩作业的表现形式有抢关信号、抢排(预排)进路、抢钩调车、抢扳道岔、走行中提钩、摘管等。抢钩作业可能造成联系脱节、思想紧张、程序简化、动作变形、手忙脚乱,极易抢出事故。所以,作业中要严格遵守"调车作业必须服从接发列车"的行车工作原则。

微课:影响接发列车的调车作业

2.2.3 开闭信号

车站值班员应严格按《站细》规定时机开闭信号机。

1. 开放信号机的时机

(1)进站信号机的开放时机。

微课:开闭信号

进站信号机开放后即锁闭有关进路上的道岔。因此信号开放过早,会提前占用咽喉区,影响站内其他作业;开放过晚,会造成列车在信号机外减速或停车,不仅影响正点率,而且危及安全。

开放进站信号机最理想的时机是列车头部刚好运行至预告信号机前司机能确认信号显示状态的地点,如图 2-2-13 所示。

用分析计算法计算开放进站信号机时机的公式为

$$t_{开} = t_{到} - t_{进} = t_{到} - 0.06\frac{l_{确} + l_{制} + l_{进}}{v_{进}} = t_{到} - 0.06\ L_{进}/v_{进}$$

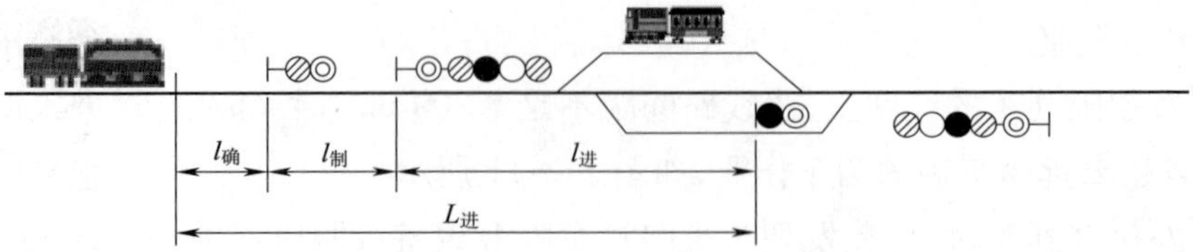

$l_确$—司机确认预告信号机显示时间内所走行的距离；$l_制$—该站进站信号机前规定的制动距离；
$l_进$—进站信号机至接车线末端出站信号机或警冲标的距离；$L_进$—列车通过的进站距离。

图 2-2-13　进站信号机开放时机

式中　$t_开$——列车到达车站前最晚开放进站信号机的时刻；

$t_到$——按规定列车到达车站的时刻；

$t_进$——列车走完通过的进站距离（$L_进$）的时间，min；

$v_进$——列车走完进站距离的平均速度，km/h；

0.06——单位换算系数。

开放进站信号机的合理时机是经过计算和查定再经分析平衡后确定的，还要考虑列车运行可能早到，应附加一定时间，适当提前开放进站信号的时机，具体开放时间纳入《站细》。在接发列车作业中，车站值班员应按《站细》规定的时间开放进站信号机。进站信号机开放时机最晚为列车到达前不少于 3 min。

（2）出站信号机的开放时机。

开放出站信号机的时机，应根据出站信号机开放后至列车起动前，办理全部作业所需时间查定。这些作业包括：车站值班员与司机进行“车机联控”；指示助理值班员发车；助理值班员确认出站信号机的开放状态；确认旅客上下、行包装卸、列检作业、其他作业及站车交接完毕；显示发车信号；司机确认发车信号及出站信号，以及起动列车等。

开放出站信号机的时机应在《站细》内规定。

根据《事规》规定：“因办理不及时或忘办、错办信号使列车在站外或站内停车；禁止同时接车的车站或不准同时接入站内的列车，误使两列车均在站外停车；接发列车人员未及时或错误显示手信号，使列车停车”，均构成“错办或未及时办理信号致使列车停车”的一般 D 类事故（列 D5 项）。

2. 信号机的关闭时机

信号关闭，有关道岔即可解锁（集中联锁车站，列车出清轨道电路区段，区段内道岔即自动解锁）。关闭信号机过早，可能造成进路道岔错误转换或敌对信号开放，影响列车运行安全；关闭过晚，耽误其他作业，影响效率。信号机的关闭时机规定如下：

（1）集中联锁车站的进站或出站信号机，当机车或车辆第一轮对越过该信号机后自动关闭。

(2)调车信号机在调车车列全部越过调车信号机后自动关闭;当调车信号机外方不设轨道占用检查装置或虽设轨道占用检查装置而占用时,应在调车车列全部出清调车信号机内方第一轨道区段后自动关闭,根据需要也可在调车车列第一轮对进入调车信号机内方第一轨道区段后自动关闭。

(3)引导信号应在列车头部越过信号机后及时关闭。

(4)非集中联锁车站的进站信号机及线路所通过信号机,在列车进入接车线轨道区段后自动关闭,出站信号机应在列车进入出站方面轨道区段后自动关闭。

(5)非集中联锁车站,由手柄操纵的信号机:进站信号机在确认列车全部进入接车线警冲标内方,出站信号机在列车全部越过最外方道岔并确认列车全部进入出站方面轨道区段后,恢复手柄,关闭信号。

2.2.4 交接凭证

1. 行车凭证的分类

行车凭证可以分为基本凭证和书面凭证两大类。

(1)基本凭证。

自动闭塞、半自动闭塞、自动站间闭塞的基本凭证为出站信号机或通过信号机(半自动闭塞、自动站间闭塞为线路所通过信号机)显示的允许运行的信号。

(2)书面凭证。

这里的书面凭证主要是指出站(线路所通过、发车进路)信号机显示的允许运行信号以外的可持“证件”。如路票、绿色许可证、红色许可证、调度命令、出站(跟踪)调车通知书、半自动闭塞发车进路通知书、轻型车辆使用书等。表2-2-2为各类书面凭证种类及使用情形。

表2-2-2 各类书面凭证的使用情形

书面凭证种类	使用情形
路票	电话闭塞
绿色许可证	自动闭塞特殊情况
红色许可证	一切电话中断
调度命令	封锁区间
出站(跟踪)调车通知书	调车作业
半自动闭塞发车进路通知书	发车进路信号机故障
轻型车辆使用书	开行轻型车辆时

2. 行车凭证的作用

(1)行车凭证是占用区间或闭塞分区的许可。

(2)指示列车运行条件。如出站信号机及进路表示器的显示,路票(反方向运行),调度命令(限制速度、到达时间、地点等)。

(3)提醒注意事项。如在自动闭塞区段非到发线发车要采用绿色许可证作为行车凭证,具有提醒注意运行速度的作用;一切电话中断时,采用红色许可证作为行车凭证,提醒注意区间可能还未空闲,加强瞭望,掌握速度;封锁区间要用调度命令作为行车凭证,上面注明了返回时间地点,提醒注意进站信号或引导手信号。

3. 行车凭证交接的注意事项

(1)确认凭证正确。实行车站值班员、助理值班员、站长"三核对"。主要核对区间、车次、内容、电话记录号码、日期、签名、站印等是否齐全。

(2)各种行车凭证填写要求。行车凭证的填写,要求内容齐全,章印清晰、字迹清楚、不得涂改和增添字句。当填写发生错误时,应立即将凭证画" ×"注销,重新填写。

(3)需确认列车完全具备发车条件才可以递交司机行车凭证。

(4)向机车递交凭证时,必须面向来车方向,交递后迅速回到安全位置。如通过列车交不上时,应停车交付。

(5)凭证处理。如列车运行至前方站,司机应将路票画" ×"注销。使用施工特定行车办法,车站不交司机的路票,在列车到达前方站后画" ×"注销。

(6)与列车有关的命令指示与行车凭证有同等作用。

2.2.5 接送列车

列车在车站到发时,必须由接发列车有关人员在室外立岗接送列车,密切监视列车运行状态,及时处理危及行车和人身安全的问题。

车站值班员接到邻站列车预告后,应按《站细》规定时间及时通知有关人员到岗接车,站内平过道应加强监护,确保列车安全运行。

1. 接送列车办法

(1)接发列车时,接发车人员应携带列车无线调度通信设备、持手信号旗(灯),站在《站细》规定的地点接送列车,执行"三面迎送"列车制度。

※知识拓展

"三面迎送"列车制度

所谓"三面迎送"列车,即列车到达前,接车人员面向列车;列车头部越过接车地点,接车人员转动90°面向列车中部;列车尾部越过接车地点,接车人员转动90°面向列车尾部。

(2)注意列车运行和货物装载状态,发现问题及时处理。

① 发现旅客列车尾部标志灯光熄灭时,通知车辆乘务员进行处理。在自动闭塞区段,通知不到时,应使列车停车处理。

② 发现列车技术状态不良(燃轴、抱闸、车体倾斜、胀出、制动梁脱落等)、货物装载状态有异状(货物脱落、倾斜、倒塌、窜动等)时,及时处理。

③ 发现货物列车列尾装置丢失时,应报告列车调度员,使列车在前方站停车处理。

2. 列车进出站报告

(1)当不能从设备上确认列车接近车站、进站和出站时,接发车人员应及时向车站值班员报告列车进出站情况,报告的时机、内容、用语按《铁路接发列车作业》标准执行。单机挂车时,由于没有尾部标志,还应根据车站值班员布置的挂车辆数,认真确认。车站值班员通过上述报告,确认列车的整列出发与到达。

(2)列车到达、发出或通过后,车站值班员应及时向邻站和列车调度员报点,并记入行车日志。在装设有计算机报点系统的车站,报点方法按有关规定执行。遇有超长列车、超限列车、制动力部分切除的动车组列车、单机挂车和货物列车列尾装置灯光熄灭等情况,应一并通知邻站。

2.2.6 发车

1. 动车组以外的列车发车条件和方法

动车组以外的列车在车站发车前,接发车有关人员应做到以下几点:

(1)列车完全具备发车条件后,方可显示发车信号。

① 行车方面:发车进路准备妥当,行车凭证命令已经交付,出站(进路)信号已开放。

② 客货业务:旅客上下完毕,行包装卸完毕。

③ 技术作业:摘挂列车作业完毕,防溜已撤除;列检作业完毕,防护信号已撤除。

(2)发车方法。

① 列车无线调度通信设备语音记录装置良好的车站,在具备发车条件后,准许使用列车无线调度通信设备通知司机发车。由车站值班员通知司机发车时,必须得到助理值班员或胜任人员具备发车条件的汇报。通知司机发车用语为:“×次、×道发车”,并听取司机复诵无误。

微课:FAS 终端的使用

②遇列车无线调度通信设备语音记录装置故障时,须向司机显示发车手信号。

(3)司机动车要求。

列车起动前,司机必须确认行车凭证正确。正常情况下必须确认出站信号机显示的允许运行的信号,使用路票等行车凭证时,应确认凭证正确。同时,还必须确认车站值班员(助理值班员)显示的发车信号或发车表示器显示的发车信号,方可起动列车。

2. 使用发车线路表示器及发车表示器发车

编组场一般设置2~3条编发线,在发车场线路使用紧张时,从编发线直接发车。编发线内设置发车线路表示器,作为线路出站信号机的补充说明。因曲线或其他原因,司机确认发车信号困难时,可在旅客站台上装设发车表示器。

(1)使用发车线路表示器发车。

编发场发车线路表示器在线路出站信号机开放后显示一个白色灯光,表示准许该线路上的列车发车,如图 2-2-14 所示。不许发车的线路,所属该线路的发车线路表示器不能点亮。

(2)使用发车表示器发车。

发车表示器常态不显示,显示一个白色灯光时,表示车站人员准许发车,如图 2-2-15 所示。

图 2-2-14　发车线路表示器

图 2-2-15　发车表示器

发车流程为,当出站信号机开放,发车人员确认列车完全具备发车条件后,按压发车线间发车柱上的发车按钮,司机附近的发车表示器亮白灯,司机确认占用区间行车凭证及发车表示器显示正确后,方可起动列车。列车出发,当出站信号机关闭后,发车表示器白灯自动熄灭。

3. 动车组发车

动车组列车由列车长确认旅客上下完毕后,通知司机关闭车门;列车进站停车时,司机按动车组停车位置标停车,确认列车停稳、对准停车位置后开启车门。按钮不在司机操作台上的,由列车长通知随车机械师关闭车门;列车到站停稳后,由随车机械师开启车门。如自动开关门装置故障或特殊情况需单独开关车门时,由司机通知列车工作人员手动开关车门。

动车组列车从车站出发,动车组列车司机确认行车凭证和开车时间,车门关闭后,即可起动列车。

动车组列车设备自动控制水平高,车门采取集中控制,车门开关状态在司机室有明确的表示,并且在运行途中不进行客列检作业,为优化作业组织,压缩站停时间,规定动车组列车开车前不再发车,由司机确认行车凭证、开车时间,车门关闭后即可起动列车。

4. 出站信号机发生故障时列车通过办法

出站信号机发生故障时,应预告通过列车司机,接车人员除按规定交递行车凭证外,应显示通过手信号,列车可不停车通过车站。

装有进路表示器或发车线路表示器的出站信号机,当该表示器不良时,由办理发车人员通知司机后,列车凭出站信号机的显示出发。

5. 助理值班员接发列车、显示信号位置的规定

助理值班员接发列车原则上应在列车运行的左侧,一般接车位置为:

(1)在行车室一侧。

(2)接发车线路为曲线时,应在曲线内侧。

(3)会车时在有站台的一侧,无站台时应在运行方向的左侧。

(4)停车并办理客运业务的旅客列车,在有站台的一侧。两列停车的旅客列车会车时,对不靠站台的一列,应在旅客上下的一侧。

(5)不准隔车、隔站台接车。

(6)挂有列尾装置的半自动闭塞区段,当遇列尾装置故障(包括列车无线调度通信设备故障)或未挂列尾装置时,助理值班员应确认列车尾部标志(设有专门确认列车尾部标志人员时除外)。

(7)当接车线路邻线有机车车辆占用时,助理值班员可在来车方向邻线停留机车车辆前的安全地点接车。遇助理值班员组织发车或接车后再接续行列车时,可选择在邻线停留机车车辆两端的安全地点接车。

助理值班员返回时机一般为:接停车列车,于列车停妥后返回;发出列车或通过列车,于列车尾部越过接车地点,确认列车尾部标志后返回;办理乘降作业的旅客列车,列车尾部越过发车站台返回。

6. 接发列车手信号显示

手信号是铁路运输工作中广泛采用的一种视觉信号。根据行车工作的要求,可以机动地指挥列车运行和调车作业,也可作为联系和传达行车有关事项的旗(灯)语。行车有关人员必须认真按其显示执行。

阅读:接发列车手信号

2.2.7 开通区间及报点

1. 列车到达、出发及通过时分的确定

(1)到达时分:以列车进入车站,停于指定到达线警冲标内方时分为准。列车超过实际到达线有效长度时,以第一次停车时分为准。列车在区间分部运行时,则以全部车辆到达前方站时分为准;如分部运行将车辆拉向两端车站时,以拉向前方站的最后一部分车辆到达时分为准。

(2)出发时分:以列车机车向前进方向起动,在站界(场界)内不再停车为准。列车发出站界后,因故退回车站再次出发时,以第一次出发时刻为准;在分界站向邻局出发时,以最后发出时刻为准。

(3)通过时分:以列车机车通过车站值班员室的时刻为准。

列车调度指挥系统(TDCS)、调度集中系统(CTC)等信息系统自动采集列车到发时分,亦须按上述规定执行。采用列车调度指挥系统自动采点统计时,以自动采点时分为准。

2. 不同闭塞方法下开通区间及报点的办法

自动闭塞、自动站间闭塞区段,区间的开通是自动完成的,不需要人工办理。

半自动闭塞、电话闭塞区段需人工开通区间。列车到达车站后,车站值班员在确认具备区间开通的条件[列车整列到达,出站(跟踪)调车作业完毕,凭证收回、注销]后,应及时办理区间开通手续。

列车到达、发出或通过后,计算机报点系统自动向列车调度员报点。不能自动报点时,车站值班员应及时向列车调度员报点,用语为:"×(站)报点,×(次)、(×点)×(分)到[通过]"。

办理闭塞(预告)、开车、列车到达(通过),车站值班员及时填记或确认电子行车日志,不能使用电子行车日志时,填写纸质行车日志。

遇有超长、超限列车、制动力部分切除的动车组列车、单机挂车和货物列车列尾装置灯光熄灭等情况,应通知接车站。对列车运行中发现的问题,不属于马上危及行车安全的情况,应通知前方站,注意监视或停车处理。

2.2.8 进路的变更与取消

1. 基本进路和变通进路

根据站场线路配置情况,应考虑线路上两点之间有多种可能的运行方案,也就是说,进路始端和终端之间有多条进路可供选用,规定其中一条列车运行径路最短、经过道岔最少、对列车运行影响最小的径路为基本进路,其余的为变通进路(或称迂回进路),列车、调车均如此。变通进路有以下几种形式:

(1)平行形变通进路。

如图2-2-16所示,X_B方向接Ⅲ道接车进路,经过23/25号道岔侧向位置的进路为基本进路,经过5/7号道岔侧向、9/11号道岔侧向的进路均为平行形变通进路。

(2)八字形变通进路。

如图2-2-17所示,Ⅱ道经27号、19号、1号道岔直向的发车进路为基本进路,经27号道岔直向、19号道岔侧向、1号道岔侧向的发车进路称为八字形变通进路。

(3)S形变通进路。

如图2-2-18所示,X_B方向接Ⅲ道接车进路,经过23/25号道岔侧向位置的进路为基本进路,经过5/7号道岔侧向、13/15号道岔侧向、23/25号道岔侧向的进路为S形变通进路。一般不准排列S形变通进路。

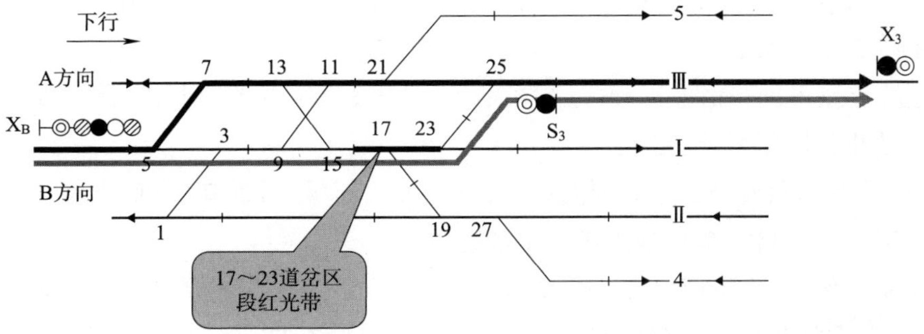

图 2-2-16　平行形变通进路

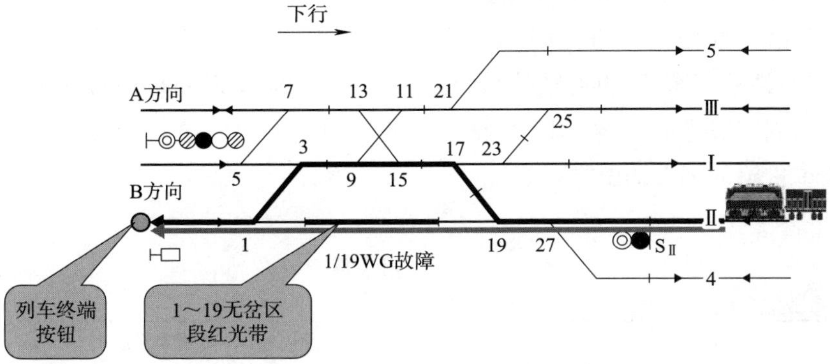

图 2-2-17　八字形变通进路

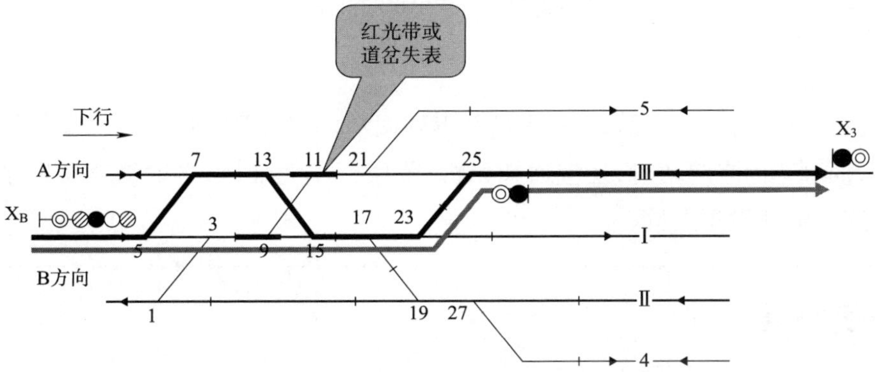

图 2-2-18　S 形变通进路

在轨道电路或道岔发生故障的条件下，可以选择排列变通进路，从而避开故障地点，变非正常为正常行车，确保行车安全和提高作业效率。排列变通进路的操作流程为顺序按压进路始端按钮 + 变通按钮（调车按钮）+ 终端按钮。

2. 变更进路与取消进路

进路的变更可能导致车站作业紊乱，产生不安全因素。因此，进站或出站信号机开放后，其接车或发车进路不得随意变更。遇特殊情况必须变更时，应遵循以下要求：

(1)接车进路变更。

① 进站或接车进路信号机开放后，在不足《站细》规定开放时间内，除危及行车和人身安全时，禁止关闭信号、变更接车进路。

②遇危及行车和人身安全必须变更时，应先关闭信号，再通知司机，未确认列车停妥或不满足信号开放时机，禁止操纵进路上的道岔。

③ 办理停车后再开的列车，必须在列车到达停妥后，方准开放出站或发车进路信号机。在站办理乘降业务的旅客列车，司机必须按列车运行图规定的时刻操纵列车，遇出站或发车进路信号机提前开放时不得通过。

④ 对原规定为通过的旅客列车由正线变更为到发线接车及动车组列车、特快旅客列车遇特殊情况必须变更基本进路时，须经列车调度员准许，并预告司机；如来不及预告时，应使列车在站外停车后，再开放信号机，接入站内。动车组列车遇特殊情况需变更办理客运业务的固定股道时，须经调度所值班主任(值班副主任)准许。

变更接车进路如图 2-2-19 所示。

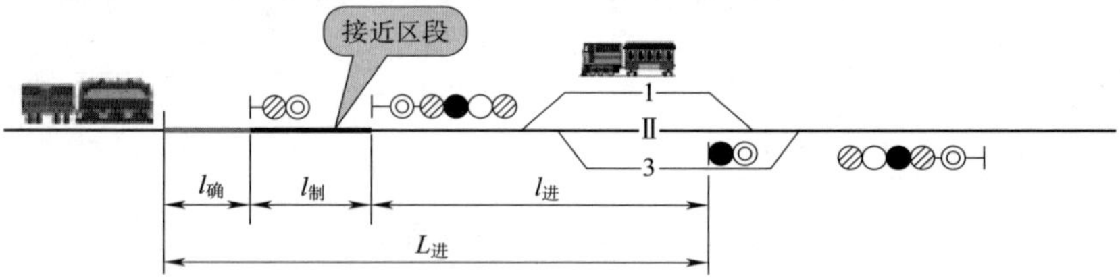

图 2-2-19　变更接车进路

(2)发车进路取消。

取消发车进路时，应先通知发车人员并得到回示。如已开放信号或发车人员已通知司机发车，而列车尚未起动时，还应通知司机，收回行车凭证后，再取消发车进路。严禁先取消进路后通知发车人员。

※知识拓展

总取消、总人工解锁、区段故障解锁按钮的使用

1. 进路总取消按钮

主要条件：进路处于预先锁闭状态，进路空闲，轨道电路无故障，道岔位置正确。

操作：总取消按钮 + 进路始端按钮。

显示：信号关闭，进路白光带消失。

2. 进路总人工解锁按钮(带铅封)

主要条件:进路处于接近锁闭状态,进路空闲,道岔表示正确。

操作:进路总人工解锁(以下简称总人解)按钮+输入口令+进路始端按钮。

显示:自信号关闭后,进路白光带消失。(接车进路、正线发车进路延时3 min解锁,到发线发车进路及调车进路延时30 s解锁。)

3. 轨道区段故障解锁按钮(带铅封)

主要条件:当列车顺序占用过,进路始端信号已经关闭,解除进路遗留的白光带,且该区段轨道电路无故障(即无红光带)。

操作:轨道区段故障解锁(以下简称区故解)按钮+输入口令+待解锁的区段按钮。

显示:在按压区故解按钮并输入口令后,该按钮呈红色,同时所有需要解锁的区段处呈红色区段名,该区段名就是区段按钮。点击区段按钮,相应区段的白光带消失。

在连续解锁多个区段的情况下,除了解锁第一个区段时需按上述操作外,解锁其他区段只需按压区故解按钮和区段名按钮,而无须输入口令码,以便提高操作效率。

在进路处于接近锁闭状态和列车未驶入进路的情况下,进路因轨道电路故障而不能人工解锁,需按区故解方式解锁,在此情况下,必须先使进路内方某一轨道区段按故障解锁方式延时解锁。该区段需延时3 min或30 s才能解锁,以后各区段解锁不用延时。

任务布置

1. 比武站接发列车作业

比武站情况参见项目2任务1"任务布置",请回答下列问题:

(1)5道30052次列车计划开往D方向,车站值班员如何办理区间闭塞?

(2)30052次列车办妥闭塞开放出站信号后,因区间发生水害无法发车,值班员如何取消闭塞?

(3)因比武站闭塞设备故障,5道发往D方向的30054次列车停止基本闭塞法,改按电话闭塞法行车,占用区间的行车凭证是什么?填写行车凭证的依据是什么?行车凭证填写时机如何掌握?

(4)北京方向T791次列车比武站Ⅰ道通过,车站值班员如何布置、准备、确认进路?

(5)K105次列车比武站4道到开,停站时间2 min,发天津方向,助理值班员如何确认列车完全具备发车条件?如何执行"三面迎送"列车制度?

(6)33051次列车4道发天津方向,发车前出站信号机故障,发给司机的行车凭证是什么？发给行车凭证的依据是什么？

(7)33053 次列车 4 道发天津方向，因列车无线调度通信装置故障，助理值班员采用手信号发车，应如何显示发车手信号？

(8)33054 次列车 4 道发北京方向，发车前 1/19WG 区段红光带，车站值班员如何办理发车？写出办理变通进路的操作流程。

2. 红果园站接发列车作业

红果园站为单线半自动闭塞集中联锁车站，车站站场布局及线路情况如图 2-2-20 所示。已知 $l_{确}$ 为 200 m，$l_{制}$ 为 800 m，$l_{进}$ 为 1 000 m，列车走完进站距离的平均速度为 20 km/h。按照车站第一班列车运行阶段计划，由甲方向开来的 7193 次列车 20:40 进入车站 3 道停车，之后又于 20:45 从红果园站出发开往乙方向。已知从出站信号机开放后至 7193 次列车起动前，办理全部作业所需时间为 3 min，车站值班员应如何掌握 7193 次列车进站、出站时信号机的开放和关闭时机？7193 次列车出发的行车凭证是什么？发给行车凭证的依据是什么？发车进路何时全部解锁？助理值班员什么时候才能返回？

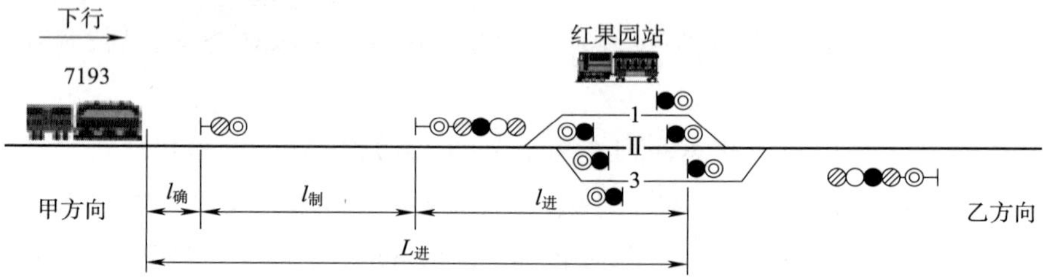

图 2-2-20　红果园站站场

任务实施

1. 比武站接发列车作业

序　　号	作业项目	作业内容
1	5 道 30052 次列车计划开往 D 方向，区间闭塞的办理	
2	30052 次列车办妥闭塞开放出站信号后，因区间发生水害无法发车，取消闭塞的办理	
3	因闭塞设备故障，5 道发往 D 方向的 30054 次列车停止基本闭塞法，改按电话闭塞法行车，确定占用区间的行车凭证、填写行车凭证的依据及填写时机	
4	北京方向 T791 次列车比武站 I 道通过，布置、准备、确认进路	
5	K105 次列车比武站 4 道到开，停站时间 2 min，发天津方向，完全具备发车条件的确认、“三面迎送”列车制度的执行	

续上表

序号	作业项目	作业内容
6	33051 次列车 4 道发天津方向，发车前出站信号机故障，确定发给司机的行车凭证及依据	
7	33053 次列车 4 道发天津方向，发车手信号的显示	
8	33054 次列车 4 道发北京方向，发车前 1/19WG 区段红光带时发车的办理；变通进路的办理	

2. 红果园站接发列车作业

序号	作业项目	作业内容
1	确定 7193 次列车进站时进站信号机的开放时机	
2	确定 7193 次列车进站时进站信号机的关闭时机	
3	确定 7193 次列车出站时出站信号机的开放时机	
4	确定 7193 次列车出站时出站信号机的关闭时机	
5	确定 7193 次列车出发的行车凭证	
6	确定发给行车凭证的依据	
7	确定发车进路全部解锁时机	
8	确定助理值班员返回时机	

任务评价

1. 比武站接发列车作业

评价项点	评价标准	本人自评得分（20%）	小组互评得分（20%）	校内教师评价得分（30%）	企业导师评价得分（30%）	综合得分
知识点掌握（30%）	掌握接发列车“六个亲自”核心要义					
技能点运用（40%）	具有办理闭塞、布置进路、开放信号、交接凭证、接送列车、发车及办理变通进路的业务操作能力					
职业素养（30%）	具备严谨认真、团结协作的职业精神					
综合评价						

2. 红果园站接发列车作业

评价项点	评价标准	本人自评得分（20%）	小组互评得分（20%）	校内教师评价得分（30%）	企业导师评价得分（30%）	综合得分
知识点掌握（30%）	掌握单线半自动闭塞车站开闭信号机时机、正常行车凭证及发给行车凭证的依据；熟知进路解锁条件					
技能点运用（40%）	会确认区间空闲，办理闭塞，能操作信号设备，正确及时开放信号					
职业素养（30%）	具备严谨认真、专注负责的工作态度；树立作业中的大局意识、安全意识					
综合评价						

学生感悟

思考总结	
心得分享	

任务 3　特殊情况接发列车	编号	XM2-3
	岗位及等级	车站值班员高级 助理值班员高级

学习目标

1. 知识目标

（1）掌握站内无空闲线路接车的规定。

（2）掌握超长列车的概念、运行规定、接发列车方法。

（3）掌握超限列车的概念、运行规定、接发列车方法。

（4）熟悉列车站内临时停车后继续运行的办法。

（5）掌握轨道电路分路不良的危害、轨道电路分路不良时的行车办法。

2. 技能目标

（1）站内无空闲线路时会办理接车。

（2）会办理超长列车接发。

(3)会办理超限列车接发。

(4)列车站内临时停车后,具备指挥列车继续运行的能力。

(5)会办理轨道电路分路不良时的列车接发、调车作业。

3. 素养目标

(1)培养严谨、认真、细致的工作态度和工作作风。

(2)培养按章作业、严肃认真、一丝不苟的职业精神。

(3)树立安全作业意识。

所需工具备品材料

序　号	名　称
1	《技规(普速铁路部分)》
2	集中联锁显示器(控制台)
3	手信号旗、信号灯
4	《事规》
5	《铁路车站行车作业人身安全规定》

工作安全

助理值班员、调车人员在作业中严格遵守《铁路车站行车作业人身安全规定》。

关联任务

项目1任务1,项目2任务2,项目3任务1、任务2。

知识准备

2.3.1 站内无空闲线路接车

站内无空闲线路,是指车站正线、到发线及符合接车条件的线路,均有车占用(包括因故障封锁的线路)。在站内无空闲线路的特殊情况下,不能按常规接车。只准许接入为排除故障、事故救援、疏解车辆等所需要的救援列车、不挂车的单机、重型轨道车等,其他列车不准办理接车。

1. 接车前的准备工作

(1)车站值班员应亲自或派人确认接车线内停留车的位置、停留车与警冲标的距离,判断空闲地段的长度能否容纳所接入的列车。若距离不够,应指示其向前或向后移动,保证能容纳接入的列车。

(2)车站值班员应派人通知接车线内机车、重型轨道车司机,禁止移动其位置,防止与接入列车发生冲突。

2. 接车方法

(1)接车站排列调车进路或单操单锁道岔准备接车进路,不开放进站信号机,也不使用引导办法接车。

(2)接车人员在站外适当地点等候列车。

(3)所接列车和单机、重型轨道车应在站外停车,不得擅自进站。

(4)接车人员通知司机接车线路、停留车位置、停车地点及有关注意事项,登乘机车(推进时为前部车辆),以调车手信号旗(灯)即昼间以展开的绿色信号旗,夜间以绿色灯光将列车领入站内。

(5)对于半自动闭塞的车站,待列车整列到达、确认区间空闲后,列车调度员发布调度命令,使用故障按钮开通区间。

2.3.2 超长列车接发

微课:超长列车接发

1. 超长列车的定义

实际编成的列车长度超过列车运行图规定该区段的换算长度时,该列车称为超长列车。

编组超长列车时,必须考虑运行区段内的具体条件,其最大长度不得超过区段内一个车站两股最短到发线容车数之和,且不宜编挂超限车辆及其他限速车辆。

列车长度应根据运行区段内各站到发线的有效长,并预留 30 m 的附加制动距离确定。

※思维延伸

特殊情况下超长列车的界定

对于到发线有效长较短的车站,列车长度虽未超过列车运行图规定的该区段列车的计长,但其实际长度(机车长度及附加制动距离之和)超过该站到发线有效长时,在编制列车运行图和日常调度指挥中,可组织列车通过。如确因作业需停车时,应按超长列车办理。

2. 超长列车的运行规定

(1)超长列车运行应在班计划内确定,摘挂列车不得超长运行。到发线有效长满足本列超长列车长度时,本站不按超长列车办理。列车调度员在实施调整计划内具体组织,跨铁路局集团公司运行时,应事先取得相邻铁路局集团公司的同意。

(2)开行超长列车必须有调度命令,跨铁路局集团公司的超长列车应转发国铁集团准许的命令。列车调度员对超长列车运行要重点掌握,开行前以调度命令向有关站及本次列车司机布置注意事项。

(3)在中间站原则上应通过。运行区段有单线又有双线时,列车调度员应组织超长列车在双线区间会车。在单线区段原则上不准对开,必须开行时,应组织列车在到发线有效长度能容纳一列超长列车的车站交会。

(4)车站接发超长列车有列检作业时,应将辆数、换长通知列检人员。

(5)列车交会时,应组织非超长列车先到,使超长列车在站内通过。

(6)技术站到发线有效长不足时,编组超长列车:

①由车站调度员将编组辆数、换长、总重、运行区间和线路使用计划在阶段计划内确定并通知发车场车站值班员,由车站值班员通知有关人员。发车前,待编车列分置于两条到发线上,前半部技检应与后半部组织平行作业。技检作业完毕,由担当编组的调车机车将车列合并在一条线路上。

②区段站、编组站对到达有技检作业的超长列车,如需摘解为两部分停留时,应立即进行制动试验,由本务机车将超长部分转线停妥后,再做技检作业等。

3. 接发超长列车的办法

(1)超长列车应接入《站细》规定的线路。

(2)车站值班员在办理闭塞(预告)时,发车站将列车换长通知接车站,在行车日志记事栏内注明"超长"。

(3)列车尾部停在警冲标外方或压轨道绝缘处理:

列车进站时,司机掌握进站速度,在接车线末端的警冲标或信号机前停车。列车进站后,如列车尾部停在警冲标外方或压轨道绝缘停车后需向前移动时,通知司机按调车办理,助理值班员应使用列车无线调度通信设备通知司机或显示向前移动的手信号,使列车向前移动。超长列车的到达时刻,以列车到站的第一次停车时刻为准。

(4)超长列车尾部停在警冲标外方,接入相对方向列车办法。

当超长列车尾部停在警冲标外方,相对方向需接入列车时,而在进站信号机外制动距离内为超过6‰的下坡道,接车线末端又无隔开设备时,为了防止对向列车进站后由于司机操纵不当越过出站信号机或警冲标,与超长列车发生冲突,规定必须使对向列车在站外停车后,再接入站内,如图 2-3-1 所示。

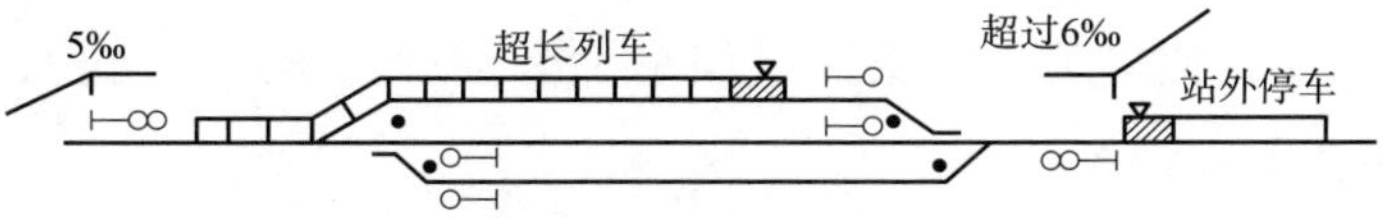

图 2-3-1 超长列车在规定条件下会车

(5)半自动闭塞区段,超长列车尾部停于进站信号机外方时,禁止办理区间开通手续。

(6)超长列车头部越过出站信号机发车,在不影响车站后端咽喉作业的前提下,可使列车后退，开放信号机发车。如遇超长列车头部越过出站信号机而又不能后退时，可按以下办法办理发车作业：

①自动闭塞区段，若闭塞设备作用良好，仍按自动闭塞法行车。车站值班员确认第一离去分区空闲后，按《铁路接发列车作业》规定的程序办理发车作业。准备发车进路时，对未占用的轨道电路区段可排列调车进路，即开放调车信号锁闭进路（调车进路不能完全锁闭整个发车进路时，未锁闭进路上的道岔可单操单锁），或通过单操单锁准备进路（含防护道岔），并再次确认进路正确。进路准备妥当后，发给司机绿色许可证［《技规（普速铁路部分）》附件2］发车。从监督器上不能确认第一闭塞分区空闲，必须得到前次列车到达邻站的通知或前次列车发出后不少于10 min的时间，发车人员除发给司机绿色许可证外，填写书面通知［《技规（普速铁路部分）》附件8］交给司机。

②半自动闭塞区段，如遇超长列车头部越过出站信号机而未压上出站方面的轨道电路时，仍能正常办理闭塞、开放出站信号，但司机无法确认出站信号机的显示状态，需发给司机准许列车头部越过出站信号机发车的调度命令；超长列车压上出站方面轨道电路，应停用基本闭塞法，改用电话闭塞法行车，列车进入区间的凭证为路票。可通过排列调车进路或单操单锁准备进路。路票填写时机为发车进路准备妥当时。

半自动闭塞区段，遇发车进路信号机故障或超长列车头部越过发车进路信号机发车时，列车越过发车进路信号机的行车凭证为半自动闭塞发车进路通知书［《技规（普速铁路部分）》附件9］。

③自动站间闭塞区段，如遇超长列车头部越过出站信号机无法正常开放出站信号，须取得列车调度员停止基本闭塞法改用电话闭塞法的调度命令后，按电话闭塞办理行车，可通过排列调车进路或单操单锁准备进路，使用路票发车。

（7）技术站接入停车而又超过接车线长度的列车须分解时，车站值班员在列车闭塞（预告）后通知接车人员提前做好准备。列车进站停车后，开放调车信号，以调车方式转线分解。转线分解作业先将列车尾部车辆拉入股道绝缘节内方，以保证不间断地接发列车。

4. 超长列车尾部停在警冲标外方调车作业办法

当超长列车尾部停在警冲标外方，其邻线未设调车信号机，又无隔开设备，相对方向需要进行调车时，车站值班员必须派人以停车手信号对列车进行防护，防止调车车列与超长列车尾部发生侧面冲突。

2.3.3 超限列车接发

1. 超限列车的定义

超限列车是指编挂装载超限货物车辆的列车。《技规》规定，机车车辆无论空、重状态，均不得超出机车车辆限界。

※知识拓展

超限货物等级划分

货物装车后,车辆停留在水平直线上,货物的任何部位超出机车车辆限界基本轮廓者,或车辆行经半径为 300 m 的曲线时,货物的计算宽度超出机车车辆限界基本轮廓者,均为超限货物。超限货物按照超限的程度不同分为一级超限、二级超限、超级超限三个等级。一级超限主要指的是在自轨面起高度在 1 250 mm 及其以上超限但未超出一级超限限界者;二级超限主要指的是超出一级超限限界而未超出二级超限限界者,以及自轨面起高度在 150 mm 至未满 230 mm 间超限但未超出二级超限限界者;超级超限主要指的是超出二级超限限界者,以及自轨面起高度在 230 mm 至 1 250 mm 间超限者。

2. 超限车辆挂运规定

在挂运装载超限货物车辆前,由车站值班员或车站调度员将批示命令、号码、车种、车号、到站、超限等级报告调度所,以便纳入班计划。

调度所在挂运和接运超限车前,应将管内的具体运行条件以调度命令下达有关站段。运行上有限制条件的超限车,除有特别指示外,超限车辆禁止编入直达、直通列车。单机不得附挂超限车辆。超限车辆禁止溜放调车。

没有调度命令的超限车,禁止编挂。

3. 接发超限列车的办法

车站接发列车工作人员必须对本站各到发线的线间距、各建筑物及设备的限界和超限车的运行条件等准确掌握,严格按相关规定办理接发列车,确保列车运行安全。

(1)车站接到挂运命令后,应及时做好车辆挂运准备工作,并将调度命令交值乘司机。

(2)超限列车应在《站细》规定的线路上办理。遇到特殊情况需要临时变更线路时,必须得到列车调度员的准许。

(3)站内相邻两线均需通行超限货物列车时,最小线间距应达到 5 300 mm,站内相邻两线中有一条通行超限货物列车时,最小线间距应达到 5 000 mm。线间距离不足时,禁止办理列车接发、超限列车的调动。

(4)车站值班员应在办理闭塞(预告)时通知接车站,以便接车站做好准备。

(5)列车经过车站时,与邻线线路上车辆之间的最小距离不得小于 350 mm。

(6)挂有超限车的列车运行在复线、多线或并行单线的直线地段与邻线列车会车时,应遵守下列规定:

①邻线列车运行速度小于 120 km/h 的,两运行列车之间的最小距离大于 350 mm 者不限速;在 300 ~ 350 mm 之间者运行速度不得超过 30 km/h;小于 300 mm 者禁止会车。

②邻线列车运行速度大于或等于 120 km/h 且小于 160 km/h 的，两运行列车之间的最小距离大于 450 mm 者不限速，400～450 mm 之间者运行速度不得超过 30 km/h，小于 400 mm 者禁止会车。

③邻线列车运行速度大于或等于 160 km/h 且小于 200 km/h 的，两运行列车之间的最小距离大于 550 mm 者不限速，500～550 mm 之间者运行速度不得超过 30 km/h，小于 500 mm 者禁止会车。

曲线地段与邻线列车会车，必须根据规定相应加宽。

(7)挂有中上部半宽超过 1 800 mm 的超限车的列车，区间禁会动车组列车、特快旅客列车和特快货物班列。

(8)超限列车在 CTCS-2 级区段的区间禁会动车组。

(9)办理区间禁会的超限列车闭塞(预告)时，必须通过行车日志、信号操作终端、TDCS 及揭示板标记，确认该区间另一线路空闲后，方可办理该区间列车的闭塞(预告)。

(10)超限列车在运行过程中，如超限货物的任何部位接近建筑物或设备时，应遵守下列规定：

①超限货物的任何超限部位与建筑限界之间的距离(以下简称限界距离)，在 100～150 mm 之间时，速度不得超过 15 km/h。

②限界距离在超过 150～200 mm 之间时，速度不得超过 25 km/h。

③限界距离不足 100 mm 时，由铁路局集团公司根据实际情况规定运行办法。

(11)不符合限界安全条件时，该超限列车必须在相邻后方站扣车，严禁盲目运行。

2.3.4 列车在站内临时停车后继续运行办法

列车在站内临时停车，待停车原因消除且继续运行时，应按下列规定办理：

(1)司机主动停车时，自行起动列车。司机主动停车指司机发现危及行车或人身安全的情况等原因主动停车，等停车原因消除后，由司机自行起动列车，车站不再发车。

(2)其他列车乘务人员使用紧急制动阀(紧急制动装置)停车时，由车辆乘务员(随车机械师)通知司机开车。司机以外的列车乘务人员使用紧急制动阀(紧急制动装置)使列车停车，由车辆乘务员(随车机械师)查明情况消除隐患后，通知司机开车，车站不再发车。

(3)车站接发列车人员使列车在站内临时停车时，由车站按规定发车(动车组列车由车站通知司机开车)。车站接发列车人员因发现货物装载问题、车辆抱闸等原因通知列车在站内临时停车的，等停车原因消除后，由车站按规定程序发车；动车组列车不需要车站发车，因此由车站通知动车组列车司机开车。

(4)其他原因的临时停车，车站值班员应组织司机、车辆乘务员(随车机械师)等查明停车原因，在列车具备运行条件后，由车站按规定发车(动车组列车由车站通知司机开车)。

上述(1)、(2)、(4)项在临时停车后，司机应立即向车站值班员报告，并说明停车原因。车站值班员均应及时报告列车调度员。

2.3.5 轨道电路分路不良时行车办法

1. 轨道电路的概念及工作原理

(1)轨道电路的概念。

为了使列车的行动直接与信号设备发生联系,以两根钢轨作为导体,两端用机械绝缘(电气绝缘)隔开,中间的轨缝用接续线连接起来,一端送电,一端受电,所构成的电气回路称为轨道电路。其组成如图2-3-2所示。

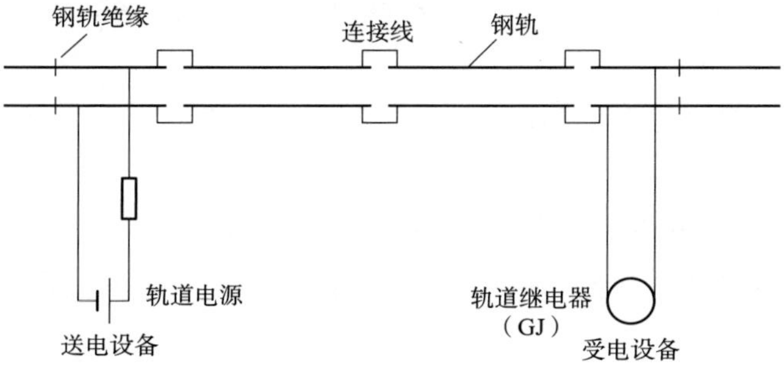

图2-3-2 轨道电路组成

(2)轨道电路工作原理。

轨道电路有调整状态、分路状态、断轨状态等三种状态,如图2-3-3所示。调整状态时线路空闲,可以排列进路,开放信号;分路状态时有车占用,轨道电路区段显示红光带,防护信号机显示红灯;断轨状态时线路故障,轨道电路区段显示红光带,防护信号机显示红灯。

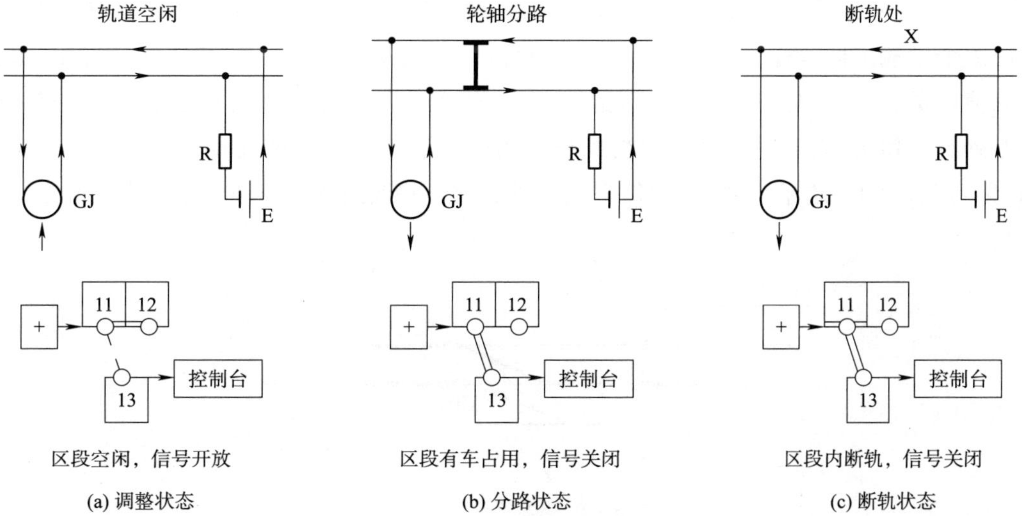

图2-3-3 轨道电路原理

轨道电路能够检查、监督线路是否有车占用,防止错误地办理进路、开放信号;检查和监督道岔区段有无机车车辆通过，锁闭占用道岔区段的道岔，防止在机车车辆经过道岔时扳动道岔；检查、监督钢轨是否完整，当轨道电路区段钢轨折断时，防护该区段的信号机不能开放；传递行车信息，使信号机根据所防护区段及前方邻近区段被占用情况的变化而变化显示，即把列车运行的信息与信号显示相联系。

轨道电路遵循故障导向安全原则，即线路发生断轨时，信号显示变为让列车停止运行的红灯作为安全侧，以确保行车安全。

2. 轨道电路分路不良产生原因及危害

列车（车辆）占用轨道，控制台（显示器）没有显示占用或者没有可靠显示占用，称为轨道电路分路不良。

（1）轨道电路分路不良产生原因。

①分路电阻影响。

②钢轨或车轮踏面生锈。在轨道不经常使用的区段，如安全线、站修线处，或工务更换钢轨或道岔，新钢轨轨面有锈，易造成分路不良。车轮踏面生锈亦易导致轨道电路分路不良。

③轨面粉尘污染及列车紧急制动或列车起动时撒沙，易造成分路电阻增大，也可能导致分路不良。

④其他原因，如电务接线等设备原因。

（2）轨道电路分路不良的危害。

轨道电路分路不良的本质是联锁失效，对行车危害极大，极有可能造成信号错误开放、道岔中途转换，由此造成列车冲突、脱轨或挤岔等行车事故。

危害一：错误开放信号造成列车冲突。办理接发列车或调车作业时，在列车（调车）进路上个别轨道区段停有车辆或邻线车列侵限因分路不良造成“压不红”的情况下，如果车站值班员（应急值守人员）未确认进路空闲，错误开放信号，就会造成接发的列车或调车车列与停留的车辆发生正面冲突，或与邻线侵限的车辆发生侧面冲突。如图 2-3-4 所示，排列 $X_{Ⅰ}$ 至 D_6 调车进路时，如侵限绝缘处分路不良且有车占用时，会导致与调车车列发生冲突。

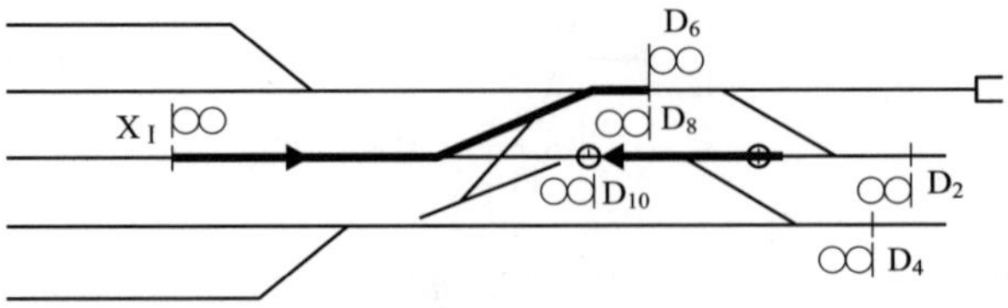

图 2-3-4　侵限绝缘与分路不良

危害二：道岔中途转换造成列车脱轨。接发列车作业时，如果车列未出清进路上某一道岔区段，该道岔区段因分路不良“压不红”，车站值班员（应急值守人员）误认为列车已出清,操纵转换道岔,极易造成列车脱轨。

危害三:提前操纵道岔,造成调车挤岔。调车作业时,如果机车车辆未出清进路上某一“压不红”的分路不良区段,车站值班员(应急值守人员)提前操纵进路上的道岔,极易造成机车车辆在运行中挤坏道岔。

此外,分路不良影响车站作业效率,增加车站值班员、调车作业人员的工作量,大多数车站对分路不良处所在办理调车作业时,增加了“问路调车”的规定。分路不良加大了信号联锁设备的维修难度,同时电务部门需对轨道电路分路不良区段频繁测试、确认,不仅加大了维修工作难度,缩短了维修周期,而且干扰运输秩序,影响运输安全。

3. 轨道电路分路不良区段办理行车的规定

(1)发现轨道电路分路不良的处理。

遇有长期停留机车、车辆的线路出现闪红、无占用表示等现象,不得操纵轨道区段有关按钮,车站应立即登记并通知电务人员,电务人员确认分路不良后按规定登记,并采取断开轨道电路断路器等措施,同时在“行车设备检查登记簿”内登记。停留机车车辆出清时,由车务人员确认该区段无机车、车辆占用后,通知电务人员,恢复轨道电路正常状态,并在“行车设备检查登记簿”内销记。

微课:轨道电路分路不良处置

经测试确定为分路不良的区段,应按规定及时在“行车设备检查登记簿”内进行登记。登记内容包含轨道区段名称、范围(道岔定位、反位,三开道岔还应注明开通位置)等内容。仍能使用其联锁条件办理行车时,须注明“不影响正常排列进路、开放信号”。

(2)分路不良标记。

①车务人员应根据电务登记的分路不良区段准确掌握分路不良区段的具体处所,在控制台上相应位置粘贴“分路不良”标签;计算机联锁的车站,在车站示意图或揭示板上用红笔在相应区段标记“分路不良”字样或粘贴“分路不良”标签。一个轨道区段内有两处及以上分路不良时应分别粘贴或标注,车站与电务人员共同确认、核对无误。安全线、避难线、未开通线路(含开通后停用、封闭线路)、长期紧固道岔(不走车部分)可不粘贴或标注。

②车站利用列车、调车列组织碾压通知电务,电务应及时测试,恢复正常后销记。

③调车作业计划编制人员岗位设置“分路不良区段登记簿”及车站示意图,并在车站示意图相应区段标注或粘贴“分路不良”,中间站由车站值班员编制调车作业计划时可不标注或粘贴。

④调车作业计划编制人员必须准确掌握车站分路不良轨道区段。遇分路不良区段发生变化时,车站值班员(驼峰调车区长)应将本站(场、区)分路不良区段变化情况向调车作业计划编制人员汇报,由调车作业计划编制人员及时填写“分路不良区段登记簿”并修改车站示意图标注,确保分路不良区段掌握准确。

(3)集中联锁车站,电务人员确认轨道电路分路不良的区段(股道、道岔)能满足锁闭进路、开放信号条件并保证行车安全时,可正常开放信号办理接发列车或调车作业。但

必须遵守下列规定:

①每次办理列车或调车进路前,必须人工确认进路空闲。

②CTC 区段,列车调度员办理列车或调车进路前,必须指定现场作业人员人工确认进路空闲。

③接发列车时,须人工确认列车整列到达或整列出站。

④排列进路、开放信号并确认无误后,将进路上分路不良区段的有关道岔单独锁闭,且严禁排列或预排其相关进路。

⑤在列车或机车车辆未全部出清分路不良轨道区段前,严禁操纵该进路上的有关道岔及与其设有联锁关系的其他道岔。

⑥原则上禁止在分路不良区段上停放机车车辆,必须在分路不良的线路上停放车辆时,应在控制台线路两端或分路不良区段做好揭挂表示。计算机联锁的车站,由车站在揭示板或车站示意图上标注。

⑦驼峰发生分路不良或解体长期停留的车辆时原则上不得进行溜放作业,必须进行溜放时,应手动控制进路。

⑧侵限绝缘区段为分路不良区段时,办理经由该区段的接发列车或调车作业时,在邻线或相邻轨道区段有车占用的情况下须人工确认分路不良区段空闲。

(4)在轨道电路分路不良的区段(股道、道岔)上,不能使用车站信号控制台或显示屏锁闭进路、开放信号时,有关行车作业须按"无联锁线路"作业方式办理。

(5)更换道岔或成段钢轨前,施工部门应除锈。更换后电务部门应测试轨面实际残压值,经确认轨道电路作用良好后,方可正常使用。

(6)机车车辆轮对长时间停留生锈或粘有异物,可能造成轨道电路分路不良时,所属(管辖)单位有关负责人应向车站值班员报告,并及时登记"行车设备检查登记簿"。

在办理接发列车或调车作业时,应向有关作业人员传达清楚。排列进路、开放信号经确认无误,并将进路上所有道岔单独锁闭后,方可继续作业。在列车或机车车辆未全部进入或出清进路前,严禁操纵该进路上的有关道岔及与其联锁关系的其他道岔。

※警钟长鸣

违章作业酿风险,跨区作业挤道岔

1. 事故概况

某日 21:20,×机务段 DF7 ××号机车担当 ××站调车机车,执行 D101 号计划,共计 6 钩(13 道单机南出,14 道 +28、北出过衡,13 道-28,9 道 +27,回 12 道)。21:25 开始作业,21:35 调车机车进入 14 道,21:36 北部信号员出去打水,当时 45 号道岔被车辆压着而显示屏没显示,道岔在锁闭状态。期间南部信号员擅自跨区作业，违反规定进行操作，单操解锁北部 43/45 号道岔，排列 14 道北出的调车进路，21:40 作业至第二钩 14 道 +28 车牵出途中因 45 号道岔中途转换，挤坏道岔，构成铁路交通一般 D3 类事故。

2. 原因分析

该站南部信号员未得到值班员的许可，擅自跨区作业；明知 45 号道岔区段为分路不良区段，未得到现场调车人员确认调车列已出清的情况汇报，违反规定进行操作，导致调车列在运行中挤坏道岔。

3. 应采取的措施与方法

(1)强化按章操作的意识，严格按照分路不良区段接发列车及调车办法作业，认真确认机车车辆位置、信号开闭情况、进路道岔位置，严把进路关。

(2)心中树立三如意识，即“如履薄冰、如临深渊、如坐针毡”，作业中敬畏规章，敬畏法律，以高度负责的态度，规范作业行为，确保作业安全。

任务布置

1. ××站特殊情况接发列车

已知××站为双线四显示自动闭塞中间站，车站为计算机联锁设备，设有双向闭塞设备。车站上行进站信号机外制动距离内为超过 6‰的下坡道。车站线路平面、线路间距、站台等设备如图 2-3-5 所示。请回答下列问题：

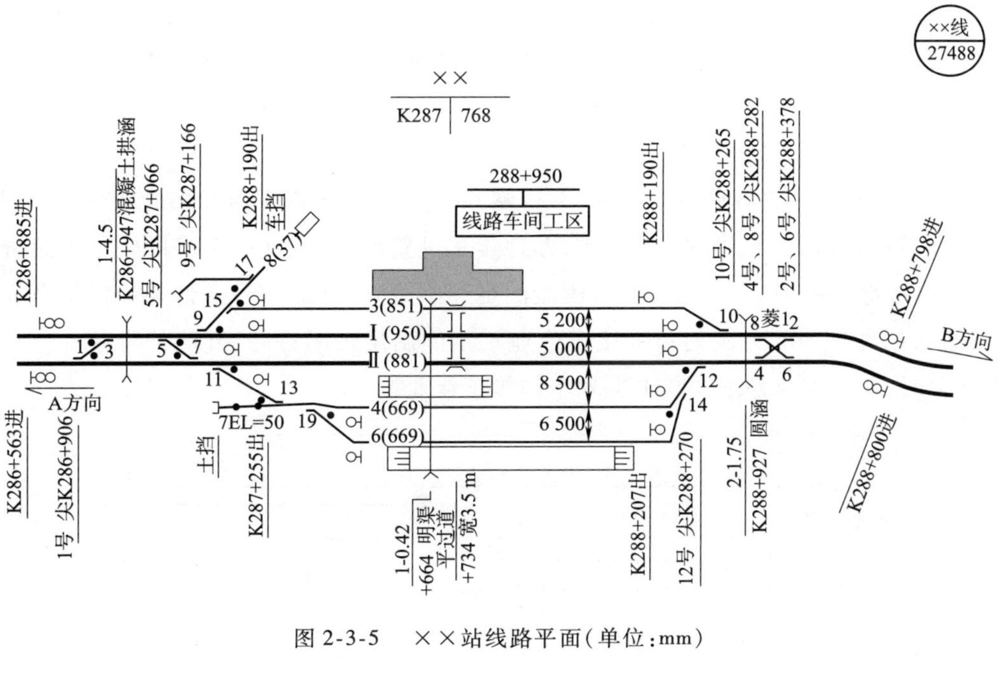

图 2-3-5　××站线路平面(单位：mm)

(1)站内无空闲线路接车。该站在施工天窗内，按《技规（普速铁路部分）》第 381 条施工特定行车办法办理接发列车，通过进路两端道岔均开通直向并加锁。办理 33051 次列车接发时，因机车故障停于Ⅰ道（距警冲标 50 m），站内其他线路均封锁维修。车站值班员报告列车调度员，安排邻站反方向开出 58104 次（单机）来牵引 33051 次，该站如何办理 58104 次列车的接车作业？

(2)超长列车接发。根据列车运行阶段计划，33053 次列车（超长列车）车站 6 道停车，列车头部未越过 X_6 出站信号机，尾部停于 19 号道岔警冲标外方。33054 次列车计划进 4 道，车站值班员应如何办理 33054 次列车接车？

(3)超限列车接发。车站线路间距如图 2-3-5 所示。

① ××站拟站装超限车辆 1 辆，发 70051 次列车（超限列车），挂运超限车辆有何条件？

②车站办理接发超限列车有何要求？

③70051 次列车进入区间运行中，超限货物某部位与建筑限界的距离为 180 mm，超限列车的运行速度应为多少？

④若 70051 次列车 4 道停车，70052 次列车（编挂超限货物）准备从车站Ⅱ道通过，可否办理？

(4)列车在站内临时停车，停车原因消除后继续运行。

①30051 次列车 5 道出发时，发现发车进路内有行人，司机采用常用制动停车，停车原因消除后如何继续运行？

②7193 次列车 5 道发车后，列车乘务员发现有旅客跳车，使用紧急制动阀使列车停车，停车原因消除后如何继续运行？

③车站助理值班员在接送 11001 次通过列车时，发现列车中部货物装载倾斜，并有车辆抱闸，发出刺耳的声音，立即通知司机停车，停车原因消除后如何继续运行？

2. 乙站特殊情况接发列车

图 2-3-6 为乙站站场及衔接方向（下行侧）示意图，下行 B 方向开来的 20021 次列车准备进Ⅲ道停车，其基本进路如图所示，办理接车进路前，发现 9～15 区段轨道电路分路不良，经电务部门检确认，分路不良区段能满足锁闭进路、开放信号条件并保证行车安全时，乙站如何办理 20021 次列车的接车作业？不能满足锁闭进路、开放信号条件并保证行车安全时，乙站如何办理 20021 次列车的接车作业？

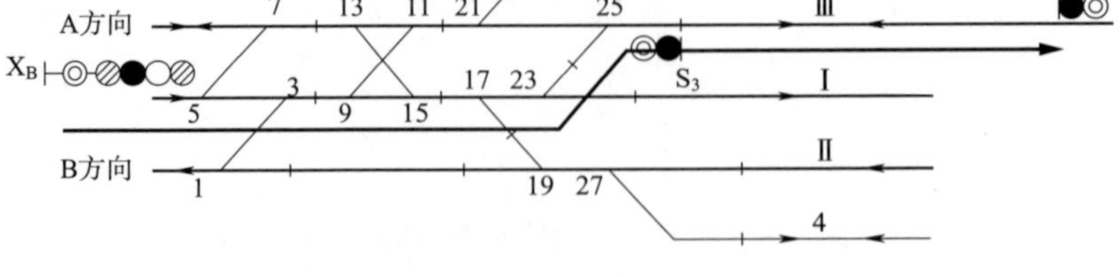

图 2-3-6　乙站站场及衔接方向（下行侧）

任务实施

1. ××站特殊情况接发列车

序　　号	作业项目	作业内容
1	58104 次列车的接车作业(满线接车)	
2	33053 次超长列车尾部停在 6 道警冲标外方,接 33054 列车进 4 道	
3	超限列车编挂、运行、接发车	
4	列车在站内临时停车,停车原因消除后继续运行	

2. 乙站特殊情况接发列车

序　　号	作业项目	作业内容
1	轨道电路分路不良接车	

任务评价

1. ××站特殊情况接发列车

评价项点	评价标准	本人自评得分(20%)	小组互评得分(20%)	校内教师评价得分(30%)	企业导师评价得分(30%)	综合得分
知识点掌握(30%)	掌握站内无空闲线路接车方法,超长、超限列车接车方法,列车在站内临时停车、停车原因消除继续运行方法					
技能点运用(40%)	会办理站内无空闲线路接车,超长及超限列车接车,具有处理列车在站内临时停车的应变能力					
职业素养(30%)	具备认真、细致的工作作风及遇突发情况随机应变的能力					
综合评价						

2. 乙站特殊情况接发列车

评价项点	评价标准	本人自评得分(20%)	小组互评得分(20%)	校内教师评价得分(30%)	企业导师评价得分(30%)	综合得分
知识点掌握(30%)	知晓轨道电路分路不良对行车的危害,掌握集中联锁车站轨道电路分路不良时的处理办法					

续上表

评价项点	评价标准	本人自评得分（20%）	小组互评得分（20%）	校内教师评价得分（30%）	企业导师评价得分（30%）	综合得分
技能点运用（40%）	会办理轨道电路分路不良时的行车，会排列变通进路，变非正常行车为正常行车					
职业素养（30%）	能严格遵守和执行接发列车有关规定；具备作业中的团队协作能力和应急处置能力					
综合评价						

学生感悟

思考总结	
心得分享	

巩固提升

一、填空题

1. 接发列车工作的基本内容有______、______、______、______、______、______。

2. ______列车应在正线上通过，其他通过列车原则上应在正线上通过。

3. 到发线上停留车辆时，需经______准许，在中间站上必须取得______的准许，方可占用。

4. 接发列车中交接的凭证包括______、______、______等。

5. 进站信号机过早开放就会过早占用______、影响站内其他作业；过晚开放，可能造成______。

6. 站内相邻两线均需通行超限货物列车时，最小线间距应达到______mm，站内相邻两线中有一条通行超限货物列车时，最小线间距应达到______mm。

7. 半自动闭塞区间车站，超长列车压上出站方面的轨道电路时，应停用______，改用______行车，列车进入区间的凭证为______。

8. 在无联锁（联锁失效）的线路上接发列车时，车站值班员除严格按接发列车手续办理外，还应将进路上无联锁的有关______道岔及邻线上的______道岔加锁。

9. 发车表示器常态不着灯，显示一个______灯光时，表示车站人员准许发车。

10. 线路占线板的填记符号中，“－”表示______，“＋”表示______；

"⊕"表示____________。

二、判断题

1.《铁路接发列车作业》规定，开放信号时，应执行"眼看、手指、口呼"制度。"眼看"指看准接车或发车进路。（　）

2. 开行超长、超限列车均需有调度命令。（　）

3. 接发旅客列车时，与接发列车进路没有隔开设备或脱轨器的线路，不准向能进入接发列车进路的方向调车。（　）

4. 设有轨道电路的车站，正常情况下须由接发列车人员到现场确认接车线路是否空闲。（　）

5. 接发列车进路准备完了，应及时报告车站值班员（能从设备上确认的除外）。（　）

6. 列车在站内临时停车，待停车原因消除且继续运行时，系司机主动停车时，由车辆乘务员组织发车。（　）

7. 在轨道电路分路不良区段办理接发列车、调车作业时，调度集中区段，列车调度员办理列车或调车进路前，如进路上有分路不良区段，必须指定作业人员现场确认进路空闲后方可办理。（　）

8. 半自动闭塞、电话闭塞区段，区间的开通是自动完成的，不需要人工办理。（　）

9. 挂有中上部半宽超过 1 800 mm 的超限车的列车，区间禁会动车组列车、特快旅客列车和特快货物班列。（　）

10. 列车通过时刻的确定是以列车机车通过车站值班员室的时刻为准。（　）

三、选择题

1. 题图 2-1、题图 2-2 所示手信号表示（　）。（请扫描二维码查看彩色图片。）

题图 2-1　绿色信号旗圆形运动

题图 2-2　黄色信号旗左右摇动

题图 2-1、题图 2-2

A. 停车手信号，减速手信号　　B. 发车手信号，减速手信号

C. 发车手信号，引导手信号　　D. 停车手信号，引导手信号

2. 题图 2-3、题图 2-4 所示手信号表示(　　)。(请扫描二维码查看彩色图片。)

题图 2-3、
题图 2-4

题图 2-3　绿色信号旗展开

题图 2-4　红色信号旗展开

A. 停车手信号,引导手信号　　B. 通过手信号,停车手信号
C. 发车手信号,停车手信号　　D. 特定引导手信号,减速手信号

3. 当超长列车尾部停在警冲标外方,邻线上未设调车信号机,又无隔开设备,相对方向需要进行调车作业时,必须派人以(　　)对列车进行防护。

A. 响墩　　B. 铁鞋　　C. 防护牌　　D. 停车手信号

4. 原规定为通过的旅客列车由正线变更为到发线接车时,须经(　　)准许,并预告司机。

A. 车站值班员　　B. 列车调度员　　C. 车站调度员　　D. 客运调度员

5. 在站内无空闲线路的特殊情况下,准许接入的救援列车应在进站信号机外停车,由接车人员向司机通知相关事项后,以(　　)将列车领入站内。

A. 引导手信号　　B. 减速信号　　C. 调车手信号　　D. 通过信号

6. 中间站的到发线若必须停留车辆时,除须经车站值班员准许外,还须得到(　　)的准许。

A. 客运值班员　　B. 货装值班员　　C. 车站调度员　　D. 列车调度员

7. 通过进路是指列车通过线路两端进站信号机间或进站信号机至(　　)间的一段线路。

A. 出站信号机　　B. 站界标　　C. 警冲标　　D. 尖轨尖端

8. (　　)不属于变通进路。

A. 八字形变通进路　B. 平行形变通进路　C. S 形变通进路　　D. 基本进路

9. 不属于轨道电路的状态的是(　　)。

A. 断轨状态　　B. 分路状态　　C. 空闲状态　　D. 调整状态

10. 超限货物的任何超限部位与建筑限界之间的距离在 100 ~ 150 mm 之间时,速度不得超过(　　)。

A. 20 km/h　　B. 40 km/h　　C. 60 km/h　　D. 15 km/h

四、简答题

1. 接发列车工作主要内容有哪些？人员如何分工？

2. 办理闭塞(预告)前，两邻站(所)的车站值班员确认区间空闲应注意哪些事项？

3. 列车进路有哪些？画图说明。

4. 接送列车应做好哪些工作？

5. 车站值班员在发车前应检查确认哪些事项？

6. 如何办理取消发车进路？

7. 接发列车进路遇特殊情况必须变更时，应如何办理？

8. 集中联锁车站，轨道电路分路不良的区段满足联锁条件可以行车，须如何办理？

9. 站内临时停车后继续运行的办法有哪些？

10. 叙述并解释计算机联锁设备准备进路"一看、二点击(按)、三确认、四呼唤"及"眼看、手指、口呼"制度。

五、技能应用题

1. 如题图 2-5 所示，车站封锁施工，车站值班员如何办理 T591 次列车 Ⅰ 道施工特定行车？

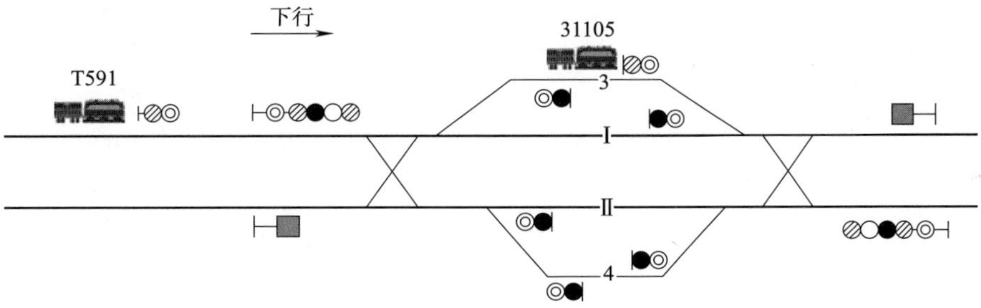

题图 2-5　车站站场

2. B 站处于双线四显示自动闭塞区段，共有 4 条股道。某日，Ⅰ 道发生断轨，Ⅱ 道封锁施工，3 道列车在起动时发现机车故障，4 道停着一辆燃轴车，造成站内无空闲线路。现计划从 C 站发一台单机(52002 次)到 B 站，将 B 站 3 道列车牵引运行至 C 站。请写出将 52002 次单机接入 B 站 3 道的作业过程。

3. A 站平面示意图如题图 2-6 所示，根据调度命令指示，原定从 B 站 Ⅱ 道通过的 T391 次列车更改为到 1 道停车，车站值班员应如何接车？

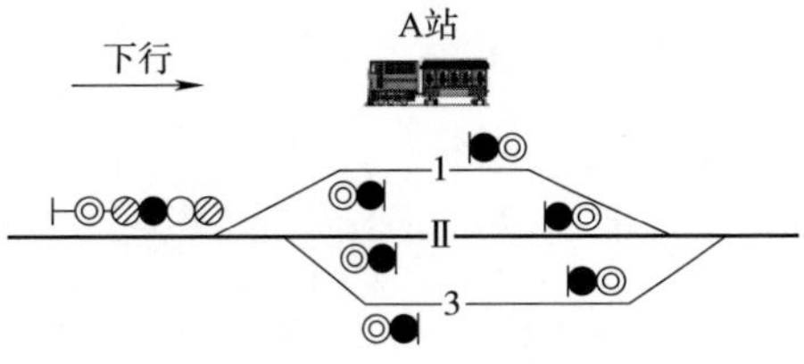

图 2-6　A 站站场

4. 单线半自动闭塞集中联锁区段，乙站站场图如题图 2-7 所示。根据列车运行阶段计划，由甲方向开来的 T791 次列车 20:40 进入乙站 3 道停车，已知 $l_{确}$ 为 200 m，$l_{制}$ 为 800 m，$l_{进}$ 为 1 000 m，列车走完进站距离的平均速度为

20 km/h。请确定 T791 次列车进站信号机的开放时机。

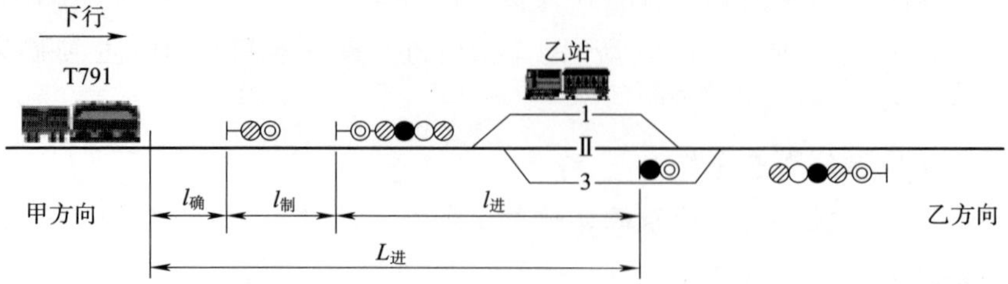

题图 2-7　乙站站场

5. 甲站、乙站为双线自动闭塞集中联锁车站，甲站 3 道停有 30051 次列车准备开往乙站，甲站已向乙站发出 30051 次列车的发车预告。请问：

（1）接列车调度员紧急通知，因区间线路断轨影响行车，需取消 30051 次发车，甲站车站值班员应如何处理？

（2）30051 次列车计划乙站正线通过，但乙站正线断轨，乙站车站值班员应如何处理？

项目3　正常情况接发列车

项目导读

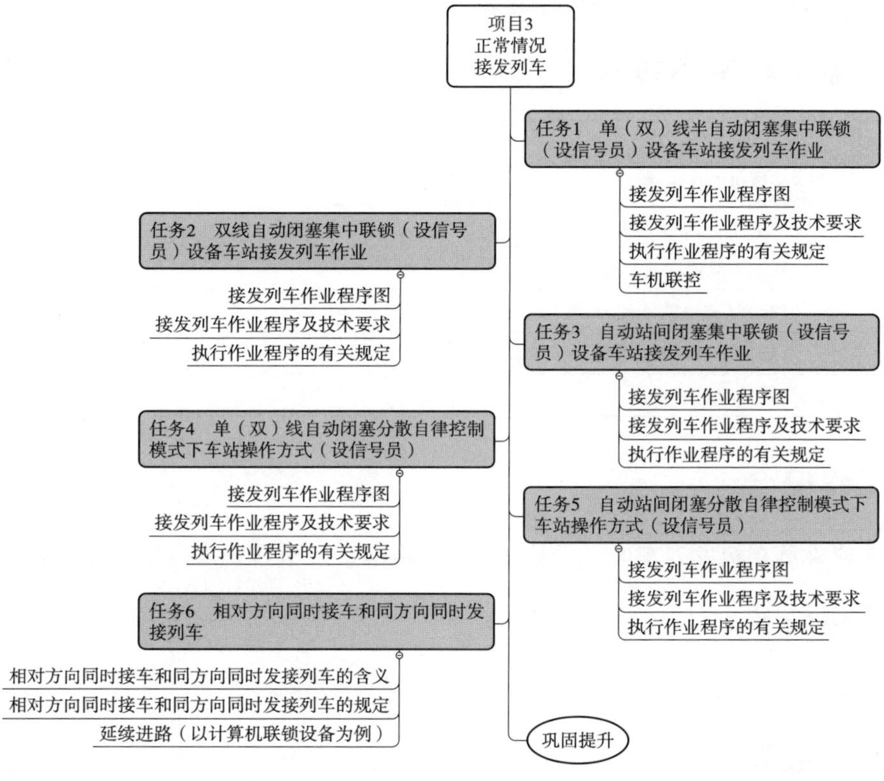

任务1　单(双)线半自动闭塞集中联锁(设信号员)设备车站接发列车作业	编号	XM3-1
	岗位及等级	车站值班员高级 助理值班员高级

学习目标

1. 知识目标

(1)掌握单(双)线半自动闭塞集中联锁(设信号员)设备车站接车、发车作业程序。

(2)掌握接发列车作业的基本要求。

2. 技能目标

(1)能熟练操作计算机联锁设备。

(2)能执行《铁路接发列车作业》标准,熟练完成各岗位的接车、发车作业。

3. 素养目标

(1)养成严谨认真的工作作风。

(2)树立按规章办事的安全意识。

(3)培养执行标准化作业的职业素养和团队协作精神。

所需工具备品材料

序　号	名　称
1	计算机联锁设备
2	手信号旗、手信号灯
3	列车无线调度通信设备
4	《技规(普速铁路部分)》
5	《铁路接发列车作业》
6	《铁路车机联控作业》

工作安全

助理值班员在接发列车时要严格遵守《铁路车站行车作业人身安全规定》。

关联任务

项目 1 任务 4、项目 3 任务 2。

知识准备

3.1.1　接发列车作业程序图

单(双)线半自动闭塞集中联锁(设信号员)设备车站接发列车作业时,应严格按照行业标准《铁路接发列车作业》执行。

1. 发车作业程序图

发车作业程序如图 3-1-1 所示。

2. 接车(含通过)作业程序图

接车(含通过)作业程序如图 3-1-2 所示。

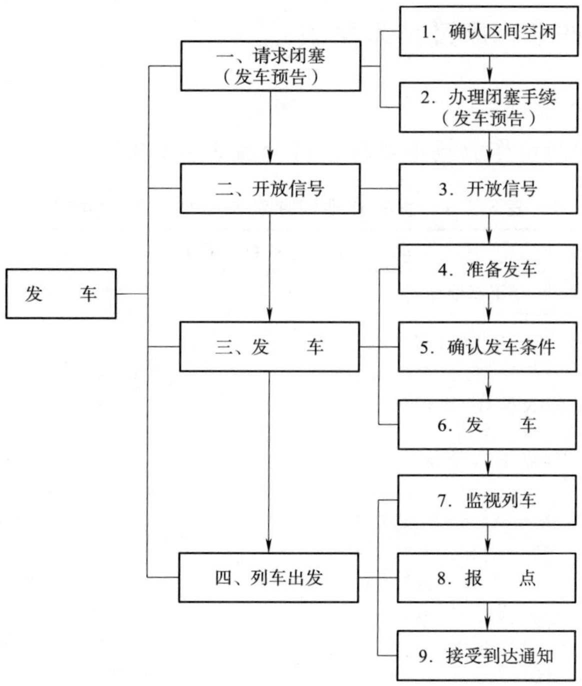

图 3-1-1　发车作业程序

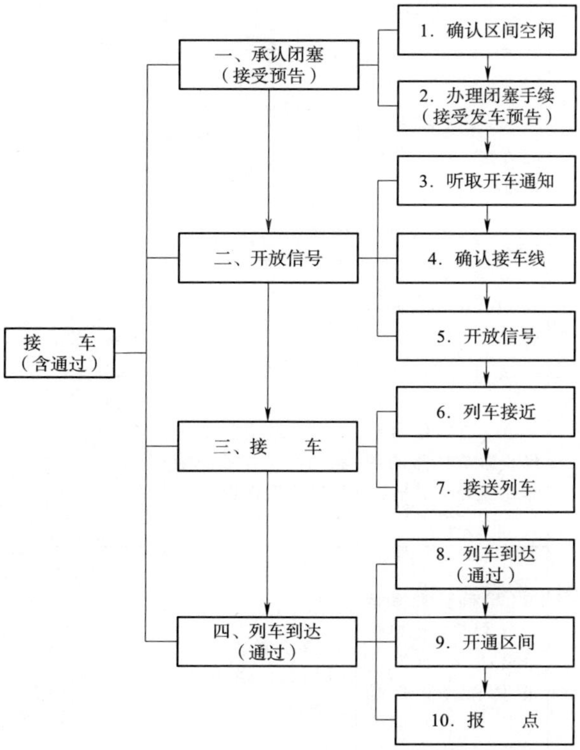

图 3-1-2　接车(含通过)作业程序

3.1.2 接发列车作业程序及技术要求

1. 发车作业

发车作业程序和岗位作业技术要求应符合表 3-1-1 规定。

表 3-1-1 发车作业程序和岗位作业技术要求

作业程序		岗位作业技术要求			事项要求
程序	项目	车站值班员	信号员	助理值班员	
一、请求闭塞（发车预告）	1. 确认区间空闲	（1）确认列车运行计划；根据闭塞表示灯、行车日志及各种行车表示牌，确认区间空闲	—	—	—
		（2）请求闭塞：“×（次）闭塞”［双线：“×（次）预告”］，并听取同意的通知	—	—	—
	2. 办理闭塞手续（发车预告）	（3）通知信号员：“办理×（次）闭塞”，并听取复诵	（1）复诵：“办理×（次）闭塞”	—	双线无此项作业
		（4）确认无误后，应答：“×（次）闭塞好（了）”	（2）一点击（按）闭塞按钮、二听语音（铃响）、三看黄色箭头（黄灯）变绿，口呼：“×（次）闭塞好（了）”	—	
		（5）填记或确认电子行车日志	—	—	不能使用电子行车日志时，填写纸质行车日志
二、开放信号	3. 开放信号	（6）通知信号员停止影响进路的调车作业并听取报告	（3）停止影响进路的调车作业。确认停止后报告	—	停止调车作业时机和通知、应答、报告用语，由企业规定。无影响进路的调车作业时，此项作业省略
		（7）确认列车运行计划后，通知信号员：“×（次）、×道发车，开放信号”。听取复诵无误后，命令：“执行”	（4）复诵：“×（次）、×道发车，开放信号”	—	车站值班员认为需办理变通进路时，一并通知

续上表

作业程序		岗位作业技术要求			事项要求
程序	项目	车站值班员	信号员	助理值班员	
二、开放信号	3. 开放信号	(8)确认信号正确,应答:"×道出站信号好(了)"	(5)开放出站信号,口呼:"×道",点击(按下)始端按钮;需办理变通进路时,口呼:"变通××",点击(按下)相应变通按钮;口呼:"出站",点击(按下)终端按钮。确认光带(表示灯)、信号显示正确,口呼:"信号好(了)"	—	"变通××"中的"××"为按钮名称
三、发车	4. 准备发车	(9)通知助理值班员:"发×道×(次)",并听取复诵	—	(1)复诵:"发×道×(次)"	助理值班员在室外作业时,可提前告知发车计划。 使用列车无线调度通信设备通知时,应在用语前增加姓名或代号。 动车组列车无此项作业
	5. 确认发车条件	—	(6)通过信号操作终端监视信号及进路表示	(2)确认旅客上下、行包装卸和列检作业等完了(或得到通知)	动车组列车无此项作业
	6. 发车	—	—	(3)按规定站在适当地点,显示发车信号或使用列车无线调度通信设备(发车表示器)发车	由车站值班员使用列车无线调度通信设备发车时,应确认发车条件具备(或得到报告)。 动车组列车无此项作业
四、列车出发	7. 监视列车	(10)列车起动后,及时通知接车站:"×(次)、(×点)×(分)开",并听取复诵	—	—	—
		(11)填记或确认电子行车日志	—	—	不能使用电子行车日志时,填写纸质行车日志
		(12)应答:"好(了)"	(7)通过信号操作终端确认列车整列出站,口呼:"×(次)出站"	(4)监视列车,于列车尾部越过发车地点,确认列车尾部标志后返回	—
		—	(8)擦(划)掉占线板(簿)记载	(5)擦(划)掉占线板(簿)记载	—

续上表

作业程序		岗位作业技术要求			事项要求
程序	项目	车站值班员	信号员	助理值班员	
四、列车出发	8. 报点	(13)计算机报点系统自动向列车调度员报点	—	—	不能自动报点时,向列车调度员报点:"×(站)报点,×(次)、(×点)×(分)开
	9. 接受到达通知	(14)复诵接车站列车到达通知	(9)确认闭塞表示灯熄灭	—	—
		(15)填记或确认电子行车日志	—	—	不能使用电子行车日志时,填写纸质行车日志

※思维延伸

开通区间

开通区间前,要确定列车整列到达,开通区间后确定闭塞表示灯灯光熄灭,再通知发车站列车到达。

2. 接车(含通过)作业

接车(含通过)作业程序和岗位作业技术要求应符合表 3-1-2 规定。

表 3-1-2 接车(含通过)作业程序和岗位作业技术要求

作业程序		岗位作业技术要求			事项要求
程序	项目	车站值班员	信号员	助理值班员	
一、承认闭塞(接受预告)	1. 确认区间空闲	(1)听取发车站请求闭塞(双线为发车站预告),按列车运行计划核对车次、时刻、命令、指示(必要时与列车调度员联系)	—	—	—
		(2)根据闭塞表示灯、行车日志及各种行车表示牌,确认区间空闲	—	—	—
	2. 办理闭塞手续(接受发车预告)	(3)同意闭塞:"同意×(次)闭塞"[双线同意预告:"同意×(次)预告"]	—	—	同意列车闭塞(预告)后,按企业规定通知有关人员

续上表

作业程序		岗位作业技术要求			事项要求
程序	项目	车站值班员	信号员	助理值班员	
一、承认闭塞（接受预告）	2. 办理闭塞手续（接受发车预告）	（4）通知信号员：“办理×（次）闭塞”［双线：“×（次）预告”］，并听取复诵	（1）复诵：“办理×（次）闭塞”［双线：“×（次）预告”］	—	—
		（5）确认无误后，应答：“×（次）闭塞好（了）”	（2）一听语音（铃响）、二看黄色箭头（黄灯）、三点击（按）闭塞按钮、四确认绿色箭头（绿灯），口呼：“×（次）闭塞好（了）”	—	双线无此项作业
		（6）填记或确认电子行车日志	—	—	不能使用电子行车日志时，填写纸质行车日志
		（7）确定接车线	—	—	
		（8）通知信号员、助理值班员：“×（次）、×道**停车**［通过］［到开］”，并听取复诵	（3）复诵：“×（次）、×道**停车**［通过］［到开］”，并填写占线板（簿）	（1）复诵：“×（次）、×道**停车**［通过］［到开］”，并填写占线板（簿）	助理值班员在室外作业期间接到的通知，返回后，除按规定应擦（划）掉的外，应补填占线板（簿），必要时与车站值班员联系
二、开放信号	3. 听取开车通知	（9）复诵发车站开车通知：“×（次）、×（点）×（分）开［通过］”	—	—	—
		（10）填记或确认电子行车日志中的发车站发车时间和本站接车线	—	—	不能使用电子行车日志时，填写纸质行车日志
		（11）通知信号员、助理值班员：“×（次）开过来（了）”，并听取复诵	（4）复诵：“×（次）开过来（了）”	（2）复诵：“×（次）开过来（了）”	—
		（12）按企业规定通知有关人员	—	—	—

续上表

作业程序		岗位作业技术要求			事项要求
程序	项目	车站值班员	信号员	助理值班员	
二、开放信号	4. 确认接车线	(13)确认接车线路空闲	—	—	—
		(14)通知信号员停止影响进路的调车作业并听取报告	(5)停止影响进路的调车作业。确认停止后报告	—	停止调车作业时机和通知、应答、报告用语,由企业规定。无影响进路的调车作业时,此项作业省略
	5. 开放信号	(15)确认列车运行计划后,通知信号员:"×(次)、×道**停车**[通过],开放信号"。听取复诵无误后,命令:"执行"	(6)复诵:"×(次)、×道**停车**[通过],开放信号"	—	列车通过时,应办理有关发车作业程序。 车站值班员认为需指定延续进路或办理变通进路时,一并通知
		(16)确认信号正确,应答:"×道进站信号好(了)"[通过时,应答:"×道进、出站信号好(了)"]	(7)开放进站信号,口呼:"进站",点击(按下)始端按钮;需办理变通进路时,口呼:"变通××",点击(按下)相应变通按钮;口呼:"×道"(正线通过时,口呼:"出站"),点击(按下)终端按钮;设有延续进路时,口呼:"延续××",点击(按下)延续进路相应按钮。确认光带(表示灯)、信号显示正确,口呼:"信号好(了)"	—	"变通××"中的"××"为按钮名称。 "延续××"中的"××"为延续的按钮或线路名称
三、接车	6. 列车接近	—	(8)通过信号操作终端监视信号及进路表示	—	—
		(17)再次确认信号正确,应答:"×(次)接近"	(9)接近语音提示(接近铃响)、光带(表示灯)变红,再次确认信号开放正确,口呼:"×(次)接近"	—	—
		(18)通知助理值班员:"×(次)接近,×道接车",并听取复诵	—	(3)复诵:"×(次)接近,×道接车"	特快旅客列车、特快货物班列的通知接车时机,由企业规定

续上表

作业程序		岗位作业技术要求			事项要求
程序	项目	车站值班员	信号员	助理值班员	
三、接车	7. 接送列车	—	—	（4）到企业规定地点接车	—
四、列车到达（通过）	8. 列车到达（通过）	—	（10）通过信号操作终端监视进路、信号及列车进（出）站	（5）监视列车进站，于列车停妥后（货物列车未装列尾装置或列尾装置故障时，确认列车整列到达后）返回。通过列车，于列车尾部越过接车地点，确认列车尾部标志后返回	—
		（19）应答："好（了）"	（11）通过信号操作终端确认列车整列进入（通过）接车线，口呼："×（次）**到达**[通过]"	—	—
		（20）对通过列车通知接车站："×（次）、（×点）×（分）通过"，并听取复诵	—	—	—
		（21）填记或确认电子行车日志	（12）对通过列车擦（划）掉占线板（簿）记载	（6）对通过列车擦（划）掉占线板（簿）记载	不能使用电子行车日志时，填写纸质行车日志
	9. 开通区间	（22）通知信号员："开通×（站）区间"，并听取复诵	（13）复诵："开通×（站）区间"	—	货物列车未装列尾装置或列尾装置故障时，确认列车整列到达后，方可办理区间开通手续
		（23）确认无误后，应答："好（了）"	（14）一看闭塞表示灯、二点击或按（拉）闭塞（复原）按钮、三确认灯光熄灭，口呼："×（站）区间开通"	—	—
		（24）通知发车站："×（次）、（×点）×（分）到"，并听取复诵	—	—	—
	10. 报点	（25）计算机报点系统自动向列车调度员报点	—	—	不能自动报点时，向列车调度员报点："×（站）报点，×（次）、（×点）×（分）**到**[通过]"

※知识拓展

办理闭塞

办理闭塞前，车站值班员要按列车运行计划核对车次、时刻、命令、指示（必要时与列车调度员联系），同时要根据闭塞表示灯灯光是否熄灭状态，查看行车日志及各种行车表示牌，确认区间空闲。

办理闭塞时，要注意点击或按下按钮速度不宜过快。

3.1.3 执行作业程序的有关规定

(1)本程序适用于 200 km/h 以下铁路区段(仅运行动车组列车的铁路除外)单(双)线半自动闭塞集中联锁设备设信号员的车站接发列车作业。

(2)开放信号时，执行“一看、二点击(按)、三确认、四呼唤”及“眼看、手指、口呼”制度。眼看：看准应操纵的按钮；手指：鼠标箭头或光电笔对准应确认的按钮(继电联锁时为中、食指并拢成“剑指”，指向应确认的按钮)；口呼：规定用语，吐字清晰。

(3)一端有两个及以上列车运行方向，车站值班员布置进路、确认信号时，应以线名或邻站名区别方向(“线”或“站”字可省略。分主次方向时，可只在次要方向增加线名或邻站名区分)；有两个及其以上车场或经路时，车站值班员办理闭塞(预告)、布置进路、确认信号，应区分车场或经路。具体办法由企业规定。

(4)列车区间运行时分小于规定的开放进站信号时分时，办理信号时机由企业规定。

(5)接发列车时，应按规定执行车机联控。

(6)未设助理值班员的车站及助理值班员不参与发车的列车，由车站值班员按规定确认发车条件具备(或得到报告)后发车(动车组列车除外)，对货物列车未装列尾装置或列尾装置故障时，应亲自或指派胜任人员确认列车尾部标志。

(7)信号员、助理值班员能通过 TDCS 等方式掌握车次、股道时，可不填写占线板(簿)。

(8)信号操作终端上使用的行车表示牌(帽、卡)及揭挂办法，由企业规定。信号操作终端包括计算机联锁操作终端、继电联锁及非集中联锁控制台。

3.1.4 车机联控

1. 车机联控的概念

车务、机务等行车有关人员使用列车无线调度通信设备，按规定联络，提示行车安全信息、确认行车要求的互控方式。

2. 车机联控的设备

车机联控使用的设备包括：纳入列车无线调度通信系统的调度所列车调度通信设

备、车站列车调度通信设备、车载无线通信设备（机车、动车组、自轮运转特种设备）、无线对讲设备、GSM-R 手持终端、语音记录装置等。

上线运行的机车、动车组、自轮运转特种设备等应装设车载无线通信设备。机车（动车组、自轮运转特种设备）司机，车辆乘务员及参与车机联控的有关人员应配备列车无线调度通信（便携）设备。

3. 车机联控的基本要求

执行车机联控时，应逐站逐列呼唤应答，使用普通话，做到用语准确、吐字清晰。遇数字“0”“1”“2”“7”可读“dòng（洞）”“yāo（幺）”“liǎng（两）”“guǎi（拐）”，但车次首位为“0”或车次首位及第二位均为“0”时，应发“零”音。旅客列车车次中的“G”“C”“D”“Z”“T”“K”“L”“Y”“F”分别读“高”“城”“动”“直”“特”“快”“临”“游”“返”，动车组列车以外的旅客列车在车次前冠以“客车”。“DJ”“X”分别读“动检”“行（xíng）”。其他车次用语由企业规定。

因劳动组织和作业方法不同，由车站值班员执行的联控用语可按岗位职责规定由有关岗位人员执行。

4. 接发列车呼叫时机和联控用语

（1）接车。

①正常接车的呼叫时机和联控用语应符合表 3-1-3 规定。

表 3-1-3 正常接车的呼叫时机和联控用语

呼叫时机	联控用语		
	作业人	列车司机	车站值班员
自动闭塞区段，列车接近第一接近通过信号机或规定的呼叫点；半自动闭塞区段（自动站间闭塞、双线反方向行车时），列车在规定的呼叫点	呼叫人	××（站）××（次）接近	—
	被呼叫人	—	××（次）××（站）×道**通过**［停车］
	复诵人	××（次）×道**通过**［停车］，司机明白	—
一端有两个及以上运行方向的车站（车场、线路所），列车通过时应在联控用语后增加“去 ××方向”。 能够接收列车进路预告信息时不联控			

②通过列车变为停车的呼叫时机和联控用语应符合表 3-1-4 规定。

表 3-1-4 通过列车变为停车的呼叫时机和联控用语

呼叫时机	联控用语		
	作业人	车站值班员	列车司机
列车接近前	呼叫人	××（次）××（站）×道停车	—
	被呼叫人	—	××（次）×道停车，司机明白

③原规定为通过的旅客列车由正线变更为到发线接车的呼叫时机和联控用语应符

合表 3-1-5 规定。

表 3-1-5　原规定为通过的旅客列车由正线变更为到发线接车的呼叫时机和联控用语

呼叫时机	联控用语		
	作业人	车站值班员	列车司机
列车接近前	呼叫人	××(次)××(站)变更×道**通过**[停车]	—
	被呼叫人	—	××(次)××(站)变更×道**通过**[停车],司机明白
一端有两个及以上运行方向的车站(车场、线路所),列车通过时应在联控用语后增加“去××方向”			

④列车直进侧出(固定径路除外)的呼叫时机和联控用语应符合表 3-1-6 规定。

表 3-1-6　列车直进侧出的呼叫时机和联控用语

呼叫时机	联控用语		
	作业人	车站值班员	列车司机
列车接近前	呼叫人	××(次)××(站)×道通过,直进侧出	—
	被呼叫人	—	××(次)×道通过,直进侧出,司机明白
一端有两个及以上运行方向的车站(车场、线路所),应在联控用语后增加“去××方向”。 未应用列车运行监控装置的区段,应在联控用语后增加“限速××公里”(“限速××公里”的取值,不超过列车出站进路上辙叉号数最小的道岔侧向运行允许速度值,具体数值由企业明确)			

⑤列车通过,出站反方向行车的呼叫时机和联控用语应符合表 3-1-7 规定。

表 3-1-7　列车通过,出站反方向行车的呼叫时机和联控用语

呼叫时机	联控用语		
	作业人	车站值班员	列车司机
列车接近前	呼叫人	××(次)××(站)×道通过,反方向运行	—
	被呼叫人	—	××(次)×道通过,反方向运行,司机明白
侧向出站时,应在联控用语后增加“侧向出站,限速××公里”(“限速××公里”的取值,不超过列车出站进路上辙叉号数最小的道岔侧向运行允许速度值,具体数值由企业明确)。 一端有两个及以上运行方向的车站(车场、线路所),应在联控用语后增加“去××方向”			

⑥列车临时机外停车的呼叫时机和联控用语应符合表 3-1-8 规定。

表 3-1-8　列车临时机外停车的呼叫时机和联控用语

呼叫时机	联控用语		
	作业人	车站值班员	列车司机
列车接近前	呼叫人	××(次)××(站)机外停车	—
	被呼叫人	—	××(次)××(站)机外停车,司机明白

⑦呼叫机外停车后接车的呼叫时机和联控用语应符合表 3-1-9 规定。

表 3-1-9　呼叫机外停车后接车的呼叫时机和联控用语

呼叫时机	联控用语		
	作业人	车站值班员	列车司机
已呼叫司机机外停车，信号开放后	呼叫人	××（次）**进站**［接车进路］信号好（了），×道**通过**［停车］	—
	被呼叫人	—	××（次）**进站**［接车进路］信号好（了），×道**通过**［停车］，司机明白
一端有两个及以上运行方向的车站（车场、线路所），列车通过时应在联控用语后增加“去 ××方向”			

⑧车站引导接车的呼叫时机和联控用语应符合表 3-1-10 规定。

表 3-1-10　车站引导接车的呼叫时机和联控用语

呼叫时机	联控用语		
	作业人	车站值班员	列车司机
列车接近前	呼叫人	××（次）××（站）引导接车，×道**停车**［通过］，注意引导信号	—
	被呼叫人	—	××（次）××（站）引导接车，×道**停车**［通过］，司机明白
一端有两个及以上运行方向的车站（车场、线路所），列车通过时应在联控用语后增加“去 ××方向”。 若用手信号引导列车进站，“注意引导信号”应为“注意引导手信号”			

（2）发车

①发车进路一次排通时发车的呼叫时机和联控用语应符合表 3-1-11 规定。

表 3-1-11　发车进路一次排通时发车的呼叫时机和联控用语

呼叫时机	联控用语		
	作业人	车站值班员	列车司机
出站信号机开放后，或发车进路及出站信号均开放后	呼叫人	××（次）×（道）**出站**［发车进路］信号好（了）	—
	被呼叫人	—	××（次）×（道）**出站**［发车进路］信号好（了），司机明白
一端有两个及以上运行方向的车站（车场、线路所），应在联控用语后增加“去 ××方向”			

②分段排列发车进路时发车的呼叫时机和联控用语应符合表 3-1-12 规定。

表 3-1-12　分段排列发车进路时发车的呼叫时机和联控用语

呼叫时机	联控用语		
	作业人	车站值班员	列车司机
发车进路信号开放后，前方进路或出站信号关闭	呼叫人	××（次）×（道）发车进路信号好（了），前方**出站**［×进路］信号机关闭	—
	被呼叫人	—	××（次）×（道）发车进路信号好（了），前方**出站**［×进路］信号机关闭，司机明白
一端有两个及以上运行方向的车站（车场、线路所），应在区分运行方向的信号机开放后，在“××（次）×（道）发车进路信号好（了）”联控用语后增加“去××方向”			

③分段排列发车进路时，发车后，后续进路办理好的呼叫时机和联控用语应符合表 3-1-13 规定。

表 3-1-13　分段排列发车进路时，发车后，后续进路办理好的呼叫时机和联控用语

呼叫时机	联控用语		
	作业人	车站值班员	列车司机
当前出站信号开放后	呼叫人	××（次）出站信号好（了）	—
	被呼叫人	—	××（次）出站信号好（了），司机明白
当前进路信号开放、前方出站（进路）信号关闭	呼叫人	××（次）×进路信号好（了），前方**出站**［×进路］信号机关闭	—
	被呼叫人	—	××（次）×进路信号好（了），前方**出站**［×进路］信号机关闭，司机明白
当前进路信号及后续进路、出站信号均开放后	呼叫人	××（次）×进路信号好（了），前方出站信号机已开放	—
	被呼叫人	—	××（次）×进路信号好（了），前方出站信号机已开放，司机明白
一端有两个及以上运行方向的车站（车场、线路所），应在区分运行方向的信号机开放后，在“××（次）出站信号好（了）”或“××（次）×进路信号好（了）”联控用语后增加“去××方向”			

（3）列车经过限速地段。

①已纳入运行揭示的临时限速的呼叫时机和联控用语应符合表 3-1-14 规定。

表 3-1-14 已纳入运行揭示的临时限速的呼叫时机和联控用语

呼叫时机	联控用语		
	作业人	车站值班员	列车司机
列车接近前	呼叫人	××(次)××(站)×道**通过**[停车],**站内限速 ×× 公里**[区间 ××公里 ××米限速 ××公里]	—
	被呼叫人	—	××(次)××(站)×道**通过**[停车],**站内限速 ×× 公里**[区间 ××公里 ××米限速 ××公里],司机明白
“区间 ××公里 ××米”是指列车运行方向限速起始点。区间有多处限速时,分别联控。 站内、区间均有限速(不含站内跨区间),联控用语为“站内限速 ××公里,区间 ××公里 ××米限速 ××公里”。如站内同时有多处不同速度值限速地段时,按低值联控。 遇有站内跨区间连续限速时,按照限速区段起止里程联控:“ ××公里 ××米至 ××公里 ××米限速 ××公里”。站内跨区间包括区间跨站内、区间跨站内再跨区间、站内跨区间再跨站内。 发车作业时比照执行			

②未纳入运行揭示的临时限速的呼叫时机和联控用语应符合表 3-1-15 规定。

表 3-1-15 未纳入运行揭示的临时限速的呼叫时机和联控用语

呼叫时机	联控用语		
	作业人	车站值班员	列车司机
限速地点站,列车接近或发车时	呼叫人	××(次),××号命令,××公里 ××米至 ××公里 ××米限速 ××公里	—
	被呼叫人	—	××号命令,××公里 ××米至 ××公里 ××米限速 ××公里,××(次)司机明白
列车进入限速地点前的关系站在列车通过(开车)前,应与司机核对限速内容时,在“ ××号命令”前增加“ ××(站)核对”用语			

(4)列车被迫停车。

①列车被迫停车,列车司机呼叫车站的呼叫时机和联控用语应符合表 3-1-16 规定。

表 3-1-16 列车被迫停车,列车司机呼叫车站的呼叫时机和联控用语

呼叫时机	联控用语		
	作业人	列车司机	车站值班员
列车在区间被迫停车	呼叫人	××(站)××(次)在 ××公里(处)被迫停车	—
	被呼叫人	—	××(次)在 ××公里(处)被迫停车,××(站)明白
在 ××公里后应说明被迫停车原因。 列车被迫停车后可能妨碍邻线时应在被迫停车后增加“可能侵入邻线”			

②列车被迫停车，车站立即呼叫追踪列车的呼叫时机和联控用语应符合表3-1-17规定。

表3-1-17 列车被迫停车，车站立即呼叫追踪列车的呼叫时机和联控用语

呼叫时机	联控用语		
	作业人	车站值班员	追踪列车司机
车站接到列车在区间被迫停车的通知	呼叫人	××(次)在××公里(处)被迫停车，××(次)注意运行	—
	被呼叫人	—	××(次)在××公里(处)被迫停车，注意运行，××(次)司机明白

③列车可能妨碍邻线，车站立即呼叫邻线列车的呼叫时机和联控用语应符合表3-1-18规定。

表3-1-18 列车可能妨碍邻线，车站立即呼叫邻线列车的呼叫时机和联控用语

呼叫时机	联控用语		
	作业人	车站值班员	邻线列车司机
车站接到列车可能妨碍邻线的通知	呼叫人	××(次)立即停车，××(次)在××公里(处)侵限	—
	被呼叫人	—	××(次)立即停车，司机明白

(5)道口发生险情。

道口发生险情的呼叫时机和联控用语应符合表3-1-19规定。

表3-1-19 道口发生险情的呼叫时机和联控用语

呼叫时机	联控用语		
	作业人	道口工	列车司机
道口发生险情	呼叫人	××道口发生险情，××(次)立即停车	—
	被呼叫人	—	××(次)立即停车，司机明白
在多线区间，应在"××道口"前增加"××线"；在枢纽地区，应在"××道口"前增加"××(站)至××(站)间"。 如不知道车次时呼叫"××道口发生险情，上[下]行接近列车立即停车"，若道口上下行都发生险情，上[下]应为"上、下"			

(6)线路发生险情。

线路发生险情的呼叫时机和联控用语应符合表3-1-20规定。

表 3-1-20　线路发生险情的呼叫时机和联控用语

呼叫时机	联控用语		
	作业人	巡守人员	列车司机
线路发生险情	呼叫人	××线××公里(处)线路发生险情,上[下]行接近列车立即停车	—
	被呼叫人	—	立即停车,××(次)司机明白
如知道车次时呼叫××(次)。 若上下行都发生险情,上[下]应为“上、下”			

(7)列车通过晃车地段。

列车通过晃车地段,司机呼叫车站的呼叫时机和联控用语应符合表 3-1-21 规定。

表 3-1-21　列车通过晃车地段,司机呼叫车站的呼叫时机和联控用语

呼叫时机	联控用语		
	作业人	列车司机	车站值班员
列车通过晃车地段	呼叫人	××(站),××(次)××公里××米晃车	—
	被呼叫人	—	××公里××米晃车,××(站)明白

《铁路车机联控作业》未纳入的作业联系用语,铁路局集团公司补充规定。调度集中区段,执行车机联控的具体要求由铁路局集团公司规定。

※警钟长鸣

防错办卡控制度虚设,车机联控随意呼报

1. 事故概况

某日 1:11,430××次(编组 20 辆)由 A 站发车,计划接入 B 站 3 道进行调车作业(机次摘 13 辆、挂 6 辆)。1:13,B 站车站值班员开放 3 道进站信号,1:17,430××次司机与车站值班员进行车机联控,车站值班员错误联控 1 道停车,司机在进站过程中发现接车股道不对,1:23 停于站内 K8+501 处,经联系后于 1:26 起车,影响本列晚点,构成一般 D15 类事故。

2. 原因分析

车务段防错办卡控措施明确规定,办理接发车执行车机联控前必须手指确认进路信号显示。车站值班员在车机联控前只随意抬手向控制台指了一下,随后转过

头执行车机联控，过程中不看控制台，不进行比对，作业没有标准，习惯严重不良，凭作业习惯随意呼报，是错呼股道导致事故的直接原因。

3. 应采取的措施与方法

作为接发列车人员，作业时必须严格执行“眼看、手指、口呼”标准流程，在车机联控前精准确认进路信号显示，杜绝随意抬手、凭习惯操作等行为；主动参与专项培训与案例复盘，持续强化规范意识；自觉接受监控检查与双人互控监督，并充分利用进路信息语音提示等辅助设备，构筑标准化作业和技术保障双重防线，避免因疏忽或操作不当引发事故。

※思维延伸

车机联控用语模拟

A 站为双线自动闭塞区段车站，现 3 道停有 K2065 次列车，具备发车条件，计划 12:07 发车；4 道计划 12:21 接入 30032 次列车。

分析：A 站为自动闭塞区段车站，先发后接列车，先由车站与 K2065 次列车司机联控发车，后与 30032 次列车司机联控接车工作。

（1）发车联控。

车站值班员呼叫：“K2065 次 3 道出站信号好。”

K2065 次司机应答：“K2065 次 3 道出站信号好，司机明白。”

（2）接车联控。

司机呼叫时机为接近第一接近通过信号机时，司机呼叫：“A 站 30032 次接近。”

车站值班员确认列车运行计划，应答：“30032 次 A 站 4 道停车。”

司机应答：“30032 次 A 站 4 道停车，司机明白。”

任务布置

A—B 为单线半自动闭塞区间，车站为计算机联锁设备，均设有信号员，A 站开往 B 站为下行方向，A 站 3 道停有计划 12:03 开往 B 站的列车 K131 次，B 站 1 道停有计划 12:35开往 A 站的列车 26034 次，两站内其他股道均空闲，区间上下行图定运行时间 21 min，两站均有影响进路的调车作业，请 A、B 两站办理这两列列车的接车、发车作业。

任务实施

序　　号	作业项目	作业内容
1	确认区间空闲	
2	办理闭塞手续	
3	布置进路开放信号	发车站：
		接车站：
4	接车或发车	发车站：
		接车站：
5	开通区间及报点	发车站：
		接车站：

任务评价

评价项点	评价标准	本人自评得分(20%)	小组互评得分(20%)	校内教师评价得分(30%)	企业导师评价得分(30%)	综合得分
知识点掌握(30%)	掌握单(双)线半自动闭塞集中联锁(设信号员)设备车站接车、发车作业程序及技术要求;了解接发列车作业的基本要求					
技能点运用(40%)	能熟练操作计算机联锁设备,执行接发列车作业标准及程序,各岗位间配合完成接车、发车作业					
职业素养(30%)	具有严谨认真的职业素质、按规章办事的安全意识,执行标准化作业的职业素养和团队协作的精神					
综合评价						

学生感悟

思考总结	
心得分享	

任务2　双线自动闭塞集中联锁(设信号员)设备车站接发列车作业	编号	XM3-2
	岗位及等级	车站值班员高级 助理值班员高级

学习目标

1. 知识目标

(1)掌握双线自动闭塞集中联锁(设信号员)设备车站接车、发车作业程序。

(2)熟知接发列车作业的基本要求。

2. 技能目标

(1)能熟练操作计算机联锁设备。

(2)能执行《铁路接发列车作业》标准,熟练完成各岗位的接车、发车作业。

3. 素养目标

(1)养成认真细致的职业习惯。

(2)树立按标作业的工作习惯。

(3)培养团队协作意识和大局意识。

所需工具备品材料

序　号	名　称
1	计算机联锁设备
2	手信号旗、手信号灯
3	列车无线调度通信设备
4	《技规(普速铁路部分)》
5	《铁路接发列车作业》
6	《铁路车机联控作业》

工作安全

助理值班员在接发列车时要严格遵守《铁路车站行车作业人身安全规定》。

关联任务

项目1任务4、项目2任务2。

知识准备

3.2.1 接发列车作业程序图

1. 发车作业程序图

发车作业程序如图 3-2-1 所示。

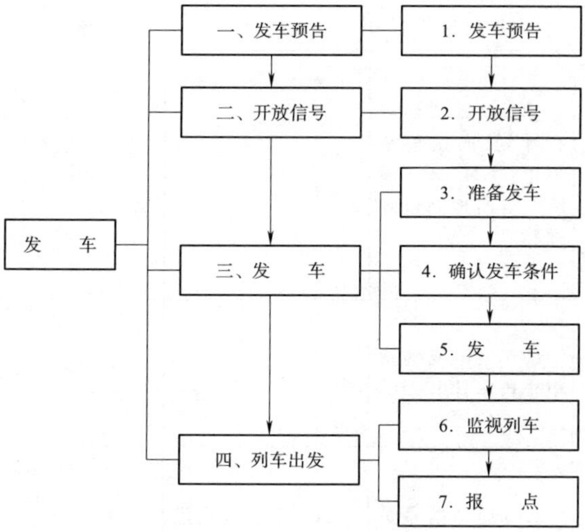

图 3-2-1　发车作业程序

2. 接车(含通过)作业程序图

接车(含通过)作业程序如图 3-2-2 所示。

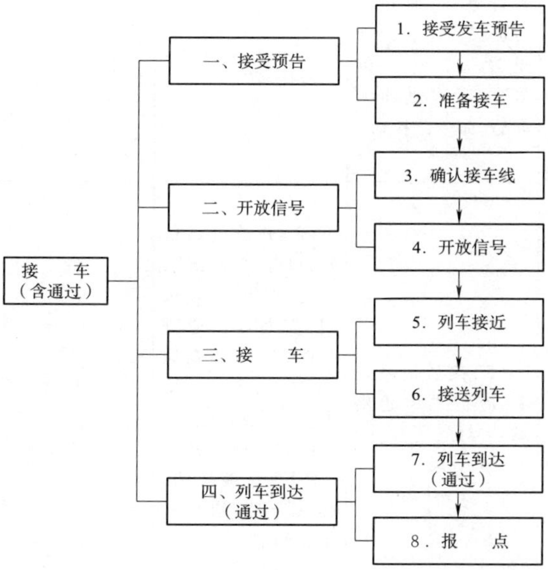

图 3-2-2　接车(含通过)作业程序

3.2.2 接发列车作业程序及技术要求

1. 发车作业

发车作业程序和岗位作业技术要求应符合表3-2-1规定。

表3-2-1 发车作业程序和岗位作业技术要求

作业程序		岗位作业技术要求			事项要求
程序	项目	车站值班员	信号员	助理值班员	
一、发车预告	1. 发车预告	(1)根据列车运行计划,向接车站发出:"×(次)预告",并听取同意的通知	—	—	—
		(2)填记或确认电子行车日志	—	—	不能使用电子行车日志时,填写纸质行车日志
二、开放信号	2. 开放信号	(3)通知信号员停止影响进路的调车作业并听取报告	(1)停止影响进路的调车作业。确认停止后报告	—	停止调车作业时机和通知、应答、报告用语,由企业规定。无影响进路的调车作业时,此项作业省略
		(4)确认列车运行计划后,通知信号员:"×(次)、×道发车,开放信号"。听取复诵无误后,命令:"执行"	(2)复诵:"×(次)、×道发车,开放信号"	—	车站值班员认为需办理变通进路时,一并通知
		(5)确认信号正确,应答:"×道出站信号好(了)"	(3)开放出站信号,口呼:"×道",点击(按下)始端按钮;需办理变通进路时,口呼:"变通××",点击(按下)相应变通按钮;口呼:"出站",点击(按下)终端按钮。确认光带、信号显示正确,口呼:"信号好(了)"	—	"变通××"中的"××"为按钮名称

续上表

作业程序		岗位作业技术要求			事项要求
程序	项目	车站值班员	信号员	助理值班员	
三、发车	3. 准备发车	(6)通知助理值班员:"发×道×(次)",并听取复诵	—	(1)复诵:"发×道×(次)"	助理值班员在室外作业时,可提前告知发车计划。 使用列车无线调度通信设备通知时,应在用语前增加姓名或代号。 动车组列车无此项作业
	4. 确认发车条件	—	(4)通过信号操作终端监视信号及进路表示	—	—
		—	—	(2)确认旅客上下、行包装卸和列检作业等完了(或得到通知)	动车组列车无此项作业
	5. 发车	—	—	(3)按规定站在适当地点,显示发车信号或使用列车无线调度通信设备(发车表示器)发车	由车站值班员使用列车无线调度通信设备发车时,应确认发车条件具备(或得到报告)。 动车组列车无此项作业
四、列车出发	6. 监视列车	(7)列车起动后,及时通知接车站:"×(次)、(×点)×(分)开",并听取复诵	—	—	—
		(8)填记或确认电子行车日志	—	—	不能使用电子行车日志时,填写纸质行车日志
		(9)应答:"好(了)"	(5)通过信号操作终端确认列车整列出站,口呼:"×(次)出站"	(4)监视列车,于列车尾部越过发车地点,确认列车尾部标志后返回	—
		—	(6)擦(划)掉占线板(簿)记载	(5)擦(划)掉占线板(簿)记载	—
	7. 报点	(10)计算机报点系统自动向列车调度员报点	—	—	不能自动报点时,向列车调度员报点:"×(站)报点,×(次)、(×点)×(分)开"

※知识拓展

6502继电集中联锁设备与计算机联锁设备之异同

1. 主要相同点

(1)联锁实现的原理基本相同,室外设备基本相同。

(2)均采用双按钮选路方式。即在显示屏(控制台)上顺序按压进路的始端按钮+终端按钮,就能自动转换道岔,锁闭进路,开放信号。

(3)均采用建立进路的方式实现对列车、车列的运行控制,实现进路控制、道岔控制、信号控制。

2. 主要不同点

(1)室内联锁设备的组成不同。6502继电集中联锁设备室内设备主要有控制台、区段人工解锁按钮盘、继电器组合及组合架、电源屏、分线盘等。计算机联锁设备采用显示屏操作方式,取消了区段人工解锁按钮盘,取消了大量继电器组合及组合架。

(2)联锁控制方式不同。6502继电集中联锁主要采用继电器组成的电路来进行控制并实现联锁关系。计算机联锁是通过电子计算机强大的逻辑运算功能实现联锁关系。

(3)可靠性安全性不同。6502继电集中联锁设备采用的继电器为物理器件,接点动作受电流及环境等影响大,安全性较差。计算机联锁设备运算及存储功能强大,扩展了联锁功能,提高了操作可靠性,安全性更高,方便了设计、施工、维修和使用。

2. 接车(含通过)作业

接车(含通过)作业程序和岗位作业技术要求见表3-2-2。

表3-2-2 接车(含通过)作业程序和岗位作业技术要求

作业程序		岗位作业技术要求			事项要求
程序	项目	车站值班员	信号员	助理值班员	
一、接受预告	1. 接受发车预告	(1)听取发车站预告,按列车运行计划核对车次、时刻、命令、指示(必要时与列车调度员联系),同意发车站预告:"同意×(次)预告"	—	—	同意列车预告后,按企业规定通知有关人员
		(2)填记或确认电子行车日志	—	—	不能使用电子行车日志时,填写纸质行车日志
	2. 准备接车	(3)确定接车线	—	—	—
		(4)通知信号员:"×(次)预告",并听取复诵	(1)复诵:"×(次)预告"	—	—

续上表

作业程序		岗位作业技术要求			事项要求
程序	项目	车站值班员	信号员	助理值班员	
二、开放信号	3. 确认接车线	(5)复诵发车站开车通知:"×(次)、×(点)×(分)**开**[通过]"	—	—	—
		(6)填记或确认电子行车日志中的发车站发车时间和本站接车线	—	—	不能使用电子行车日志时,填写纸质行车日志
		(7)通知信号员、助理值班员:"×(次)开过来(了),×道**停车**[通过][到开]",并听取复诵	(2)复诵:"×(次)开过来(了),×道**停车**[通过][到开]",并填写占线板(簿)	(1)复诵:"×(次)开过来(了),×道**停车**[通过][到开]",并填写占线板(簿)	助理值班员在室外作业期间接到的通知,返回后,除按规定应擦(划)掉的外,应补填占线板(簿)。必要时与车站值班员联系
		(8)按企业规定通知有关人员	—	—	—
		(9)确认接车线路空闲	—	—	—
		(10)通知信号员停止影响进路的调车作业并听取报告	(3)停止影响进路的调车作业。确认停止后报告	—	停止调车作业时机和通知、应答、报告用语,由企业规定。无影响进路的调车作业时,此项作业省略
	4. 开放信号	(11)确认列车运行计划后,通知信号员:"×(次)、×道**停车**[通过],开放信号"。听取复诵无误后,命令:"执行"	(4)复诵:"×(次)、×道**停车**[通过],开放信号"	—	列车通过时,应办理有关发车作业程序车站值班员认为需指定延续进路或办理变通进路时,一并通知
		(12)确认信号正确,应答:"×道进站信号好(了)"[通过时,应答"×道进、出站信号好(了)"]	(5)开放进站信号,口呼:"进站",点击(按下)始端按钮;需办理变通进路时,口呼:"变通××",点击(按下)相应变通按钮;口呼:"×道"(正线通过时,口呼:"出站"),点击(按下)终端按钮;设有延续进路时,口呼:"延续××",点击(按下)延续进路相应按钮。确认光带(表示灯)、信号显示正确,口呼:"信号好(了)"	—	"变通××"中的"××"为按钮名称。 "延续××"中的"××"为延续的按钮或线路名称

续上表

作业程序		岗位作业技术要求			事项要求
程序	项目	车站值班员	信号员	助理值班员	
三、接车	5. 列车接近	—	(6)通过信号操作终端监视信号及进路表示	—	—
		(13)再次确认信号正确,应答:"×(次)接近"	(7)第二(三)接近语音提示(接近铃响)、光带变红,再次确认信号开放正确,口呼:"×(次)接近"	—	—
		(14)通知助理值班员:"×(次)接近,×道接车",并听取复诵	—	(2)复诵:"×(次)接近,×道接车"	特快旅客列车、特快货物班列的通知接车时机,由企业规定
	6. 接送列车	—	—	(3)到企业规定地点接车	—
四、列车到达(通过)	7. 列车到达(通过)	—	(8)通过信号操作终端监视进路、信号及列车进(出)站	(4)监视列车进站,于列车停妥后返回。通过列车,于列车尾部越过接车地点,确认列车尾部标志后返回	—
		(15)应答:"好(了)"	(9)通过信号操作终端确认列车整列进入(通过)接车线,口呼:"×(次)**到达**[通过]"	—	—
		(16)对通过列车通知接车站:"×(次)、(×点)×(分)通过",并听取复诵	—	—	—
		(17)填记或确认电子行车日志	(10)对通过列车擦(划)掉占线板(簿)记载	(5)对通过列车擦(划)掉占线板(簿)记载	不能使用电子行车日志时,填写纸质行车日志
	8. 报点	(18)计算机报点系统自动向列车调度员报点	—	—	不能自动报点时,向列车调度员报点:"×(站)报点,×(次)、(×点)×(分)**到**[通过]"

※思维延伸

自动闭塞法的优势

由于两站间的区间允许续行列车追踪运行，大幅度地提高了行车密度，显著地提高区间通过能力。

由于不需要办理闭塞手续（进行预告即可，列车到达邻站不需报点），简化了办理接发列车的程序，因此既提高了通过能力，又大大减轻了车站值班员的劳动强度。

由于通过信号机的显示能直接反映运行列车所在位置及线路状态，因而确保了列车在区间运行的安全。

3.2.3 执行作业程序的有关规定

（1）本程序适用于200 km/h以下铁路区段（仅运行动车组列车的铁路除外）双线自动闭塞集中联锁设备设信号员的车站接发列车作业。

（2）开放信号时，执行“一看、二点击（按）、三确认、四呼唤”及“眼看、手指、口呼”制度。眼看：看准应操纵的按钮；手指：鼠标箭头或光电笔对准应确认的按钮（继电联锁时为中、食指并拢成“剑指”，指向应确认的按钮）；口呼：规定用语，吐字清晰。

（3）一端有两个及其以上列车运行方向，车站值班员布置进路、确认信号时，应以线名或邻站名区别方向（“线”或“站”字可省略。分主次方向时，可只在次要方向增加线名或邻站名区分）；有两个及其以上车场或经路时，车站值班员办理预告、布置进路、确认信号，应区分车场或经路。具体办法由企业规定。

（4）列车区间运行时分小于规定的开放进站信号时分时，办理信号时机由企业规定。

（5）接发列车时，应按规定执行车机联控。

（6）未设助理值班员的车站及助理值班员不参与发车的列车，由车站值班员按规定确认发车条件具备（或得到报告）后发车（动车组列车除外）。确认发车条件的具体办法由企业规定。

（7）信号员、助理值班员能通过TDCS等方式掌握车次、股道时，可不填写占线板（簿）。

（8）信号操作终端上使用的行车表示牌（帽、卡）及揭挂办法、由企业规定。信号操作终端包括计算机联锁操作终端、继电联锁及非集中联锁控制台。

※知识拓展

双线双向自动闭塞区段改方操作

微课:双向闭塞设备的自动闭塞区间改方操作

设有双线双向自动闭塞设备的区间,正方向采用自动闭塞行车,反方向采用自动站间闭塞行车。遇整理列车运行、线路故障、封锁施工等特殊情况经列车调度员命令准许,方可组织列车反方向运行或改按单线行车。根据运行条件,改变运行方向可按正常办理或辅助办理。

《技规(普速铁路部分)》规定,设有双向闭塞设备的自动闭塞区间,遇轨道电路发生故障等情况,需使用总辅助按钮改变闭塞方向时,车站值班员必须确认区间空闲后,根据列车调度员命令,使用总辅助按钮改变闭塞方向,并在"行车设备检查登记簿"内登记。办理改方的按钮及表示灯设置如图 3-2-3 所示。

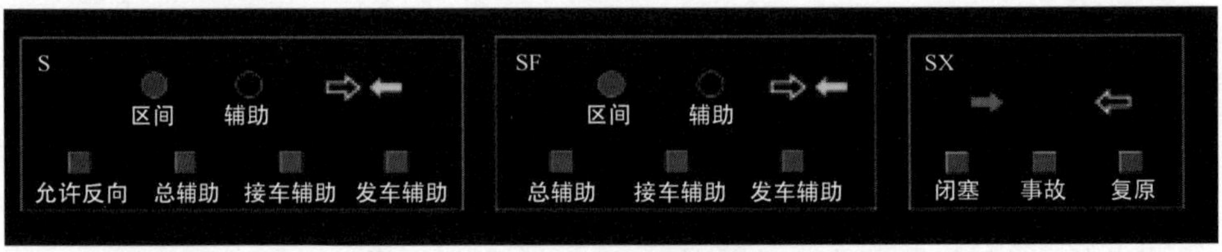

图 3-2-3　办理改方的按钮及表示灯设置

(1)正方向发车口由接车改发车的正常办理流程:办理发车进路。

(2)反方向发车口由接车改发车的正常办理流程:先按下"允许改方"按钮(非自复式按钮),输入口令并按下确认按钮,再办理反方向发车进路。反方向行车结束,值班员需再次按压"允许改方"按钮,使按钮复原。

(3)辅助改方办理流程:当办理区间轨道电路故障时,双方操作人员确认区间空闲,经协商后先按规定手续登记"行车设备检查登记簿"。双方车站按下"总辅助"按钮,输入口令并按下确认按钮,使其变为按下状态。此后拟改为发车站的车站按下"发车辅助"按钮,输入口令并按下确认按钮;拟改为接车站的车站按下"接车辅助"按钮,输入口令并按下确认按钮。辅助改方在拟改为接车站的"机车辅助"和拟改为发车站的"发车辅助"按钮均处于按下状态时,若条件具备则完成双方运行方向的改变。此后,双方车站应适时点击已按下的"总辅助"按钮(一般为列车进入区间时),输入口令并按下确认按钮,弹出"总辅助"按钮,完成本次辅助改方作业。

※警钟长鸣

未及时停止影响列车进路的调车作业

1. 事故概况

某日 15:37，某站车站值班员办理 H729 ××次列车接发车作业时，未及时开放进站信号，导致列车在站外临时停车 8 min，影响本列晚点。

2. 原因分析

车站值班员未执行《站细》“货物列车到达前 7 min 开放信号接发车作业”规定，办理调车作业过程中，忘记接发列车，未及时开放进站信号。邻站值班员未执行“防止接发列车漏开放信号卡控措施”中关于“发车站车站值班员通过站间透明互控邻站信号开放情况，发现接车站无其他作业影响而未开放接车信号时，应立即电话询问提醒”的规定。

3. 应采取的措施与方法

接发车人员在作业中要按章做事，严格遵循《站细》和防止接发列车漏开放信号的卡控措施。接车人员要提前设置时间提醒，定时手指确认进站信号开放状态；发车人员要充分利用站间透明系统实时监控，发现异常立即按卡控流程电话提醒。主动参与模拟演练与案例复盘，提升多任务作业中的风险预判和流程把控能力，杜绝因作业交叉导致疏漏。

任务布置

A—B 为双线双向自动闭塞区间，两站均设有信号员，A 站开往 B 站为下行方向，A 站 1 道停有计划 11:12 开往 B 站的列车 1021 次，B 站 4 道停有计划 11:20 开往 A 站的列车 K204 次，两站内其他股道均空闲，区间上下行图定运行时间 15 min，两站均有影响进路的调车作业，请 A、B 两站分别办理这两趟列车的接发作业。

任务实施

序　号	作业项目	作业内容
1	发车预告(接收预告)	
2	布置进路，开放信号	发车站：
		接车站：

续上表

序号	作业项目	作业内容
3	接车或发车	发车站：
		接车站：
4	报点	

任务评价

评价项点	评价标准	本人自评得分（20%）	小组互评得分（20%）	校内教师评价得分（30%）	企业导师评价得分（30%）	综合得分
知识点掌握（30%）	1. 掌握双线自动闭塞集中联锁（设信号员）设备车站接车、发车作业程序。 2. 熟知接发列车作业的基本要求					
技能点运用（40%）	能熟练操作计算机联锁设备，执行接发列车作业标准及程序，各岗位间配合完成接车、发车作业					
职业素养（30%）	具备严谨认真的职业素质、按规章办事的安全意识，执行标准化作业的职业素养和团队协作的精神					
综合评价						

学生感悟

思考总结	
心得分享	

任务3　自动站间闭塞集中联锁（设信号员）设备车站接发列车作业	编号	XM3-3
	岗位及等级	车站值班员高级 助理值班员高级

学习目标

1. 知识目标

（1）掌握自动站间闭塞集中联锁（设信号员）设备车站接车、发车作业程序。

(2)掌握接发列车作业的基本要求。

2. 技能目标

(1)能熟练操作计算机联锁设备。

(2)能执行《铁路接发列车作业》标准及程序,熟练完成各岗位的接车、发车作业。

3. 素养目标

(1)养成严谨认真的工作态度。

(2)树立按标作业的工作习惯。

(3)培养团队协作意识和大局意识。

所需工具备品材料

序　　号	名　　称
1	计算机联锁设备
2	手信号旗、手信号灯
3	列车无线调度通信设备
4	《技规(普速铁路部分)》
5	《铁路接发列车作业》
6	《铁路车机联控作业》

工作安全

助理值班员在接发列车时要严格遵守《铁路车站行车作业人身安全规定》。

关联任务

项目1任务4、项目2任务2。

知识准备

3.3.1 接发列车作业程序图

1. 发车作业程序图

发车作业程序如图3-3-1所示。

2. 接车(含通过)作业程序图

接车(含通过)作业程序如图3-3-2所示。

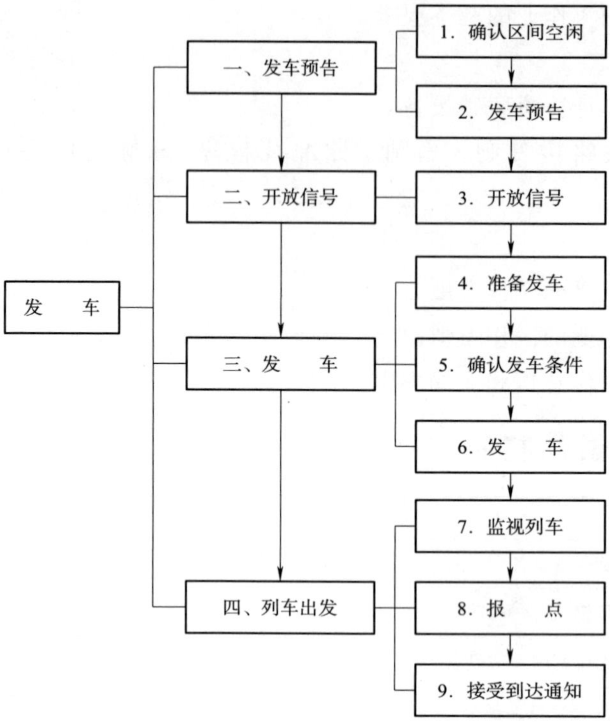

图 3-3-1　发车作业程序

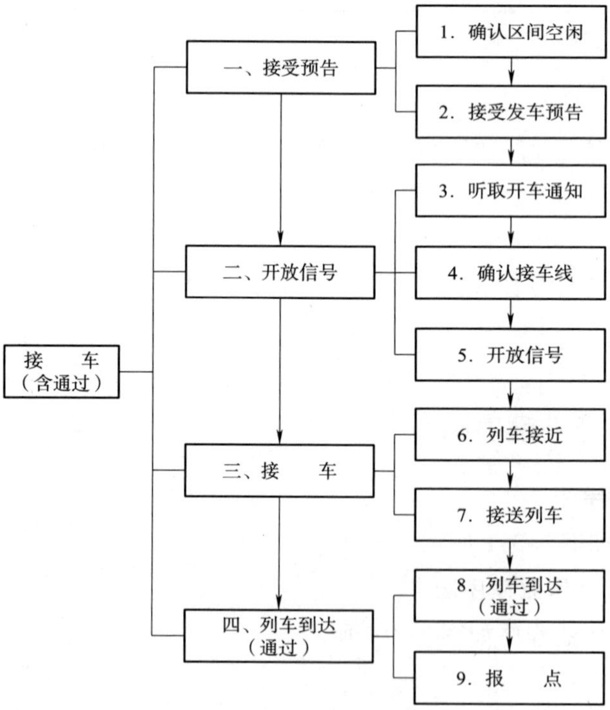

图 3-3-2　接车（含通过）作业程序

3.3.2 接发列车作业程序及技术要求

1. 发车作业

发车作业程序和岗位作业技术要求应符合表 3-3-1 的规定。

表 3-3-1 发车作业程序和岗位作业技术要求

作业程序		岗位作业技术要求			事项要求
程序	项目	车站值班员	信号员	助理值班员	
一、发车预告	1. 确认区间空闲	(1)确认列车运行计划;根据表示灯、行车日志及各种行车表示牌,确认区间空闲	—	—	使用计轴设备的,并应通过计轴设备确认区间空闲
	2. 发车预告	(2)向接车站发出:"×(次)预告",并听取同意的通知	—	—	—
		(3)填记或确认电子行车日志	—	—	不能使用电子行车日志时,填写纸质行车日志
二、开放信号	3. 开放信号	(4)通知信号员停止影响进路的调车作业并听取报告	(1)停止影响进路的调车作业。确认停止后报告	—	停止调车作业时机和通知、应答、报告用语,由企业规定。无影响进路的调车作业时,此项作业省略
		(5)确认列车运行计划后,通知信号员:"×(次)、×道发车,开放信号"。听取复诵无误后,命令:"执行"	(2)复诵:"×(次)、×道发车,开放信号"	—	车站值班员认为需办理变通进路时,一并通知
		(6)确认信号正确,应答:"×道出站信号好(了)"	(3)开放出站信号,口呼:"×道",点击(按下)始端按钮;需办理变通进路时,口呼:"变通××",点击(按下)相应变通按钮;口呼:"出站",点击(按下)终端按钮。确认光带、信号显示正确,口呼:"信号好(了)"	—	"变通××"中的"××"为按钮名称

续上表

作业程序		岗位作业技术要求			事项要求
程序	项目	车站值班员	信号员	助理值班员	
三、发车	4. 准备发车	(7)通知助理值班员:"发×道×(次)",并听取复诵	—	(1)复诵:"发×道×(次)"	助理值班员在室外作业时,可提前告知发车计划。 使用列车无线调度通信设备通知时,应在用语前增加姓名或代号。 动车组列车无此项作业
	5. 确认发车条件	—	(4)通过信号操作终端监视信号及进路表示	(2)确认旅客上下、行包装卸和列检作业等完了(或得到通知)	动车组列车无此项作业
	6. 发车	—	—	(3)按规定站在适当地点,显示发车信号或使用列车无线调度通信设备(发车表示器)发车	由车站值班员使用列车无线调度通信设备发车时,应确认发车条件具备(或得到报告)。 动车组列车无此项作业
四、列车出发	7. 监视列车	(8)列车起动后,及时通知接车站:"×(次)、(×点)×(分)开",并听取复诵	—	—	—
		(9)填记或确认电子行车日志	—	—	不能使用电子行车日志时,填写纸质行车日志
		(10)应答:"好(了)"	(5)通过信号操作终端确认列车整列出站,口呼:"×(次)出站"	(4)监视列车,于列车尾部越过发车地点,确认列车尾部标志后返回	—
		—	(6)擦(划)掉占线板(簿)记载	(5)擦(划)掉占线板(簿)记载	—
	8. 报点	(11)计算机报点系统自动向列车调度员报点	—	—	不能自动报点时,向列车调度员报点:"×(站)报点,×(次)、(×点)×(分)开"
	9. 接受到达通知	(12)复诵接车站列车到达通知	(7)确认区间空闲	—	使用计轴设备的,并应通过计轴设备确认区间空闲
		(13)填记或确认电子行车日志	—	—	不能使用电子行车日志时,填写纸质行车日志

※知识拓展

计轴设备故障复零办法

(1)确认区间空闲。

(2)取得调令准许。

(3)登记“行车设备检查登记簿”(运统46)。

(4)两站破除计轴复零按钮铅封,同时按下计轴复零按钮。两站计轴复零表示灯闪亮,13 s后灭灯,区间占用表示灯灭灯,轴数显示器显示“0000”,计轴设备复零,恢复正常。

2. 接车(含通过)作业

接车(含通过)作业程序和岗位作业技术要求应符合表3-3-2的规定。

表3-3-2 接车(含通过)作业程序和岗位作业技术要求

作业程序		岗位作业技术要求			事项要求
程序	项目	车站值班员	信号员	助理值班员	
一、接受预告	1. 确认区间空闲	(1)听取发车站预告,按列车运行计划核对车次、时刻、命令、指示(必要时与列车调度员联系)	—	—	—
		(2)根据表示灯、行车日志及各种行车表示牌,确认区间空闲	—	—	使用计轴设备的,应通过计轴设备确认区间空闲
	2. 接受发车预告	(3)同意发车站预告:“同意×(次)预告”	—	—	同意列车预告后,按企业规定通知有关人员
		(4)填记或确认电子行车日志	—	—	不能使用电子行车日志时,填写纸质行车日志
		(5)确定接车线	—	—	—
		(6)通知信号员、助理值班员:“×(次),×道**停车**[通过][到开]”,并听取复诵	(1)复诵:“×(次),×道**停车**[通过][到开]”,并填写占线板(簿)	(1)复诵:“×(次),×道**停车**[通过][到开]”,并填写占线板(簿)	助理值班员在室外作业期间接到的通知,返回后,除按规定应擦(划)掉的外,应补填占线板(簿),必要时与车站值班员联系

续上表

<table>
<tr><th colspan="2">作业程序</th><th colspan="3">岗位作业技术要求</th><th rowspan="2">事项要求</th></tr>
<tr><th>程序</th><th>项目</th><th>车站值班员</th><th>信号员</th><th>助理值班员</th></tr>
<tr><td rowspan="9">二、开放信号</td><td rowspan="4">3. 听取开车通知</td><td>(7)复诵发车站开车通知:“×(次)、×(点)×(分)开[通过]”</td><td>—</td><td>—</td><td>—</td></tr>
<tr><td>(8)填记或确认电子行车日志中的发车站发车时间和本站接车线</td><td>—</td><td>—</td><td>不能使用电子行车日志时,填写纸质行车日志</td></tr>
<tr><td>(9)通知信号员、助理值班员:“×(次)开过来(了)”,并听取复诵</td><td>(2)复诵:“×(次)开过来(了)”</td><td>(2)复诵:“×(次)开过来(了)”</td><td>—</td></tr>
<tr><td>(10)按企业规定通知有关人员</td><td>—</td><td>—</td><td>—</td></tr>
<tr><td rowspan="2">4. 确认接车线</td><td>(11)确认接车线路空闲</td><td>—</td><td>—</td><td>—</td></tr>
<tr><td>(12)通知信号员停止影响进路的调车作业并听取报告</td><td>(3)停止影响进路的调车作业。确认停止后报告</td><td>—</td><td>停止调车作业时机和通知、应答、报告用语,由企业规定。无影响进路的调车作业时,此项作业省略</td></tr>
<tr><td rowspan="3">5. 开放信号</td><td>(13)确认列车运行计划后,通知信号员:“×(次)、×道停车[通过],开放信号”。听取复诵无误后,命令:“执行”</td><td>(4)复诵:“×(次)、×道停车[通过],开放信号”</td><td>—</td><td>列车通过时,应办理有关发车作业程序。
车站值班员认为需制定延续进路或办理变通进路时,一并通知</td></tr>
<tr><td>(14)确认信号正确,应答:“×道进站信号好(了)”;[通过时,应答“×道进、出站信号好(了)”]</td><td>(5)开放进站信号,口呼:“进站”,点击(按下)始端按钮;需办理变通进路时,口呼:“变通××”,点击(按下)相应变通按钮;口呼“×道”(正线通过时,口呼:“出站”),点击(按下)终端按钮;设有延续进路时,口呼:“延续××”,点击(按下)延续进路相应按钮。确认光带、信号显示正确,口呼:“信号好(了)”</td><td>—</td><td>“变通××”中的“××”为按钮名称。
“延续××”中的“××”为延续的按钮或线路名称</td></tr>
</table>

续上表

作业程序		岗位作业技术要求			事项要求
程序	项目	车站值班员	信号员	助理值班员	
三、接车	6. 列车接近	—	(6)通过信号操作终端监视信号及进路表示	—	—
		(15)再次确认信号正确,应答:"×(次)接近"	(7)接近语音提示(接近铃响)、光带变红,再次确认信号开放正确,口呼:"×(次)接近"	—	—
		(16)通知助理值班员:"×(次)接近,×道接车",并听取复诵	—	(3)复诵:"×(次)接近,×道接车"	特快旅客列车、特快货物班列的通知接车时机,由企业规定
	7. 接送列车	—	—	(4)到企业规定地点接车	—
四、列车到达(通过)	8. 列车到达(通过)	—	(8)通过信号操作终端监视进路、信号及列车进(出)站	(5)监视列车进站,于列车停妥后返回。通过列车,于列车尾部越过接车地点,确认列车尾部标志后返回	—
		(17)应答:"好(了)"	(9)通过信号操作终端确认列车整列进入(通过)接车线,区间空闲,口呼:"×(次)到达[通过],区间空闲"	—	使用计轴设备的,并应通过计轴设备确认区间空闲
		(18)对通过列车通知接车站:"×(次)、(×点)×(分)通过",并听取复诵	—	—	—
		(19)填记或确认电子行车日志	(10)对通过列车擦(划)掉占线板(簿)记载	(6)对通过列车擦(划)掉占线板(簿)记载	不能使用电子行车日志时,填写纸质行车日志
		(20)通知发车站:"×(次)、(×点)×(分)到",并听取复诵	—	—	—
	9. 报点	(21)计算机报点系统自动向列车调度员报点	—	—	不能自动报点时,向列车调度员报点:"×(站)报点,×(次)、(×点)×(分)到[通过]"

※警钟长鸣

错办进路,险酿事故

1. 事故概况

某日,某站车站值班员在办理K××次接车时,将准备进1道停车(技术停点)的旅客列车进路错办为后续的×××次货物列车8道停车的进路。当车站值班员发现进站的是K××次旅客列车,再与司机联控停车时,K××次已经越过进站信号机,走行441 m停车。构成铁路交通一般C8类未准备好进路接发列车事故。

2. 原因分析

车站值班员准备接车时,没有按列车运行计划认真核对车次、时刻等内容,错误将旅客列车当成后续的货物列车办理。

3. 应采取的措施和方法

车站值班员在办理接车作业时,首先应按列车运行计划认真核对车次、时刻、命令、指示(必要时与列车调度员联系),不能简化流程,否则容易造成差错酿成事故。

※思维延伸

自动站间闭塞与半自动闭塞相互转换操作

微课:自动站间闭塞与半自动闭塞相互转换操作

《技规(普速铁路部分)》规定,自动站间设备故障,半自动闭塞设备良好时,可根据调度命令改按半自动闭塞法行车。

1. 自动站间闭塞转化为半自动闭塞

当因某种原因需停止使用计轴设备时,在双方车站值班员共同确认区间空闲、未办理闭塞、未排列发车进路的前提下,破封按压计轴停止使用按钮JTZA(鼠标操作为单击"JTZA",输入口令"123"),计轴站间自动闭塞转换为半自动闭塞。

2. 半自动闭塞转换为自动站间闭塞

当有"恢复自动站间闭塞"的语音提示时,表示目前为半自动闭塞状态,但应及时转换为自动站间闭塞状态。此时,人工确认区间空闲、未办理闭塞、未排列发车进路后,由两站值班员同时破封按压计轴复零按钮JFLA(鼠标操作为单击"JFLA",输入口令"123"),使计轴设备复零。计轴设备复零后,两站值班员同时再次单击计轴停止使用按钮"JTZA"(相当于拔出按钮),按下计轴使用按钮"JSYA"(鼠标操作为单击"JSYA"),半自动闭塞转换为计轴站间自动闭塞。

3.3.3 执行作业程序的有关规定

(1)本程序适用于200 km/h以下铁路区段(仅运行动车组列车的铁路除外)自动站间闭塞集中联锁设备设信号员的车站接发列车作业。

(2)开放信号时,执行“一看、二点击(按)、三确认、四呼唤”及“眼看、手指、口呼”制度。眼看:看准应操纵的按钮;手指:鼠标箭头或光电笔对准应确认的按钮(继电联锁时为中、食指并拢成“剑指”,指向应确认的按钮);口呼:规定用语,吐字清晰。

(3)接发列车使用计轴复零按钮前,应与邻站共同确认区间空闲,并取得列车调度员准许使用的调度命令。

(4)一端有两个及以上列车运行方向,车站值班员布置进路、确认信号时,应以线名或邻站名区别方向(“线”或“站”字可省略。分主次方向时,可只在次要方向增加线名或邻站名区分);有两个及其以上车场或经路时,车站值班员办理预告、布置进路、确认信号,应区分车场或经路。具体办法由企业规定。

(5)列车区间运行时分小于规定的开放进站信号时分时,办理信号时机由企业规定。

(6)接发列车时,应按规定执行车机联控。

(7)未设助理值班员的车站及助理值班员不参与发车的列车,由车站值班员按规定确认发车条件具备(或得到报告)后发车(动车组列车除外)。确认发车条件的具体办法由企业规定。

(8)信号员、助理值班员能通过TDCS等方式掌握车次、股道时,可不填写占线板(簿)。

(9)信号操作终端上使用的行车表示牌(帽、卡)及揭挂办法,由企业规定。信号操作终端包括计算机联锁操作终端、继电联锁及非集中联锁控制台。

※知识拓展

高速铁路行车闭塞法

高速铁路行车闭塞法主要有自动闭塞、自动站间闭塞两种。

1. 自动闭塞

使用自动闭塞法行车,动车组列车在完全监控、引导或部分监控模式下运行时,行车凭证为列控车载设备显示的允许运行的速度值。按列车运行监控(LKJ)方式运行的动车组列车及动车组以外的列车,在信号机常态点灯的区段,进入闭塞分区的行车凭证为出站或通过信号机显示的允许运行的信号;在信号机常态灭灯的区段,进入区间的行车凭证为出站信号机或线路所通过信号机显示的允许运行的信号,信号机应点灯。

2. 自动站间闭塞

使用自动站间闭塞法行车，动车组列车在完全监控、引导或部分监控模式下运行时，行车凭证为列控车载设备显示的允许运行的速度值。按 LKJ 方式运行的动车组列车及动车组以外的列车，进入区间的行车凭证为出站信号机或线路所通过信号机显示的允许运行的信号（在信号机常态灭灯的区段，信号机应点灯）。

※素养提升

自动站间闭塞集中联锁接发列车的思考与启示

在现代铁路运输系统中，自动站间闭塞集中联锁接发列车技术不仅提高了运输效率，还极大地增强了行车安全性。这一技术的广泛应用，不仅是科技进步的体现，更是对铁路运输安全、高效、有序运行的有力保障，具有重要的意义与价值，也为我们带来诸多启示。

1. 科技创新与铁路运输的发展

自动站间闭塞集中联锁接发列车技术的出现，是铁路运输领域科技创新的重要成果。它通过区间两端车站的出站信号机和轨道检查装置构成联锁关系，实现了区间占用检查的自动化，从而大大简化了行车闭塞手续。这一技术的应用，不仅提高了列车运行的自动化水平，还减少了人为因素的干扰，为铁路运输的安全、高效运行提供了有力支持。

2. 安全意识与责任担当

对铁路接发列车工作人员而言，安全意识与责任担当的重要性不言而喻。自动站间闭塞集中联锁接发列车技术的推广，正是对安全意识与责任担当精神的生动诠释。通过这一技术，铁路接发列车工作人员能够更准确地掌握列车运行状况，及时发现并处理潜在的安全隐患，从而确保列车运行的绝对安全。同时，这一技术的应用也要求铁路接发列车工作人员具备更高的专业素养和责任心，以应对可能出现的各种复杂情况。

3. 团队协作与沟通协调能力

自动站间闭塞集中联锁接发列车技术的实施，离不开铁路各部门之间的紧密协作与沟通协调。从列车调度、信号控制到行车安全监控，每一个环节都需要各部门之间的无缝对接和高效配合。通过加强团队建设，提高沟通协调能力，可以更好地应对铁路运输中的各种挑战，确保列车运行的顺畅与安全。

4. 创新精神与实践能力

自动站间闭塞集中联锁接发列车技术的研发与应用，正是创新精神与实践能力的完美结合。通过不断学习新知识、新技术，有助于更好地适应铁路运输领域的发展变化，更好地投身到铁路运输事业的发展中去。综上所述，自动站间闭塞集中联锁接发列车技术不仅提高了铁路运输的效率和安全性，还为我们带来了诸多宝贵的思考与启示。通过深入学习这一技术，我们可以更好地领会安全意识、责任担当、团队协作、创新精神及实践能力的重要性，为铁路运输事业的持续发展贡献自己的力量。

任务布置

A—B 为单线自动站间闭塞区间，两站均设有信号员，A 站开往 B 站为下行方向，A 站 1 道停有计划 8:12 开往 B 站的列车 2031 次，B 站 4 道停有计划 8:45 开往 A 站的列车 1205 次，两站内其他股道均空闲，区间上下行图定运行时间 15 min，两站均有影响进路的调车作业，请 A、B 两站分别办理这两趟列车的接发作业。

任务实施

序　　号	作业项目	作业内容
1	确认区间空闲	
2	发车预告(接受预告)	发车站：
		接车站：
3	布置进路，开放信号	发车站：
		接车站：
4	接车或发车	发车站：
		接车站：
5	列车出发、列车到达	发车站：
		接车站：

任务评价

评价项点	评价标准	本人自评得分(20%)	小组互评得分(20%)	校内教师评价得分(30%)	企业导师评价得分(30%)	综合得分
知识点掌握(30%)	掌握自动站间闭塞集中联锁(设信号员)设备车站接车、发车作业程序；熟知接发列车作业的基本要求					

续上表

评价项点	评价标准	本人自评得分（20%）	小组互评得分（20%）	校内教师评价得分（30%）	企业导师评价得分（30%）	综合得分
技能点运用（40%）	能熟练操作计算机联锁设备，执行接发列车作业标准及程序，各岗位间配合完成接车、发车作业					
职业素养（30%）	具备严谨认真的职业素质、按规章办事的安全意识，执行标准化作业的职业素养和团队协作的精神					
综合评价						

学生感悟

思考总结	
心得分享	

任务4　单（双）线自动闭塞分散自律控制模式下车站操作方式（设信号员）	编号	XM3-4
	岗位及等级	车站值班员高级 助理值班员高级

学习目标

1. 知识目标

（1）掌握单（双）线自动闭塞分散自律控制模式下车站操作方式（设信号员）接车、发车作业程序。

（2）掌握接发列车作业的基本要求。

2. 技能目标

（1）能熟练操作CTC车务终端。

（2）能执行《铁路接发列车作业》标准，熟练完成各岗位的接车、发车作业。

3. 素养目标

（1）养成严谨认真的工作作风。

（2）树立按规章办事的安全意识。

（3）培养团结协作的意识和大局意识。

所需工具备品材料

序 号	名 称
1	CTC 车务终端
2	《技规》
3	《铁路接发列车作业》

工作安全

助理值班员在接发列车时要严格遵守《铁路车站行车作业人身安全规定》。

关联任务

项目1任务4、项目2任务2。

知识准备

3.4.1 接发列车作业程序图

1. 发车作业程序图

发车作业程序应符合图3-4-1的规定。

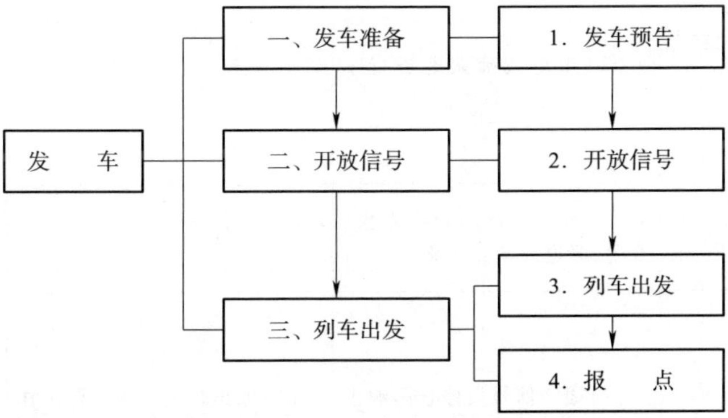

图3-4-1 发车作业程序

2. 接车(含通过)作业程序图

接车(含通过)作业程序应符合图3-4-2的规定。

3.4.2 接发列车作业程序及技术要求

1. 发车作业

发车作业程序和岗位作业技术要求应符合表3-4-1的规定。

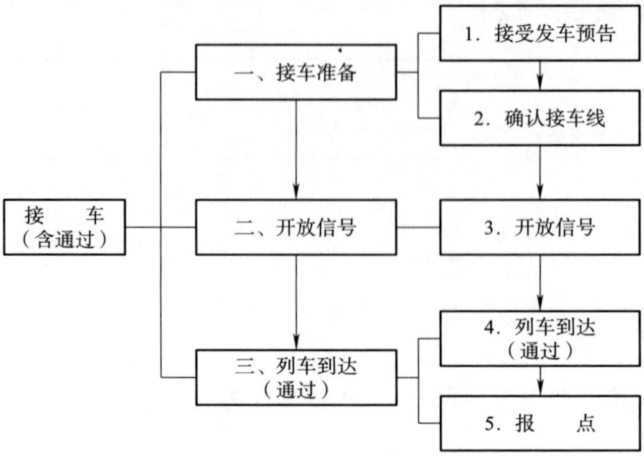

图 3-4-2　接车（含通过）作业程序

表 3-4-1　发车作业程序和岗位作业技术要求

作业程序		岗位作业技术要求		事项要求
程序	项目	车站值班员	信号员	
一、发车准备	1. 发车预告	（1）根据列车运行计划，向接车站发出：“×（次）预告”，并听取同意的通知	—	不需人工办理预告时，按列车运行计划核对车次、时刻，确认列车接发顺序
		（2）填记或确认电子行车日志	—	不能使用电子行车日志时，填写纸质行车日志。 不需人工办理预告时，此项作业省略
		（3）核对进路序列中车次、方向、股道等信息正确	—	信息不符时，按有关规定办理
二、开放信号	2. 开放信号	（4）通知信号员停止影响进路的调车作业并听取报告	（1）停止影响进路的调车作业。确认停止后报告	停止调车作业时机和通知、应答、报告用语，由企业规定。无影响进路的调车作业时，此项作业省略
		（5）确认列车运行计划后，布置信号员准备进路，口呼：“×（次）×道发车，**设置自触**［人工触发进路时：触发进路；人工排列进路时：开放信号］”；听取信号员复诵无误后，命令：“执行”	（2）复诵：“×（次）、×道发车，**设置自触**［触发进路或开放信号］”	车站值班员认为需办理变通进路时，一并通知

续上表

作业程序		岗位作业技术要求		事项要求
程序	项目	车站值班员	信号员	
二、开放信号	2. 开放信号	—	（3）核对进路序列中车次、方向、股道等信息正确	人工排列进路时，此项作业省略
		（6）确认自触设置好，口呼“正确”；听取信号员报告并确认信号开放正确，应答：“×道出站信号好（了）” 人工触发进路或人工排列进路时，确认信号正确，应答：“×道出站信号好（了）”	（4）设置自触时，选中进路序列中相应车次，设置自触，设置完毕后，口呼“自触设置好”。待信号开放后，确认光带、信号显示正确，口呼：“×（次）信号好（了）”。 人工触发进路时，选中进路序列中相应车次，确认弹出的提示框内容并口呼：“×（次）、×道发车”，设置人工触发；确认光带、信号显示正确，口呼：“信号好（了）”。 人工排列进路时，口呼：“×道”，点击始端按钮，需办理变通进路时，口呼：“变通××”，点击相应变通按钮；口呼：“出站”，点击终端按钮。确认光带、信号显示正确，口呼：“信号好（了）”	“变通××”中的“××”为按钮名称
三、列车出发	3. 列车出发	—	（5）通过信号操作终端监视进路、信号及列车出站	—
		（7）列车起动后，及时通知接车站：“×（次）、（×点）×（分）开”，并听取复诵	—	接车站为分散自律控制模式时，此项作业省略
		（8）填记或确认电子行车日志	—	不能使用电子行车日志时，填写纸质行车日志
	4. 报点	（9）计算机报点系统自动向列车调度员报点	—	不能自动报点时，向列车调度员报点：“×（站）报点，×（次）、（×点）×（分）开”

※知识拓展

调度集中系统（CTC）

1. CTC 重要概念及原理

（1）调度集中、分散自律调度集中。

调度集中指调度中心对某一区段内的信号设备进行集中控制、对列车运行直接指挥、管理的技术装备。

分散自律调度集中系统指综合了计算机技术、网络通信技术和现代控制技术，采用智能化分散自律设计原则，以列车运行调整计划控制为中心，兼顾列车与调车作业的高度自动化的调度指挥系统。

“分散自律”原则是指控制设备分散布置，控制中心设调度工作站，车站设自律机。

调度集中的工作原理是调度中心编制列车运行计划，下达给各个车站自律机，车站自律机自动生成列车进路指令，并根据车次号追踪结果，将进路操作命令传送给联锁系统执行，实现了车站作业和远程调度指挥。

(2)控制模式。

①控制模式分类：分散自律模式和非常站控模式。

a. 分散自律控制模式是通过调度集中设备，实现进路自动和人工办理的模式。

b. 非常站控模式是遇行车设备故障、施工、维修需要时，脱离调度集中系统控制转为车站联锁控制台人工办理的模式。

在分散自律控制模式下，原车站联锁控制台不起作用。在非常站控模式下，CTC 系统车务终端不起作用。

②非常站控与分散自律之间的模式转换。

分散自律模式转非常站控模式：无条件转换，按下联锁控制界面的“非常站控”按钮转换。

非常站控模式转分散自律模式：有条件转换，在联锁控制界面上的“允许自律控制”表示灯亮黄灯时，按下“非常站控”按钮转换。

设备只有在“允许转回”亮黄灯时，才可以从非常站控模式转到分散自律模式，允许转回亮黄灯的条件是：检查非常站控模式下有无正在执行的按钮操作，如果没有按钮按下，亮黄灯。

2. 操作方式

分散自律控制模式分为中心操作、车站调车和车站操作三种操作方式。

(1)中心操作方式：调度中心完全控制车站列车计划的调整、车站到发线的安排、列车和调车信号的开放、调车作业计划的编制。在此控制模式下，车站行车只保留一名值守人员，车站所有的行车指挥及调车作业全部由调度中心调度员指挥控制。该方式适用于集控站。

(2)车站调车操作方式：调度中心通过计划实现对列车的控制，车站通过调车计划或直接操作实现对调车的控制。调度中心制定列车调整计划、安排被控车站的股道应用，车站制定调车作业计划、办理调车作业。该方式适用于一般中间站。

(3)车站操作方式:调度中心负责列车计划的调整及下达,车站有权修改进路序列中的股道安排。车站制定调车作业计划、办理调车作业。所有的列车进路及调车进路最终均通过自律机实现对计算机联锁的控制。该方式适用于区段站。

3. 三种操作方式之间的转换

(1)调度中心提出申请,则转换关系见表3-4-2。

表3-4-2 调度中心提出申请下的转换关系

源方式	目的方式		
	中心操作方式	车站操作方式	车站调车操作方式
中心操作方式	—	需要车站同意(车站控制表示灯绿色闪烁)	直接转换
车站操作方式	需要车站同意(中心控制表示灯绿色闪烁)	—	需要车站同意(分散自律表示灯绿色闪烁)
车站调车操作方式	直接转换	需要车站同意(车站控制表示灯绿色闪烁)	—

(2)车务终端提出申请,则转换关系见表3-4-3。

表3-4-3 车务终端提出申请下的转换关系

源方式	目的方式		
	中心操作方式	车站操作方式	车站调车操作方式
中心操作方式	—	需要中心同意(车站控制表示灯黄色闪烁)	无权申请
车站操作方式	需要中心同意(中心控制表示灯黄色闪烁)	—	需要中心同意(分散自律表示灯黄色闪烁)
车站调车操作方式	无权申请	需要中心同意(车站控制表示灯黄色闪烁)	—

4. 分散自律CTC作业流程

(1)列调工作站编制、下达列车运行调整计划,计划下达到各站车务终端。

(2)车站收到计划后,自动将列车运行调整计划转换为列车进路指令序列至自律机。

(3)CTC排列进路的规定时机一到,并进行《站细》条件检查通过后,向联锁系统下达进路控制命令。

(4)在进路排列完成后,自动以文字方式向司机提供前方站的接车进路预告信息。

(5)来自联锁的行车表示信息及自身采集的表示信息发送至调度中心。

(6)车站自律机按照报点规则自动采集列车的到、发点或通过点，并将报点信息发送至调度中心，调度中心依此来自动描绘实迹图；车站自律机将报点信息传送至车务终端，车务终端根据该信息自动填写运统2、运统3报表。CTC作业流程如图3-4-3所示。

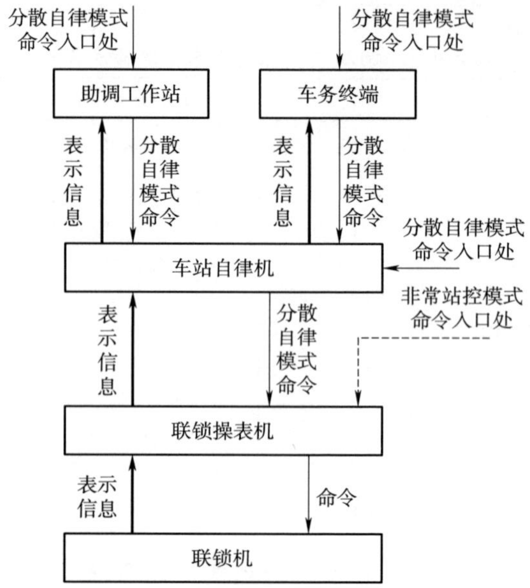

图3-4-3　CTC作业流程

2. 接车(含通过)作业

接车(含通过)作业程序和岗位作业技术要求应符合表3-4-4的规定。

表3-4-4　接车(含通过)作业程序和岗位作业技术要求

作业程序		岗位作业技术要求		事项要求
程序	项目	车站值班员	信号员	
一、接车准备	1. 接受发车预告	(1)按列车运行计划核对车次、时刻、命令、指示(必要时与列车调度员联系)，同意发车站预告："同意×(次)预告"	—	发车站不需人工办理预告时，按列车运行计划核对车次、时刻、命令、指示(必要时与列车调度员联系)，确认列车接发顺序
		(2)填记或确认电子行车日志	—	不能使用电子行车日志时，填写纸质行车日志。 发车站不需人工办理预告时，此项作业省略

续上表

<table>
<tr><th colspan="2">作业程序</th><th colspan="2">岗位作业技术要求</th><th rowspan="2">事项要求</th></tr>
<tr><th>程序</th><th>项目</th><th>车站值班员</th><th>信号员</th></tr>
<tr><td rowspan="3">一、接车准备</td><td>1. 接受发车预告</td><td>(3)通知信号员:“×(次)预告”,并听取复诵</td><td>(1)复诵:“×(次)预告”</td><td>发车站不需人工办理预告时,此项作业省略</td></tr>
<tr><td rowspan="2">2. 确认发车线</td><td>(4)确认接车线,核对进路序列中车次、方向、股道等信息正确</td><td>—</td><td>信息不符时,按有关规定办理</td></tr>
<tr><td>(5)通知信号员停止影响进路的调车作业并听取报告</td><td>(2)停止影响进路的调车作业。确认停止后报告</td><td>停止调车作业时机和通知、应答、报告用语,由企业规定。无影响进路的调车作业时,此项作业省略</td></tr>
<tr><td rowspan="3">二、开放信号</td><td rowspan="3">3. 开放信号</td><td>(6)确认列车运行计划后,布置信号员准备进路,口呼:“×(次)×道停车[通过],设置自触[人工触发进路时:触发进路;人工排列进路时:开放信号]”;听取复诵无误后,命令:“执行”</td><td>(3)复诵:“×(次)×道停车[通过],设置自触[触发进路或开放信号]”</td><td>人工触发进路或人工排列进路时,车站值班员应确认接车线空闲。
车站值班员认为需指定延续进路或办理变通进路时,一并通知</td></tr>
<tr><td>—</td><td>(4)核对进路序列中车次、方向、股道等信息正确</td><td>人工排列进路时,此项作业省略</td></tr>
<tr><td>(7)确认自触设置好,口呼“正确”;听取信号员报告并确认信号开放正确,应答:“×道进站信号好(了)”[通过时,应答:“×道进、出站信号好(了)”]。
人工触发进路或人工排列进路时,确认信号正确,应答:“×道进站信号好(了)”[通过时,应答“×道进、出站信号好(了)”]</td><td>(5)设置自触时,选中进路序列中相应车次,设置自触,设置完毕后,口呼“自触设置好”。待信号开放后,确认光带、信号显示正确,口呼:“×(次)信号好(了)”。
人工触发进路时,选中进路序列中相应车次,确认弹出的提示框内容并口呼:“×(次)、×道停车[通过]”,设置人工触发;确认光带、信号显示正确,口呼:“信号好(了)”。
人工排列进路时,口呼:“进站”,点击始端按钮;需办理变通进路时,口呼:“变通××”,点击相应变通按钮;口呼:“×道”(正线通过时,口呼:“出站”),点击终端按钮;设有延续进路时,口呼:“延续××”,点击相应延续进路按钮。确认光带、信号显示正确,口呼:“信号好(了)”</td><td>“变通××”中的“××”为按钮名称。
“延续××”中的“××”为延续的按钮或线路名称</td></tr>
</table>

续上表

<table>
<tr><th colspan="2">作业程序</th><th colspan="2">岗位作业技术要求</th><th rowspan="2">事项要求</th></tr>
<tr><th>程序</th><th>项目</th><th>车站值班员</th><th>信号员</th></tr>
<tr><td rowspan="5">三、列车到达（通过）</td><td rowspan="4">4. 列车到达（通过）</td><td>—</td><td>（6）通过信号操作终端监视信号机进路、信号及列车进（出）站</td><td>—</td></tr>
<tr><td>（8）应答：“好（了）”</td><td>（7）通过信号操作终端确认列车整列进入（通过）接车线，口呼：“×（次）到达［通过］”</td><td>—</td></tr>
<tr><td>（9）填记或确认电子行车日志</td><td>—</td><td>不能使用电子行车日志时，填写纸质行车日志</td></tr>
<tr><td>（10）对通过列车通知接车站：“×（次）、（×点）×（分）通过”，并听取复诵</td><td>—</td><td>接车站为分散自律控制模式时，此项作业省略</td></tr>
<tr><td>5. 报点</td><td>（11）计算机报点系统自动向列车调度员报点</td><td>—</td><td>不能自动报点时，向列车调度员报点：“×（站）报点，×（次）、（×点）×（分）到［通过］”</td></tr>
</table>

※思维延伸

进路触发方式

CTC将自律机已经排出的进路发往联锁系统，触发方式有两种，即自动触发进路和人工触发进路。

1. 自动触发进路

自动触发进路指CTC根据阶段计划信息、车次号信息、本站《站细》规则、当前信号道岔设备状态、列车位置等一系列约束条件，在合适的接近区间，或指定的提前时间量到达时，自动按计划排列接发列车进路。不需要人工干预。

自动排列进路的具体原理是，由车站自律机根据进路序列，自动产生操作命令，发往计算机联锁设备，具体的进路联锁关系仍由当地联锁设备保证。

2. 人工触发进路

指人工从现有的进路序列中选择一条进路，开始进行排路操作，不再等待自动触发时系统规定的触发时机。人工触发进路时，依然要根据现有阶段计划、车次号信息、本站《站细》规则、当前信号设备状态、列车位置等一系列约束条件进行安全性检查，只是排列进路的时机由人工操作决定。

人工触发进路时，如果在本站、本站至邻站区间找不到和当前触发进路相同的车次号时将不进行任何条件检查而直接排路。

3.4.3 执行作业程序的有关规定

(1)本程序适用于200 km/h及以上铁路和200 km/h以下仅运行动车组列车铁路区段单(双)线自动闭塞分散自律控制模式下车站操作方式设信号员的车站接发列车作业。

(2)开放信号时,执行“一看、二点击(按)、三确认、四呼唤”及“眼看、手指、口呼”制度。眼看:看准应操纵的按钮;手指:鼠标箭头对准应确认的按钮;口呼:规定用语,吐字清晰。

(3)一端有两个及以上列车运行方向,车站值班员布置人工排列进路时,应以线名或邻站名区别方向(“线”或“站”字可省略。分主次方向时,可只在次要方向增加线名或邻站名区分);有两个及其以上车场或经路时,车站值班员办理预告、布置人工排列进路,应区分车场或经路。具体办法由各铁路局集团公司规定。

※素养提升

单(双)线自动闭塞分散自律控制模式下车站操作方式的思考与启示

单(双)线自动闭塞分散自律控制模式是一种基于列车运行调整和计划自动控制列车运行进路的模式。在这一模式下,调度中心能够人工办理列车、调车进路,而车站则具备人工办理调车进路的功能。在铁路运输日益发达的今天,单(双)线自动闭塞分散自律控制模式作为一种高效、安全的行车控制方式,正逐渐在各大铁路干线中得到广泛应用。这种分散自律的控制方式,不仅提高了列车的运行效率、提高了系统的灵活性,还进一步保障了行车安全,具有重要的意义与价值,在车站操作界面,也为我们带来诸多启示。

1. 培养责任感

在单(双)线自动闭塞分散自律控制模式下,车站工作人员需要更加严格地遵守操作规范,确保每一步操作都准确无误。这要求具备高度的责任感,对工作负责,对列车的安全运行负责。

2. 弘扬工匠精神

工匠精神是一种追求极致、精益求精的精神。在单(双)自动闭塞分散自律控制模式下,车站工作人员需要不断学习新技术、新知识,不断追求卓越,提高业务能力和操作水平。

3. 激发创新精神

在单(双)自动闭塞分散自律控制模式下,车站工作人员需要不断探索新的操作方法,优化作业流程,提高工作效率。这要求具备创新精神,敢于尝试、敢于突破。

综上所述,单(双)自动闭塞分散自律控制模式下的车站操作方式,不仅要求车站工作人员具备扎实的专业技能，还要求具备高度的责任感、工匠精神和创新精神。我们在日常学习、生活中，也应树立正确的价值观，激发学习热情和创新活力，立志为铁路运输事业的发展贡献自己的力量。

任务布置

A—B 为双线自动闭塞区间，两站均为分散自律控制模式下车站操作方式，均设有信号员，A 站开往 B 站为下行方向，A 站 3 道停有计划 12:12 开往 B 站的列车 D307 次，B 站 4 道停有计划 12:25 开往 A 站的列车 D208 次，两站内其他股道均空闲，区间上下行图定运行时间 25 min，两站均有影响进路的调车作业，发车站需人工办理预告，两站进路均需人工触发，请 A、B 两站分别办理这两列列车的接发作业。

任务实施

序　　号	作业项目	作业内容
1	接车、发车准备	发车站：
		接车站：
2	开放信号	发车站：
		接车站：
3	接车或发车	发车站：
		接车站：
4	报点	

任务评价

评价项点	评价标准	本人自评得分（20%）	小组互评得分（20%）	校内教师评价得分（30%）	企业导师评价得分（30%）	综合得分
知识点掌握（30%）	掌握单（双）线自动闭塞分散自律控制模式下车站操作方式（设信号员）接车、发车作业程序；熟知接发列车作业的基本要求					
技能点运用（40%）	能熟练操作信号终端设备，执行接发列车作业标准及程序，各岗位间配合完成接车、发车作业					
职业素养（30%）	具备严谨认真的职业素质、按规章办事的安全意识，执行标准化作业的职业素养和团队协作的精神					
综合评价						

学生感悟

思考总结	
心得分享	

任务5 自动站间闭塞分散自律控制模式下车站操作方式（设信号员）	编号	XM3-5
	岗位及等级	车站值班员高级 助理值班员高级

学习目标

1. 知识目标

(1)掌握自动站间闭塞分散自律控制模式下车站操作方式(设信号员)接车、发车作业程序。

(2)掌握接发列车作业的基本要求。

2. 技能目标

(1)能熟练操作 CTC 车务终端。

(2)能执行《铁路接发列车作业》标准,熟练完成各岗位的接车、发车作业。

3. 素养目标

(1)养成严谨认真的工作作风。

(2)树立按规章办事的安全意识。

(3)培养团结协作的意识和大局意识。

所需工具备品材料

序号	名称
1	CTC 车务终端
2	《技规》
3	《铁路接发列车作业》

工作安全

严格执行规章制度、作业标准和《铁路车站行车作业人身安全规定》。

关联任务

项目1任务4、项目3任务2。

知识准备

3.5.1 接发列车作业程序图

1. 发车作业程序图

发车作业程序如图 3-5-1 所示。

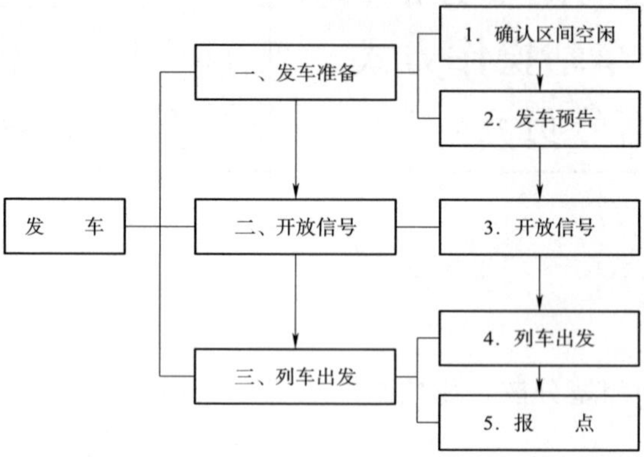

图 3-5-1　发车作业程序

2. 接车(含通过)作业程序图

接车(含通过)作业程序如图 3-5-2 所示。

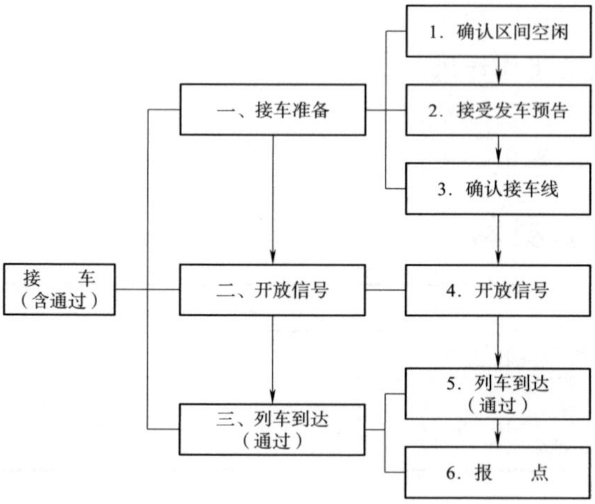

图 3-5-2　接车(含通过)作业程序

3.5.2 接发列车作业程序及技术要求

1. 发车作业

发车作业程序和岗位作业技术要求应符合表 3-5-1 的规定。

表 3-5-1　发车作业程序和岗位作业技术要求

作业程序		岗位作业技术要求		事项要求
程序	项目	车站值班员	信号员	
一、发车准备	1. 确认区间空闲	(1)按列车运行计划核对车次、时刻,确认列车接发顺序,根据表示灯、行车日志及各种行车表示牌,确认区间空闲	—	—
		(2)向接车站发出:"×(次)预告",并听取同意的通知	—	不需人工办理预告时,此项作业省略
	2. 发车预告	(3)填记或确认电子行车日志	—	不能使用电子行车日志时,填写纸质行车日志。 不需人工办理预告时,此项作业省略
		(4)核对进路序列中车次、方向、股道等信息正确	—	信息不符时,按有关规定办理
二、开放信号	3. 开放信号	(5)通知信号员停止影响进路的调车作业并听取报告	(1)停止影响进路的调车作业。确认停止后报告	停止调车作业时机和通知、应答、报告用语,由企业规定。无影响进路的调车作业时,此项作业省略
		(6)确认列车运行计划后,布置信号员准备进路,口呼:"×(次)×道发车,**设置自触**[人工触发进路时:触发进路;人工排列进路时:开放信号]";听取信号员复诵无误后,命令:"执行"	(2)复诵:"×(次)×道发车,**设置自触**[触发进路或开放信号]"	车站值班员认为办理需变通进路时,一并通知
		—	(3)核对进路序列中车次、方向、股道等信息正确	人工排列进路时,此项作业省略
		(7)确认自触设置好,口呼"正确";听取信号员报告并确认信号开放正确,应答:"×道出站信号好(了)"。 人工触发进路或人工排列进路时,确认信号正确,应答:"×道出站信号好(了)"	(4)设置自触时,选中进路序列中相应车次,设置自触,设置完毕后,口呼"自触设置好"。待信号开放后,确认光带、信号显示正确,口呼:"×(次)信号好(了)"。 人工触发进路时,选中进路序列中相应车次,确认弹出的提示框内容并口呼:"×(次)、×道发车",设置人工触发;确认光带、信号显示正确,口呼:"信号好(了)"。 人工排列进路时,口呼:"×道",点击始端按钮;需办理变通进路时,口呼:"变通××",点击(按下)相应变通按钮;口呼:"出站",点击终端按钮。确认光带、信号显示正确,口呼:"信号好(了)"	"变通××"中的"××"为按钮名称

续上表

作业程序		岗位作业技术要求		事项要求
程序	项目	车站值班员	信号员	
三、列车出发	4. 列车出发	—	(5)通过信号操作终端监视进路、信号及列车出站	—
		(8)列车起动后,及时通知接车站:“×(次)、(×点)×(分)开”,并听取复诵	—	接车站为分散自律控制模式时,此项作业省略
		(9)填记或确认电子行车日志	—	不能使用电子行车日志时,填写纸质行车日志
	5. 报点	(10)计算机报点系统自动向列车调度员报点	—	不能自动报点时,向列车调度员报点:“×(站)报点,×(次)、(×点)×(分)开”

※警钟长鸣

CTC操作不当,错误办理通过

1. 事故概况

某日9:46,×客运专线(CTCS-2级,250 km/h区段)D7×4次司机汇报甲站内上行线K59+800处接触网挂有塑料袋。列车调度员立即布置助理调度员将后续D7×6次乙站发车进路修改为非自动触发。10:39,根据供电调度1005号通知,发布1872××号调度命令:D7×6次甲站上行线K60+100至K59+300处降弓运行。与司机核对命令后,列车调度员布置助理调度员将发车进路恢复为自动触发,此时D7×6次乙站已经接近,助理调度员发现发车进路未自动触发,在未确认乙站是否营业,也未得到列车调度员指示的情况下,就擅自人工触发了D7×6次乙站发车进路,形成通过进路。经D7×6次司机阻止而未造成营业站通过的后果。

2. 原因分析

(1)作业流程执行不规范。列车调度员与助理调度员衔接配合存在漏洞,在恢复发车进路操作中,未严格执行确认流程,导致作业出现脱节。助理调度员在发车进路未自动触发时,未确认车站营业状态且未经列车调度员授权,擅自人工触发进路,违反作业纪律。

(2)应急处置协同机制不完善。面对接触网异物突发情况,各岗位间信息传递和协同处置效率不足,未能形成有效联动,暴露出应急处置流程中职责界定和协同配合方面的缺陷。

3. 应采取的措施与方法

行车人员应严格遵守作业流程,在执行发车进路调整、恢复等关键操作时,必须与相关岗位充分沟通确认,未经授权不得擅自更改作业指令;遇设备异常或突发情况,应保持冷静,严格按应急处置流程操作。加强岗位间信息互通与协作,确保作业指令准确传达、执行到位,杜绝因个人擅自行动引发安全风险。

2. 接车(含通过)作业

接车(含通过)作业程序和岗位作业技术要求应符合表3-5-2的规定。

表3-5-2 接车(含通过)作业程序和岗位作业技术要求

作业程序		岗位作业技术要求		事项要求
程序	项目	车站值班员	信号员	
一、接车准备	1. 确认区间空闲	(1)按列车运行计划核对车次、时刻、命令、指示(必要时与列车调度员联系),确认列车接发顺序	—	—
		(2)根据表示灯、行车日志及各种行车表示牌,确认区间空闲	—	—
	2. 接受发车预告	(3)同意预告:"同意×(次)预告"	—	发车站不需人工办理预告时,此项作业省略
		(4)填记或确认电子行车日志	—	不能使用电子行车日志时,填写纸质行车日志。 发车站不需人工办理预告时,此项作业省略
		(5)通知信号员:"×(次)预告、×道**停车**[通过][到开]",并听取复诵	(1)复诵:"×(次)预告、×道**停车**[通过][到开]"	发车站不需人工办理预告时,此项作业省略
	3. 确认发车线	(6)确认接车线,核对进路序列中车次、方向、股道等信息正确	—	信息不符时,按有关规定办理
		(7)通知信号员停止影响进路的调车作业并听取报告	(2)停止影响进路的调车作业,确认停止后报告	停止调车作业时机和通知、应答、报告用语,由企业规定。无影响进路的调车作业时,此项作业省略

续上表

<table>
<tr><th colspan="2">作业程序</th><th colspan="2">岗位作业技术要求</th><th rowspan="2">事项要求</th></tr>
<tr><th>程序</th><th>项目</th><th>车站值班员</th><th>信号员</th></tr>
<tr><td rowspan="3">二、开放信号</td><td rowspan="3">4. 开放信号</td><td>(8)确认列车运行计划后,布置信号员准备进路,口呼:“×(次)×道停车[通过],设置自触[人工触发进路时:触发进路;人工排列进路时:开放信号]”;听取复诵无误后,命令:“执行”</td><td>(3)复诵:“×(次)×道停车[通过],设置自触[触发进路或开放信号]”</td><td>人工触发进路或人工排列进路时,车站值班员应确认接车线空闲。
车站值班员认为需制定延续进路或办理变通进路时,一并通知</td></tr>
<tr><td>—</td><td>(4)核对进路序列中车次、方向、股道等信息正确</td><td>人工排列进路时,此项作业省略</td></tr>
<tr><td>(9)确认自触设置好,口呼“正确”;听取信号员报告并确认信号开放正确,应答:“×道进站信号好(了)”[通过时,应答:“×道进、出站信号好(了)”]。
人工触发进路或人工排列进路时,确认信号正确,应答:“×道进站信号好(了)”[通过时,应答:“×道进、出站信号好(了)”]</td><td>(5)设置自触时,选中进路序列中相应车次,设置自触,设置完毕后,口呼“自触设置好”。待信号开放后,确认光带、信号显示正确,口呼:“×(次)信号好(了)”。
人工触发进路时,选中进路序列中相应车次,确认弹出的提示框内容并口呼:“×(次)、×道停车[通过]”,设置人工触发;确认光带、信号显示正确,口呼:“信号好(了)”。
人工排列进路时,口呼:“进站”,点击始端按钮;需办理变通进路时,口呼:“变通××”,点击相应变通按钮;口呼:“×道”(正线通过时,口呼:“出站”),点击终端按钮;设有延续进路时,口呼:“延续××”,点击延续进路相应按钮。确认光带、信号显示正确,口呼:“信号好(了)”</td><td>“变通××”中的“××”为按钮名称。
“延续××”中的“××”为延续的按钮或线路名称</td></tr>
<tr><td rowspan="4">三、列车到达(通过)</td><td rowspan="4">5. 列车到达(通过)</td><td>—</td><td>(6)通过信号操作终端监视信号机进路、信号及列车进(出)站</td><td>—</td></tr>
<tr><td>(10)应答:“好(了)”</td><td>(7)通过信号操作终端确认列车整列进入(通过)接车线,口呼:“×(次)到达[通过]”</td><td>—</td></tr>
<tr><td>(11)填记或确认电子行车日志</td><td>—</td><td>不能使用电子行车日志时,填写纸质行车日志</td></tr>
<tr><td>(12)对通过列车通知接车站:“×(次)、(×点)×(分)通过”,并听取复诵</td><td>—</td><td>接车站为分散自律控制模式时,此项作业省略</td></tr>
</table>

续上表

作业程序		岗位作业技术要求		事项要求
程序	项目	车站值班员	信号员	
三、列车到达（通过）	6. 报点	（13）计算机报点系统自动向列车调度员报点	—	不能自动报点时，向列车调度员报点："×（站）报点，×（次）、（×点）×（分）到［通过］"

3.5.3 执行作业程序的有关规定

（1）本程序适用于200 km/h及以上铁路和200 km/h以下仅运行动车组列车铁路区段自动站间闭塞分散自律控制模式下车站操作方式设信号员的车站接发列车作业。

（2）开放信号时，执行"一看、二点击、三确认、四呼唤"及"眼看、手指、口呼"制度。眼看：看准应操纵的按钮；手指：鼠标箭头对准应确认的按钮；口呼：规定用语，吐字清晰。

（3）一端有两个及以上列车运行方向，车站值班员布置人工排列进路时，应以线名或邻站名区别方向（"线"或"站"字可省略。分主次方向时，可只在次要方向增加线名或邻站名区分）；有两个及其以上车场或经路时，车站值班员办理预告、布置人工排列进路，应区分车场或经路。具体办法由企业规定。

※知识拓展

中国列车运行控制系统（CTCS）

中国列车运行控制系统是保障我国铁路行车安全的关键技术之一，主要由地面设备、车载设备、信号数据传输网络和车-地信息传输设备构成，以分级形式满足不同线路的运输需求。根据功能需求和设备配置分为CTCS-0～CTCS-3共4级，见表3-5-3。

表3-5-3 CTCS分级

系统分级	系统应用	技术特点
CTCS-0级	普速铁路线控车模式	由区间轨道电路、通用机车信号和运行监控记录装置构成
CTCS-1级	普速铁路线160 km/h以下的区段	由主体机车信号、安全型运行监控记录装置组成。在既有地面设备基础上强化改造并增加点式设备
CTCS-2级	250 km/h以下提速干线和高速铁路线	基于点式应答器和轨道电路传输列车运行控制信息的点连式列控系统
CTCS-3级	250 km/h、300 km/h及以上线路	基于轨道电路和无线通信（GSM-R）的列车运行控制系统

目前我国高速铁路主要采用 CTCS-2 级和 CTCS-3 级列控系统。

1. CTCS-2 级列控系统组成

主要由列控车载设备与列控地面设备组成。

列控车载设备主要由车载安全计算机(VC)、轨道电路信息读取器(TCR)、应答器信息接收单元(BTM)、列车接口单元(TIU)、记录单元(DRU)、人机界面(DMI)、GSM-R 无线通信单元等部件组成。

列控地面设备主要由列控中心(TCC)、临时限速服务器(TSRS)、ZPW-2000 系列轨道电路、应答器、无线闭塞中心(RBC)、GSM-R 接口设备等组成。

2. CTCS-2 级列控车载设备工作模式

CTCS-2 级列控车载设备控车模式有 7 种,分别是待机模式(SB)、完全监控模式(FS)、部分监控模式(PS)、引导模式(CO)、目视行车模式(OS)、调车监控模式(SH)、隔离模式(IS)。

(1)待机模式。

待机模式是列控车载设备上电后的默认模式。列控车载设备自检和外部设备测试后,自动处于待机模式。在待机模式下,列控车载设备正常接收轨道电路及应答器信息。

(2)完全监控模式。

完全监控模式是列车的正常运行模式。列控车载设备根据控车数据自动生成目标距离模式曲线,司机依据人机界面显示的列车运行速度、允许速度、目标速度和目标距离等信息控制列车运行。

(3)部分监控模式。

当列控车载设备接收到轨道电路允许行车信息,而缺少应答器提供的线路数据或限速数据时使用该模式。此时,为车载设备提供线路数据的某部分出现故障或者由于系统配置结构决定的线路数据缺损,但轨道电路能正确给出进路开通状态信息,动车组列车无法按照完全监控模式运行。在部分监控模式下,列车限速值为 45 km/h。

(4)引导模式。

引导模式是在进站或出站建立引导进路后,列控车载设备按照最高限速 40 km/h控车的模式。

(5)目视行车模式。

目视行车模式是当地面设备出现故障时,由司机控车的固定限速模式,限速值为40 km/h。列控车载设备显示停车信号或位置不确定时,在停车状态下司机按规定操作转入目视行车模式。在目视行车模式下,列车的行车安全由司机负责,列控车载设备仅控制列车的最高速度。

(6)调车监控模式。

调车模式是动车组进行调车作业的固定限速模式,限速值为40 km/h。司机按压专用按钮使列控车载设备转入调车模式。只有在列车停车时,司机才可以选择进入或退出调车模式。此时,列控车载设备不管有无轨道电路信息,都会生固定速度模式曲线。

(7)隔离模式。

隔离模式是列控车载设备控制功能停用的模式。列车停车后,根据规定,司机操作隔离装置使列控车载设备转入隔离模式。在隔离模式下,列车的运行及安全均由司机控制,列控车载设备不具备安全监控功能。

3. CTCS-3级列控系统

CTCS-3级列控系统是在CTCS-2级列控系统的基础上,地面设备增加无线闭塞中心(RBC),车载设备增加GSM-R无线电台和信息接收模块,实现了基于GSM-R无线网络的双向信息传输。

CTCS-3级列控车载设备(含CTCS-2级功能)共有9种主要控车模式,其中通用的模式有完全监控模式、目视行车模式、引导模式、调车监控模式、隔离模式、待机模式和休眠模式(SL)7种模式;仅适用CTCS-2级的模式有部分监控模式和机车信号模式(CS)。CTCS-3级列控车载设备的各控车模式功能和CTCS-2级系统的类似。

※思维延伸

普速铁路和高速铁路的区别

普速铁路和高速铁路的区别主要体现在以下四个方面:

1. 行车速度

(1)高速铁路的信号控制系统比普速铁路高级,因为发车密度大,车速快。

(2)普速铁路列车行车速度慢,长途旅客运输效率低。

2. 成本

(1)高速铁路的造价成本和技术要求高、施建标准严格苛刻、管理维护复杂困难。

(2)普速铁路建设和维护成本低,投资不大,资金风险较可控。

3. 轨道

(1)高速铁路都是无缝钢轨,而且时速300 km以上的高速铁路采用的多为无砟轨道,就是没有石子的整体式道床来保证平顺性。

(2)普速铁路轨道以有砟轨道为主,无砟轨道为辅。

4. 铁路速度等级

(1)普速铁路。

客运专线:60 km/h、80 km/h、100 km/h、120 km/h、140 km/h。

货运专线:40 km/h、60 km/h、80 km/h、100 km/h、120 km/h、140 km/h、160 km/h。

客货共线:40 km/h、60 km/h、80 km/h、100 km/h、120 km/h、140 km/h、160 km/h。

(2)高速铁路。

客运专线:250 km/h、300 km/h、350 km/h、380 km/h、430 km/h(磁悬浮铁路)。

货运专线:无。

客货共线:无。

※素养提升

自动站间闭塞分散自律控制模式下车站操作方式的思考与启示

在铁路运输日益繁忙的今天,自动站间闭塞分散自律控制模式作为一种高效、智能的行车指挥方式,已经广泛应用于我国铁路系统中。这一模式不仅提高了行车效率,还增强了行车安全性。技术进步带来了便利,也为我们带来了诸多思考与启示。

1. 自律性与责任感

分散自律控制模式强调车站设备的独立性,各车站需根据调度中心下达的列车运行调整计划,自主控制各自的列车和调车作业。这就要求车站工作人员具备高度的自律性和责任感,不仅要严格遵守《技规》《调规》等规章制度,还要在复杂多变的行车环境中,迅速准确地做出判断,确保行车安全。

2. 团队协作能力

虽然分散自律控制模式强调车站设备的独立性,但并不意味着车站之间可以孤立无援。相反,在行车指挥过程中,各车站之间需要保持紧密的协作关系,共同应对突发情况,确保行车畅通无阻。

3. 创新精神与持续学习精神

随着科技的不断发展,自动站间闭塞分散自律控制模式也在不断更新和完善。这就要求车站工作人员具备创新精神,勇于尝试新技术、新方法,持续学习,不断提高自己的专业技能和综合素质。

综上所述,自动站间闭塞分散自律控制模式下车站操作方式启发我们通过培养自律性与责任感、提高团队协作能力、激发创新精神与持续学习精神等多种方式,不断提高思想觉悟和综合素质,为铁路运输事业的蓬勃发展贡献力量。

任务布置

A—B 为自动站间闭塞区间，两站均处于分散自律控制模式下车站操作方式，均设有信号员，A 站开往 B 站为下行方向，A 站 1 道停有计划 10:12 开往 B 站的列车 D1007 次，B 站 3 道停有计划 10:55 开往 A 站的列车 D1208 次，两站内其他股道均空闲，区间上下行图定运行时间 25 min，两站均有影响进路的调车作业，发车站需人工办理预告，两站进路均需人工触发，请 A、B 两站分别办理这两列列车的接发作业。

任务实施

序　　号	作业项目	作业内容
1	接车、发车准备	发车站：
		接车站：
2	开放信号	发车站：
		接车站：
3	接车或发车	发车站：
		接车站：
4	报点	

任务评价

评价项点	评价标准	本人自评得分（20%）	小组互评得分（20%）	校内教师评价得分（30%）	企业导师评价得分（30%）	综合得分
知识点掌握（30%）	掌握自动站间闭塞分散自律控制模式下车站操作方式（设信号员）接车、发车作业程序；熟知接发列车作业的基本要求					
技能点运用（40%）	能熟练操作信号终端设备，执行接发列车作业标准及程序，各岗位间配合完成接车、发车作业					
职业素养（30%）	具备严谨认真的职业素质、按规章办事的安全意识，执行标准化作业的职业素养和团队协作的精神					
综合评价						

学生感悟

思考总结	
心得分享	

任务6　相对方向同时接车和同方向同时发接列车	编号	XM3-6
	岗位及等级	车站值班员高级 助理值班员高级

学习目标

1. 知识目标

(1)掌握相对方向同时接车和同方向同时发接列车的基本概念、接发车方法及禁办情况。

(2)掌握延续进路的办理条件和方法。

2. 技能目标

(1)具有判断是否可以相对方向同时接车和同方向同时发接列车的能力及处理能力。

(2)能熟练操作计算机联锁设备,具有排列延续进路及解锁进路的能力。

3. 素养目标

(1)养成严谨认真的工作作风。

(2)树立按规章办事的安全意识。

(3)培养团结协作的意识和大局意识。

所需工具备品材料

序　号	名　称
1	集中联锁设备
2	《技规(普速铁路部分)》

工作安全

严格执行规章制度、作业标准和《铁路车站行车作业人身安全规定》。

关联任务

项目2任务2。

知识准备

3.6.1 相对方向同时接车和同方向同时发接列车的含义

相对方向同时接车,是指车站两端进站方向同时开通进站信号机,接入两个相对方向开行的列车,如图 3-6-1 所示。

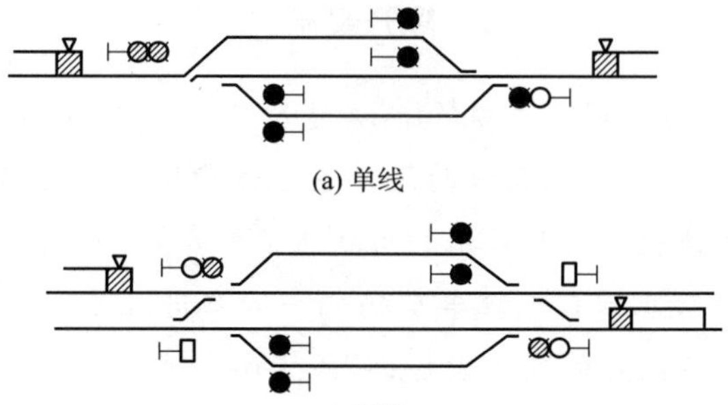

(a) 单线

(b) 双线

图 3-6-1 相对方向同时接车

同方向同时发接列车,是指车站两端向同一方向同时开通出站、进站信号机,发接同一方向两列列车,如图 3-6-2 所示。

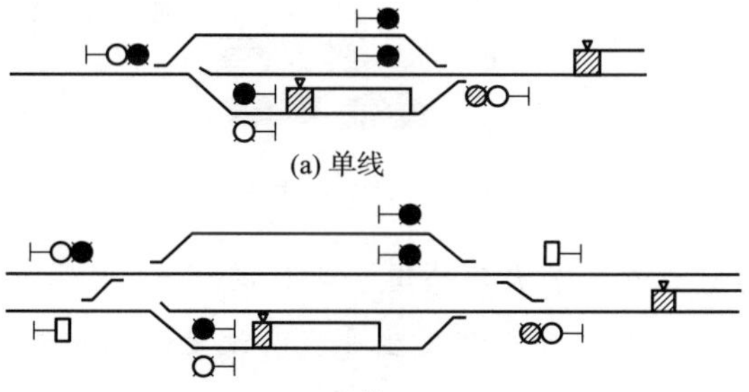

(a) 单线

(b) 双线

图 3-6-2 同方向同时发接列车

3.6.2 相对方向同时接车和同方向同时发接列车的规定

1. 禁止办理相对方向同时接车和同方向同时发接列车的情况

为保证车站接发列车作业的安全,须根据进站方向的坡度、接车线末端有无隔开设备及列车的性质,确定车站能否办理相对方向同时接车或同方向同时发接列车。

(1)进站信号机外制动距离内,进站方向为超过 6‰的下坡道,而接车线末端无隔开设备时,禁止同时办理。

6‰为进站信号机外制动距离内的换算坡度。列车在超过 6‰的下坡道上运行时,列车制动的难度加大,如司机不能正确施行制动,一旦越过接车线末端警冲标或冒进出发信号,而该线末端未设隔开设备,就可能与另一端进、出站的列车发生冲突。因此规定进站信号机外制动距离内有超过6‰的换算下坡道,接车线末端又无隔开设备,禁止办理相对方向同时接车和同方向同时发接列车。

※思维延伸

隔开设备

隔开设备是指为防止列车或机车车辆撞入另一列车的接发车进路,在接车线末端设置的安全设备。接车线末端的隔开设备通常指安全线、避难线、有联锁的平行进路、邻线上有联锁能起隔开作用的防护道岔。

(1)安全线是为防止列车或机车车辆从一进路进入另一列车或机车车辆占用的进路而发生冲突,而设置的隔开设备,如图3-6-3所示。

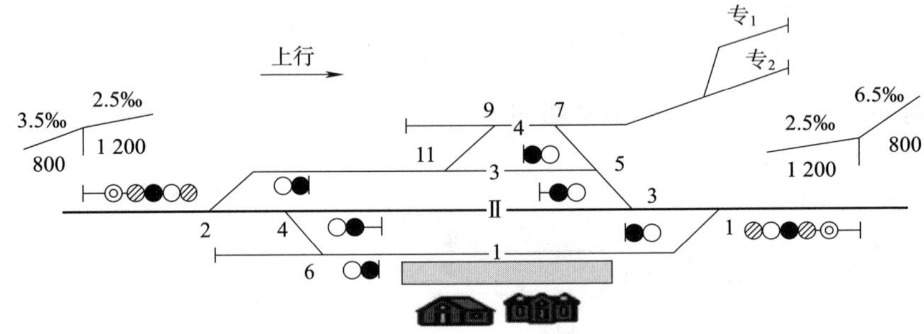

图3-6-3　安全线(单位:m)

(2)避难线是为防止在陡长大下坡道上运行的列车,因制动失效而失去控制,在区间颠覆或闯入站内与其他机车车辆发生冲突而设置的隔开设备,如图3-6-4所示。

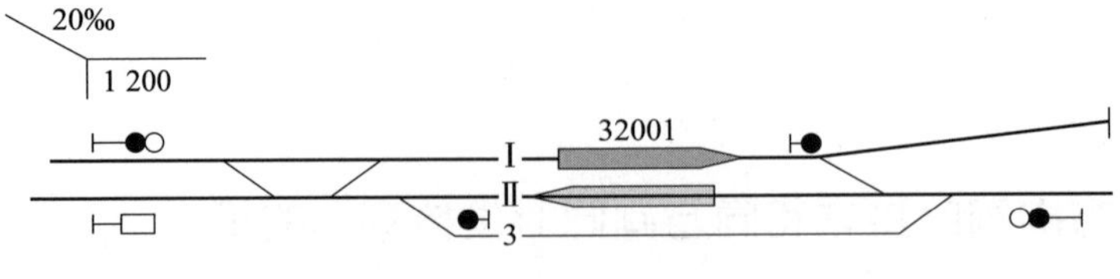

图3-6-4　避难线(单位:m)

(3)咽喉区集中联锁的道岔联动,列车进路与调车进路形成平行进路。如图3-6-5所示,3道接车进路与4道调车进路形成平行进路。

(4)防护道岔指为防止侧面冲突、保证作业安全,排列进路时将不在所排列进路上的道岔(即接发车进路上衔接的能将邻线隔开的道岔)处于防护位置并锁闭的道岔，如图 3-6-5 所示。

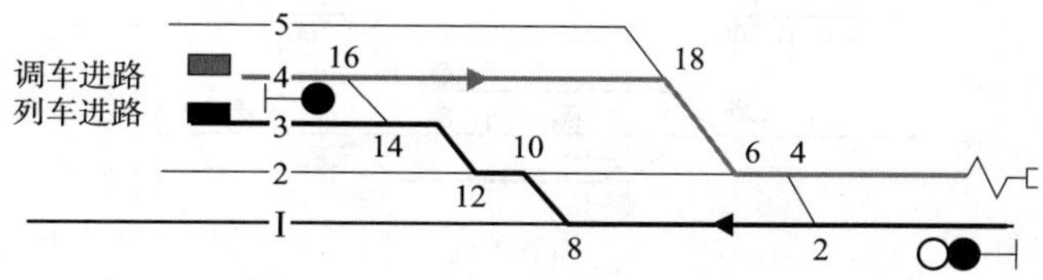

图 3-6-5　平行进路及防护道岔

如 3 道停电非正常接车，接车进路的邻线上能起隔开作用的 4、6、16 号道岔，即为邻线防护道岔。亦即非正常情况下准备 3 道接车进路时，须将 4、6、16 号道岔单操（手摇）至不能进入列车进路的方向。

在相对方向同时接车，接车线末端没有隔开设备时，如果接入列车越过警冲标或冒进出站信号，就可能与另一列车发生冲突，如图 3-6-6 所示。

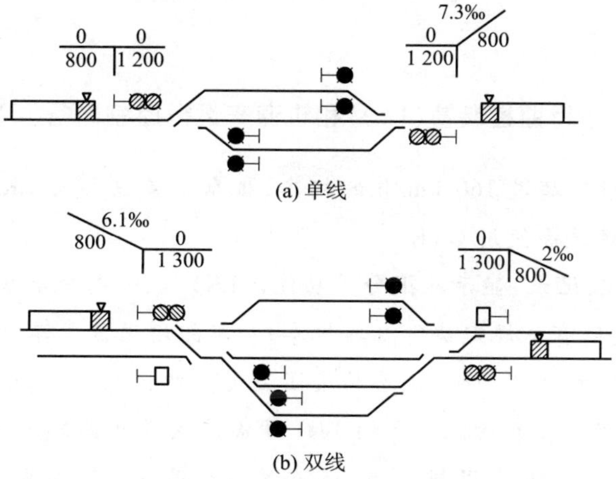

图 3-6-6　禁止相对方向同时接车（单位：m）

在同方向同时发接列车，接车线末端没有隔开设备时，如果接入列车越过警冲标或冒进出站信号，也可能与发出的列车发生冲突，如图 3-6-7 所示。

（2）在接、发旅客列车的同时，接入列车运行监控装置或轨道车运行控制设备发生故障的列车、制动力部分切除的动车组列车而接车线末端无隔开设备，禁止同时办理。

列车运行监控装置（LKJ）及轨道车运行控制设备（GYK），具有防止列车“两冒一超”（冒进进出站信号、冒进通过信号、列车超速运行）的功能，确保列车运行安全，但 LKJ 或 GYK 故障时，列车完全由司机人工控制列车运行，列车运行安全系数降低。制动力部分切除的动车组列车制动能力降低，也存在一定的安全风险。因此，为保证旅客列车运行的绝对安全，规定在接、发旅客列车的同时，接车线末端无隔开设备的线路上，禁止接入

LKJ 或 GYK 故障的列车和制动力部分切除的动车组列车。

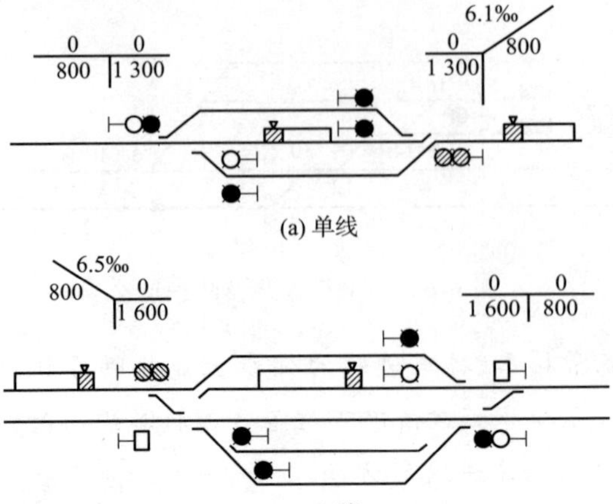

图 3-6-7　禁止同方向同时发接列车(单位:m)

※知识拓展

列车运行监控装置(LKJ)和轨道车运行控制设备(GYK)

最高运行速度不超过 160 km/h 的机车,机车信号设备与 LKJ 结合使用,轨道车等自轮运转特种设备使用 GYK。

LKJ 具有监控、记录、显示及报警等功能。LKJ 软件、基础数据和控制模式设定的管理,按国铁集团有关规定执行。各机车、动车组运用区段车载数据文件的编制和控制模式的设定和调整,应由铁路局集团公司专业机构实施,由铁路局集团公司实行集中统一管理。装备在机车上的 LKJ 设备应按高于线路允许速度 2 km/h 报警、3 km/h 卸载、5 km/h 常用制动、8 km/h 紧急制动设置模式曲线。LKJ 产生的列车运行记录数据是行车安全分析的重要依据,任何单位和人员不得更改。电务维修机构应妥善保存 LKJ 列车运行记录数据。

GYK 具有轨道电路信息接收、运行监控、警醒、数据记录、语音记录及人机交互等功能,具有正常监控模式、目视行车模式、调车模式、区间作业模式和非正常行车模式等控制模式。

2. 不能同时接发列车时的处理

车站相对方向不能同时接车而两列车同时接近车站时,应先将一个方向的列车接入站内停于警冲标内方后,再开放另一端进站信号机,接入另一列车。在确定先后顺序时,应先接不适于在站外停车的列车(如旅客列车)、停车后起动困难的列车(如超重列车)或后面有续行列车的列车(自动闭塞区段跟踪运行的列车)。其他情况应报告列车调度员按其指示执行,遵照先客后货、先快后慢的原则,一般是旅客列车与非旅客列车交会时,应先接旅客列车,非超长列车与超长列车交会时,应先接非超长列车,进站方向为下坡道的列车与进站方向为平道或上坡道的列车交会时,应先接进站方向为平道或上坡道的列车。

遇两列车不能同时接发时,原则上应先接后发,亦可根据列车调度员的指示办理。

3.6.3 延续进路(以计算机联锁设备为例)

1. 延续进路的办理

当车站进站信号机外、制动距离内有大于6‰的下坡道时,办理接车进路时需要办理延续进路。在延续进路终端处设有列车或调车信号按钮时,它们可作为延续进路终端按钮使用;无信号按钮(如安全线处)时,应专设延续进路终端按钮,供办理延续进路使用。

(1)正常办理。

办理延续进路的操作流程为,顺序按下接车进路的始端信号按钮、终端按钮和延续进路的终端按钮。接车进路及延续进路均锁闭后,进站信号方可开放。延续进路显示白光带,但延续进路的始端信号机不能开放。

(2)发车进路建立后的办理。

若发车进路已建立时,顺序按下接车进路的始端信号按钮、终端按钮,可建立带有延续进路的接车进路。

(3)延续进路转换为发车进路操作。

当延续进路通向车站的发车口时,如需连续发车,只需按压延续进路的始端列车按钮,检查区间闭塞条件满足的条件下,出站信号机开放。当延续进路通向反向发车口时,如需连续发车,需首先按下此发车口对应的"改方"按钮,然后再按压延续进路的始端列车按钮,区间运行方向由接车方向自动改变为发车方向,出站信号方可开放。

(4)引导接车延续进路。

引导接车时不检查延续进路条件,即引导进路无延续进路。为保证行车安全,一般均排列引导进路的延续进路。若先办带延续进路的接车,接车信号因故改引导,延续进路仍按接车进路处理。

2. 延续进路解锁操作

(1)正常解锁。

列车压入接车进路最后区段股道时,开始 3 min 计时,计时结束延续进路自动解锁,白光带消失。

(2)延续进路提前解锁。

当列车完全进入股道,并人工确认列车已在股道上停稳后,按下"坡道解锁"按钮,输入口令并按下确认按钮后,再按下延续进路的始端按钮,延续进路立即解锁,白光带消失。

(3)延续进路的取消。

延续进路必须在进路空闲的情况下才能解锁。程序是先取消接车进路(即接车进路按取消或人工解锁方式解锁),再取消延续进路。方法是按下总取消按钮和延续进路始端按钮,按接车进路的操作方式解锁,延续进路立即解锁,白光带消失。

(4)延续进路转为发车进路的解锁。

正线发车进路人工解锁延时3 min,调车进路和到发线发车进路人工解锁延时30 s。

※警钟长鸣

操作流程错误进路不解锁,设备特性不清错点酿事故

1. 事故概况

某日7:52,74××次旅客列车到达×站1道停车乘降旅客,车站值班员解锁1道延续进路时,错误操纵行车设备造成延续进路不能及时正常解锁,至8:06恢复正常,影响229××次列车机外停车10 min,74××次列车在该站超停25 min,构成铁路交通一般D15事故。

2. 原因分析

车站值班员在使用坡道解锁按钮解锁74××次列车1道延续进路时,违反计算机联锁设备的操作手册规范,先点击了始端(S_1列车按钮)后又点击坡道解锁按钮,坡道解锁操作无效。对“正线方向延续进路建立后再次点击(按压)始端按钮(未办闭塞)时设备虽未点亮发车信号但处于信号重开状态”的设备特性不清楚。

3. 应采取的措施与方法

行车人员要熟悉掌握行车设备及操作方法,不能浅尝辄止,以免酿成事故。

※素养提升

相对方向同时接车和同方向同时发接列车的思考与启示

在繁忙的铁路运输网络中,每一列车的安全行驶都关系到无数人的生命安全。而铁路调度的精准与高效,则是保障这一安全的重要基石。其中,相对方向同时接车和同方向同时发接列车这两种调度方式,不仅考验着铁路工作人员的专业素养,也为我们带来了诸多思考与启示。

1. 相对方向同时接车的思考与启示

在相对方向同时接车这一过程中,需要铁路工作人员具备高度的责任心和严

谨的工作态度，必须准确判断列车的位置、速度及两车之间的安全距离，确保两列车在车站内能够安全交会、互不干扰。

相对方向同时接车的过程，也是对团队协作能力和责任意识的考验。在面对复杂多变的工作环境时，要保持冷静、沉着应对，充分发挥团队的力量，共同解决问题。同时也提醒我们，无论身处何种岗位，都要时刻保持高度的责任心，对自己的工作负责，对他人的生命负责。

2. 同方向同时发接列车的思考与启示

同方向同时发接列车这种调度方式，要求铁路工作人员不仅要具备高超的专业技能，还要有良好的预判能力和协调能力，需要在短时间内准确判断两列列车的行驶轨迹和速度，确保两车能够顺利交接，不发生冲突。

同方向同时发接列车的过程告诉我们，在面对挑战和困难时，要敢于迎难而上，勇于担当责任。同时，还要学会与他人沟通协作，共同解决问题。这种精神不仅适用于铁路工作，也适用于日常生活中的各个方面。

综上所述，相对方向同时接车和同方向同时发接列车这两种铁路调度方式，不仅体现了铁路工作的专业性和严谨性，也启示我们树立正确的价值观和人生观，提高专业素养和工作能力，为铁路运输事业的发展贡献自己的力量。

任务布置

某站为单线铁路车站，车站平面及车站两端进站信号机外制动距离内坡度情况如图3-6-8所示，判断下列情况下该站可否同时办理相对方向同时接车和同方向同时发接列车？并说明理由。

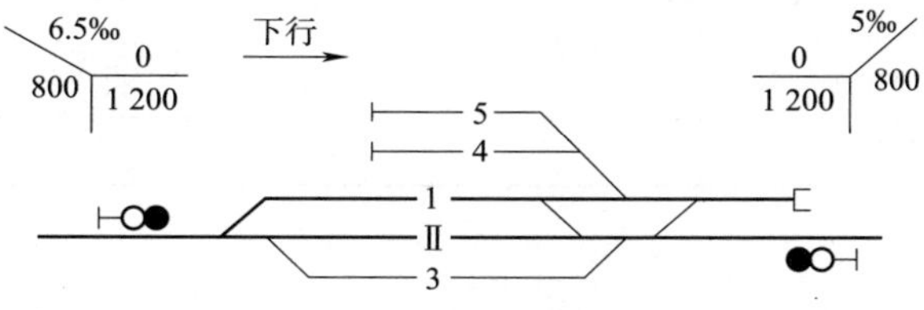

图3-6-8　车站平面（单位：m）

(1)44001次列车1道停，30002次列车3道停车（原通过）。

(2)K105次列车1道停，22002次列车（LKJ故障）进3道。

(3)7194次列车（原通过）进2道，31371次列车进1道。

(4)50001（单机）3道停，34453次列车1道开。

(5)7193次列车1道停，20252次列车（LKJ故障，已预告）3道停。

任务实施

序　号	作业项目	作业内容
1	44001次列车进1道停车，与30002次列车3道停车（原通过）相对方向同时接车	
2	K105次列车进1道停车，与22002次列车（LKJ故障）3道停车相对方向同时接车	
3	7194次列车（原通过）进2道停车，与31371次列车进1道停车相对方向同时接车	
4	50001（单机）进3道停车，与34453次列车1道开车同方向同时发接列车	
5	7193次列车进1道停车，与20252次列车（LKJ故障，已预告）进3道停车相对方向同时接车	

任务评价

评价项点	评价标准	本人自评得分（20%）	小组互评得分（20%）	校内教师评价得分（30%）	企业导师评价得分（30%）	综合得分
知识点掌握（30%）	掌握相对方向同时接车和同方向同时发接列车的规定					
技能点运用（40%）	具有办理延续进路、解锁进路的作业能力					
职业素养（30%）	具备遵章守纪、应急处置、安全生产作业的职业素养					
综合评价						

学生感悟

思考总结	
心得分享	

巩固提升

一、填空题

1. 所有参加接发车工作的有关人员，都必须认真执行铁道行业标准＿＿＿＿＿＿规定的程序和用语。

2. 接车线末端的隔开设备包括__________、__________、__________和__________。

3. 中国列车运行控制系统(CTCS)主要有__________________________五级。

4. 办理____________前,必须确认区间空闲。

5. 开通区间前,要确定列车____________,开通区间后确定____________灯光熄灭,再通知发车站列车到达。

6. 遇两列车不能同时接发时,原则上应____________。

7. 信号员在开放信号时应执行____________和____________制度。

8.《铁路接发列车作业》规定,一端有两个及其以上列车运行方向,办理闭塞(预告)及下达接发车命令时,应以____________或____________区别方向。

9. 分散自律调度集中系统的三种控制方式分别是____________、____________、和____________。

10. 相对方向不能同时接车时,除有调度指示外,车站应先接____________、____________和____________。

二、判断题

1. 接发列车时,应按规定执行车机联控。 (　　)

2.《铁路接发列车作业》标准规定,开放信号时,应执行"眼看、手指、口呼"制度。"眼看"指看准接车或发车进路。 (　　)

3. 自动闭塞区段的车站,列车到达后向发车站报点。 (　　)

4. 信号员、助理值班员能通过 TDCS 等方式掌握车次、股道时,可不填写占线板(簿)。 (　　)

5. 分散自律控制模式下车站操作方式接发列车,一定要认真核对进路序列中的车次、股道等信息是否正确。 (　　)

6. 当列车完全进入股道,并人工确认列车已在股道上停稳后,延续进路可提前解锁,其操作方式为:按压"坡道解锁"按钮 + 延续进路的始端按钮。 (　　)

7. 车站值班员向列车调度员报告特快旅客列车通过时刻的标准用语是"×站报点,×(次)(×点)×(分)通过"。 (　　)

8.《铁路接发列车作业》规定,如果列车区间运行时分小于规定的开放进站信号时分时,办理信号时机由企业规定。 (　　)

9. 车站值班员向列车调度员报告货物列车到达时刻的标准用语是"×站报点,×(次)(×点)×(分)到"。 (　　)

三、选择题

1. 信号员在排列 30051 次列车 3 道(　　)进路时,眼看、手指、口呼:"3 道",按下始端按钮;眼看、手指、口呼:"出站",按下终端按钮。确认光带、信号显示正确,口呼:"信号好了"。

A. 接车　　B. 发车

C. 通过　　D. 以上选项都不对

2. 某站两端进站方向均为下坡道，接车线末端无隔开设备，在接发旅客列车的同时，禁止接入（　　）。

A. 旅客列车　　B. 军用列车

C. 原规定为通过的列车　　D. 列车运行监控装置发生故障的列车

3. 完全具备发车条件是指（　　）。

A. 办理闭塞

B. 影响进路的调车作业已经停止

C. 出站信号已开放，行车凭证交付，旅客上下、行包装卸和列检作业完了

D. 进路道岔位置正确

4. 在单线半自动闭塞集中联锁（设信号员）接车作业原则中，向列车调度员报点时机是在（　　）。

A. 列车到达之前　　B. 列车到达之后

C. 开通区间之前　　D. 开通区间之后

5. 当车站进站信号机外、制动距离内有大于（　　）的下坡道时，办理接车进路时需要办理延续进路。

A. 2‰　　B. 6‰　　C. 5‰　　D. 8‰

6. 车机联控实行问路行车时，车站值班员应主动呼叫司机的情况是（　　）。

A. 列车接近车站　　B. 通过列车变停

C. 列车出站　　D. 列车进入长大坡道前

7. 车机联控实行问路行车时，车站值班员应主动呼叫司机的特殊情况是（　　）。

A. 列车出站　　B. 列车接近车站

C. 改用引导接车　　D. 列车进入长大坡道前

8. 禁止相对方向同时接车的车站，当超长与非超长列车交会时，除有列车调度员指令外，一般应先接（　　）。

A. 通过的超长列车　　B. 通过的非超长列车

C. 停车的超长列车　　D. 停车的非超长列车

9. 车机联控用语中，普通旅客列车称为（　　）。

A. 普客××次　　B. 客车××次

C. 客列××次　　D. 直客××次

10. 车机联控用语中，对快速旅客列车称为（　　）。

A. 客车快××次　　B. 客直达××次

C. 客车特××次　　D. 客车直××次

四、简答题

1. 双线自动闭塞集中联锁车站发车作业程序是什么？

2. 自动闭塞区段的车站在办理预告时遇哪些事项应通知接车站？

3. 影响接发列车进路的调车作业有哪些？

4. 信号员操作信号终端开放信号时要执行什么制度？

5. 分散自律调度集中条件下行车，进路触发的方式有哪些？

6. 车机联控的基本要求有哪些？

7. 自动站间闭塞分散自律控制模式下车站操作的接车作业程序是什么？

8. 禁止相对方向同时接车和同方向同时发接列车的情况有哪些？

9. 分散自律控制模式包括哪些？

10. 高速铁路采用的行车闭塞法有哪些？

五、技能应用题

1. 自动站间闭塞集中联锁车站（设信号员），办理列车出发时，助理值班员有哪些程序和用语？

2. 单线半自动闭塞集中联锁车站如何确定区间空闲，何时开通区间？

3. 接车时车机联控的时机如何把握？

4. 自动闭塞分散自律控制模式下车站如何办理人工触发接车进路操作？

5. 延续进路何时办理？如何办理延续进路？延续进路如何解锁？

项目4　接发列车应急处置与非正常情况接发列车

项目导读

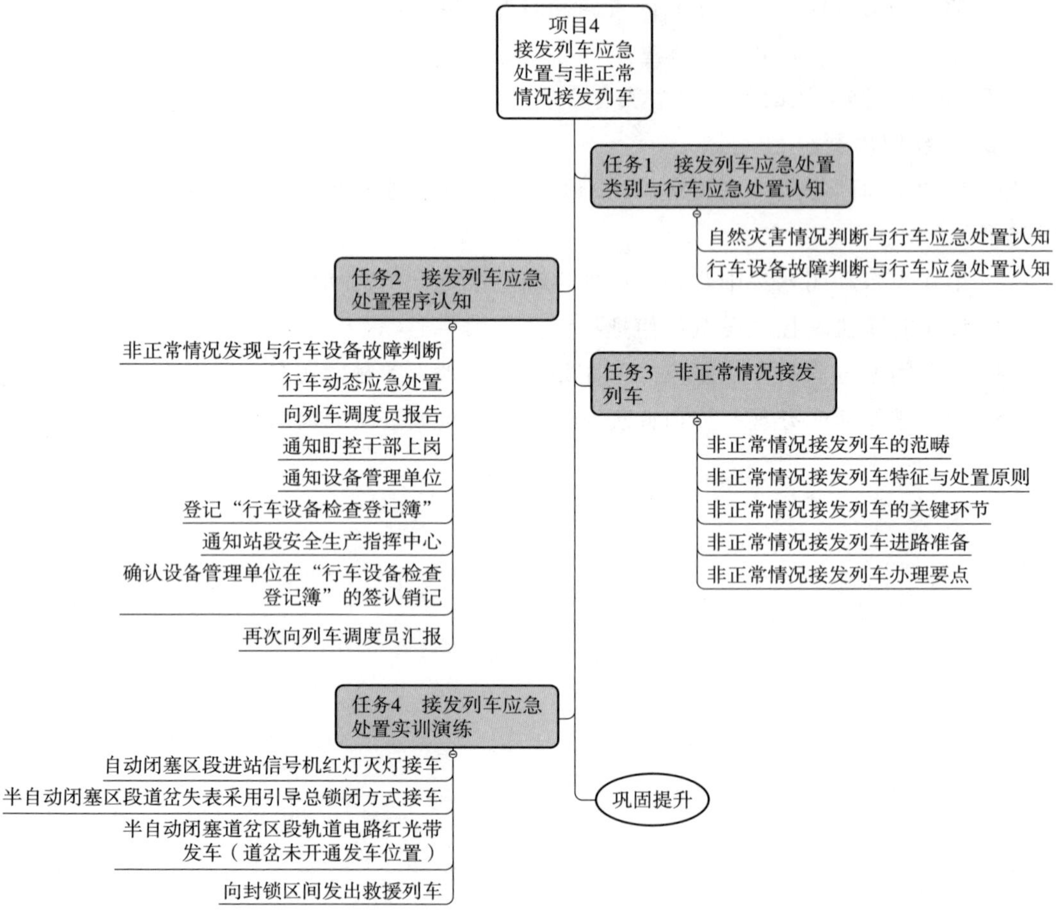

任务1　接发列车应急处置类别与行车应急处置认知	编号	XM4-1
	岗位及等级	车站值班员高级 助理值班员高级

学习目标

1. 知识目标

(1)熟知接发列车各类非正常情况的类别、概述、现象、特点;掌握各类非正常情况对列车运行的影响。

(2)熟悉各类行车设备的作用、使用操作、正常运用、故障判断、非正常使用等知识。

(3)熟知在各类非正常情况下,行车应急处置的方式方法。

2. 技能目标

(1)能在第一时间发现各类非正常情况,判断行车设备故障,动态排查行车安全风险和隐患;能准确判断出各类非正常情况对列车安全运行产生的影响。

(2)会使用标准用语对正在或即将通过故障地段的列车(调车列)进行行车动态应急处置:提醒列车司机"注意运行",通知"限速运行""停车等待""机外停车""立即停车",能在第一时间解决行车动态问题。

3. 素养目标

(1)培养认真负责、遵章守纪、勤奋好学、爱岗敬业的职业素质。

(2)锻炼铁路"按标作业"执行力。

(3)树立超前防范的安全意识。

(4)培养"负重争先、勇于担当"的安全责任意识。

所需工具备品材料

序　号	名　称
1	《技规(普速铁路部分)》
2	《调规(普速铁路部分)》
3	《事规》
4	《铁路接发列车作业》
5	计算机联锁设备
6	列车无线调度通信设备

工作安全

在正常接发列车过程中,如遇突发自然灾害、行车设备故障等非正常情况,须先判断该情况"是否影响列车运行",后果断采取行车应急处置措施,拦停相关列车,确保列车运行绝对安全。

关联任务

项目1任务2、任务3、任务4,项目2任务2,项目4任务2、任务4。

知识准备

4.1.1 自然灾害情况判断与行车应急处置认知

1. 水害(洪水)

(1)概述与危害。

因降雨或洪水影响,可能会导致铁路路基、轨道、桥梁、隧道、涵洞、防护设备、接触网、电力线路、变配电设备、通信设备、"信联闭"设备等损毁或故障,甚至造成受灾段铁路运输中断或限速慢行,降低该区段的运输能力。发生水害如处置不当可能会造成人员伤亡或重大财产损失,危及行车安全。

(2)行车应急处置方式。

①洪水漫到路肩时,列车应按规定限速运行。

列车限速运行车机联控用语为:

车站值班员:"××(次),××号命令,××公里××米至××公里××米限速××公里。"

列车司机:"××号命令,××公里××米至××公里××米限速××公里,××(次)司机明白。"

②水害断道、水漫道床、水漫钢轨、道床冲空、路堤边坡崩塌、大型滑坡、落石、泥石流、线路塌方或塌坑、倒树、接触网设备塌落、信号机倒塌等水害掩埋线路危及行车安全时,立即采取扣停拦措施,通知有关列车停车,并停止向该区间放行列车,通知设备管理单位迅速赶赴现场检查处置,根据设备管理单位确定的行车条件组织后续行车。

拦停列车的车机联控用语为:

车站值班员:"××(次),××站[场]通知,立即停车。"

列车司机:"××(次)立即停车,司机明白。"

③降雨量达到限速警戒值通知。当降雨量达到限速警戒值时,工务段调度立即电话通知车站值班员限速警戒信息(同时安排人员在车站登记),车站值班员要立即口头通知正在限速区段运行的司机雨量达到限速警戒值、按照限速值(工务告知或登记的数值)运行,并向列车调度员报告。列车调度员根据车站值班员汇报的登记内容立即发布限速调度命令,车站值班员认真核对限速调度命令后立即向司机传达该命令,司机要严格按照限速值运行(如遇分相、长大坡道等特殊区段时,司机可掌握速度运行通过),加强瞭望,发现险情立即停车。

a. 通知正在限速区段运行的司机雨量达到限速警戒值的车机联控用语为:"××

（次），降雨达到限速警戒值，限速 ××公里运行。”

b. 接到限速调度命令并向列车司机转达后，发车前与司机核对临时限速调度命令。核对临时限速调度命令的车机联控用语为：“ ××（次），××站［场］核对 ××号命令，××公里 ××米至 ××公里 ××米限速 ××公里。”

c. 在正常车机联控后与司机进行临时限速车机联控。用语为：“ ××（次），××号命令，××公里 ××米至 ××公里 ××米限速 ××公里。”

④当降雨量达到封锁警戒值时，工务段调度立即电话通知车站值班员封锁警戒信息（同时安排人员在车站登记），车站值班员要立即通知正在区间运行的列车司机：“区间降雨量已达到封锁警戒值”，并向列车调度员报告。司机接到封锁警戒信息后，立即以随时能够停车的速度（重载列车掌握 45 km/h）运行至前方站。车站值班员根据列车调度员的指示立即组织腾空区间，待区间腾空后接收列车调度员发布的封锁区间调度命令。

当降雨量达到封锁警戒值且前发区间限速调度命令未取消时，执行封锁警戒，待封锁警戒解除线路具备开通条件后，仍执行前发限速命令，不需再发布。如遇工务登记限速条件与封锁前不一致时，须将前发限速命令停止执行后重新发布限速命令。

达到客车封锁警戒值后，运行的货车可兼作巡查车，设备单位有关人员添乘货车进入区间，并根据需要申请在区间上下车；货车（即区间）封锁警戒后，设备单位要及时增加地面巡查力量，必要时向车站申请安排轨道车（供电作业车）或单机进入区间快速检查确认。

2. 暴风、雨、雪、雾、冰冻

（1）概述与危害。

暴风、雨、雪、雾、冰冻天气是气象学上发生的突然、移动迅速、剧烈、破坏力极大的自然灾害，主要有雷雨大风、冰雹、龙卷风、局部强降雨、暴雪、冰冻等。此天气会影响列车司机确认信号及进路，易导致行车设备故障、机车车辆溜逸，对铁路线路设备、供电设备、电气设备、通信设备、联锁设备、房建及封堵设施会产生危害，影响列车运行或危及行车安全。

微课：天气恶劣行车

（2）行车应急处置方式。

①遇天气恶劣，信号机显示距离不足 200 m 时，须向各次列车转发天气恶劣难以辨认信号的办法行车的调度命令，列车按机车信号的显示运行。

②遇大风天气时，应加强对站内停留机车车辆、保留列车的防溜措施检查确认，并根据大风预警等级启动应急响应，防止机车车辆溜逸，规避车辆溜逸风险；行车室（信号楼）配备测风仪的车站，按风速等级进行防溜检查和现场防控。如接到障碍物侵入铁路线路、接触网挂异物等影响列车运行或危及行车安全险情报告后，应立即通知有关列车停车。

③遇有降雪时，要“以雪为令”，按规定组织辖区有关单位清扫积雪，保证道岔转换灵活。装有道岔融雪装置的车站，应及时启动道岔融雪装置。接发列车时，可提前准备进路；如因降雪导致道岔转换不良影响列车运行时，应立即通知有关列车停车。

3. 地质灾害

(1)概述与危害。

地质灾害是指以地质动力活动或地质环境异常变化(地球内动力、外动力、人为作用力)为主的自然灾害。包括山体崩塌、滑坡、泥石流、地面塌陷、地裂缝、地面沉降、火山、地震、土地沙漠化、水土流失、沙土液化、坑道突水、煤层自燃等。地质灾害会对铁路线路设备、供电设备、电气设备、通信设备、联锁设备、房建及封堵设施产生危害,危及行车安全。

(2)行车应急处置方式。

车站值班员接到有关人员险情报告后,应立即呼叫已经进入灾害区间的所有列车停车;不再向区间放行列车,同时通知邻站不再向灾害区间放行列车;向列车调度员、值班干部、应急指挥中心报告。如遇地质灾害封锁区间后,必须经相关设备管理单位现场检查处理、确认线路具备列车放行条件、运统46签认后,方可开通线路。

拦停列车用语为:

车站值班员:"××(次),××站[场]通知,立即停车。"

列车司机:"××(次)立即停车,司机明白。"

※思维延伸

铁路线路障碍自动监测系统自动报警应急处置

普速铁路线路障碍自动监测报警系统安装在易发生崩塌落石、异物侵限等灾害处所,对线路障碍物实时监测,对发生落石、障碍物侵限等隐患及时发出报警,能够有效防止或减少灾害对行车安全的影响。

工务段调度接到短信报警或终端报警后,要立即查看终端画面,确认线路上有无侵限异物,当确认线路上有侵限异物或画面辨识不清时,应立即报告车站值班员或车务应急值守人员(两端站为无人站时应报告列车调度员)封锁区间,并告知"××站至××站间(×行线)××公里××米至××公里××米有障碍物侵限,请求封锁区间"。车站值班员接到通知后,应立即封锁区间并登记运统46(工务)本;如区间内已进入列车,车站值班员应立即通知区间内列车停车,并不得向该区间放入列车。

障碍物清理完毕并达到开通线路条件后,处置人员关闭终端报警语音并通知驻站联络员在车站运统46(工务)本登记"××站至××站间(×行线)××km××m至××km××m障碍物清理完毕,请求正常(限速××km/h)开通线路",车站值班员据此组织行车。如处置人员到达现场未发现障碍物时,处置人员应关闭终端报警语音并通知驻站联络员在车站运统46(工务)本登记"××站至××站间(×行线)××km××m至××km××m现场未发现障碍物,具备正常行车条件",车站值班员据此组织恢复正常行车。

4. 地震

(1)概述与危害。

地震是地球内部运动引起的地表震动的一种自然现象。地震会引发的山体崩塌、滑坡、泥石流、岩溶陷穴、落石等地质灾害;会对铁路线路设备、供电设备、电气设备、通信设备、联锁设备、房建及封堵设施产生危害,影响列车运行或危及行车安全。

(2)行车应急处置方式。

地震影响区段为距离震中 50 km 范围内,震级确定后行车条件如下:

①发生 3.0 级以下地震时,列车不限速,对重丘和山区铁路,车站值班员按列车调度员指示指派工务、电务、供电部门派人添乘检查地震影响区段相关设备。

②发生 3.0 级至 4.0 级地震时,平原和微丘铁路,列车不限速;重丘和山区铁路,接收并转达列车调度员发布的列车限速 45 km/h 的调度命令。车站值班员按列车调度员指示指派工务、电务、供电部门派人添乘检查地震影响区段相关设备。对重丘和山区铁路,根据检查情况,具备提速条件时应逐列提速。

③发生 4.0 级至 6.0 级地震时,按列车调度员的指示,车站值班员扣停地震影响区段的列车,不得向有关区间放行后续列车。根据检查情况,提出行车限制条件。重丘和山区线路的里程由工务部门向铁路局集团公司应急列车调度员提供。

④发生 6.0 级及以上地震时,除立即扣停地震影响的列车,不得向有关区间放行后续列车外,并按照铁路地震应急响应要求,组织铁路设备修复。

拦停列车用语为:

车站值班员:"××(次),××站[场]通知,立即停车。"

列车司机:"××(次)立即停车,司机明白。"

※知识拓展

"299"紧急呼叫的发起与解除

微课:"299"紧急呼叫的发起与解除

"299"组呼通信由 GSM-R 移动终端发起,用于发现山体滑坡、水害、线路溜坍、落物、断轨、接触网垮塌、断道等危及行车安全的紧急情况下与所在区域及相邻区域无线覆盖范围内相关人员的组呼通话。仅用于处置危及行车安全重要事项需向处置值班员、列车调度员或邻近列车司机报告情况时使用,其他情况不宜使用。

"299"紧急呼叫发起方式一:(1)长按"紧急呼叫"专用按钮 3 s 以上;(2)按压左软键选择"是";(3)紧急呼叫发起。

"299"紧急呼叫发起方式二:(1)按右软键;(2)按方向键选择"紧急呼叫"后按"确认"键;(3)再次按压"确认"键;(4)选择"呼叫"按"确认"键;(5)按左键选择"是"呼出;(6)紧急呼叫发起。

"299"挂断方式:(1)成功发起紧急呼叫,5 s 后会出现"结束"选项;(2)若无人抢占会话则可通过右软键关闭,若有人在通话中,发起人可按压"PTT"键选择关闭;(3)通话结束。

"299"紧急呼叫发起后的讲话方法:"299"紧急呼叫通话过程中在同一时间只能有一个抢占了讲话权的用户讲话。移动用户说话时需先按手持终端左侧侧身上的"PTT"键抢占讲话权。

4.1.2 行车设备故障判断与行车应急处置认知

1. 计算机联锁设备故障

(1)影响行车的故障类型。

①道岔故障(道岔失表或道岔挤岔报警)。

a. 故障原因。

(a)道岔转动部位夹异物(车务原因)。

(b)下雪天气,道岔转动部位夹雪、结冰(车务原因)。

(c)道岔吊板、扣件松动,尖轨、基本轨折损、线路基础下沉等(工务原因)。

(d)道岔滑床板缺少润滑油有锈,道岔转辙机启动电路故障、电机故障、表示故障等(电务原因)。

(e)人为破坏等(治安原因)。

b. 故障现象与判断。

(a)故障现象。CTC/TDCS 车站(调度)终端、车站联锁机显示器(控制台)显示接车进路上道岔暂时(如正在转换)失去定、反位表示(定位或反位表示灯之一或全部),线路断开,道岔名称为红色。道岔挤岔时,线路上挤岔的岔心闪红光,报警信息框文字提示"××道岔挤岔",同时报警语音提示,导致进站、出站信号机不能开放。

(b)道岔单操试验判断。发生挤岔报警,车站值班员应先取消进路后,对该道岔进行定、反位交替单操,每次单操时间间隔不应少于 30 s(以控制台时钟为准),如在单操 1 ~3 个往返过程中,道岔转换到位、表示恢复后,按正常组织行车,并将道岔转换情况及时通知电务人员。电务人员按照有关规定对该道岔进行要点检查试验,发现问题及时要点处理。

(c)故障判定。如按照以上操作方式操纵 3 个往返后,道岔仍未恢复表示,车站值班员在排除故障道岔存在夹雪结冰、有障碍物等车务原因后,可判断属道岔故障,影响列车运行,但不能判明设备管理单位。

(d)判断技巧。单操道岔时,可根据电流表的不同动作情况来初步判断故障原因:一是电流表指针不动,可初步判断为电务设备原因;二是电流表指针动作到最大值后归零但道岔表示灯灭灯,可初步判断为电务设备原因;三是电流表指针动作到最大值后不回落,可初步判断为工务设备原因或道岔夹有异物。电流表指针动作判断只作为故障判断参考,不作为车务系统判断依据。

故障现象图片可扫描本页二维码查看。

c. 行车应急处置方式。

图片:车站联锁机显示道岔失去定、反位表示的故障现象

(a)拦停列车。如无法使区间正常运行的列车绕开故障道岔,采用排列变通进路或变更接车股道的方法接车时,必须在第一时间拦停列车,立即停止经由该故障道岔的接发列车及调车作业,先解决动态问题。

(b)拦停用语。车站值班员使用列车无线调度通信设备或数字调度前台(FAS 台)呼叫列车司机停车,并须确认司机应答。用语为:

车站值班员:“××(次)××(站)机外停车。”

列车司机:“××(次)××(站)机外停车,司机明白。”

※警钟长鸣

错误准备进路、盲目组织发车导致列车脱轨

1. 事故概述

某日,某站车站值班员在布置 K72 ×次Ⅱ道上行线北京方向发车进路时,进路上的 5 号分动外锁闭道岔失去定、反位表示。车站组织非正常发车时,未对进路上道岔斥离尖轨和可动心轨开通位置进行确认、加锁,在 5 号道岔心轨仍在反位的情况下填写绿色许可证发车,导致机车 1 ~6 轮脱轨。

2. 原因分析

车站扳道人员就地操纵分动外锁闭道岔人工准备进路时,在未确认道岔开通位置、未对道岔斥离尖轨和可动心轨进行加锁的情况下,即填写绿色许可证组织发车,是导致事故发生的主要原因。

3. 应采取的措施与方法

作业人员现场就地操纵分动外锁闭道岔准备进路时,须将道岔尖轨、辙叉心转辙机分别摇动到所需位置,并确认落锁到位。对分动外锁闭道岔现场加锁应对密贴尖轨、斥离尖轨和可动心轨全部加锁牢靠。现场手摇道岔人工准备进路时,须严格执行“双人检查、双人确认、双人汇报”的制度。

②轨道电路红光带或瞬间闪红故障。

a. 故障原因。

(a)机车车辆发生溜逸,导致轨道区段被占用(车务原因)。

(b)轨道电路区段的钢轨被导体意外短路(人为或自然掉落)。

(c)轨道电路区段钢轨断轨(工务原因)。

(d)轨缝绝缘被顶死失效(工务原因)。

(e)轨道电路道床漏泄(工务原因)。

(f)轨道电路故障。如轨道电路钢轨导线断线、松动、绝缘损坏、轨道电路继电器误动作等(电务原因)。

b. 故障现象与判断。

(a)故障现象。站内或区间轨道电路区段在无机车、车辆占用而CTC/TDCS车站(调度)终端、车站联锁机显示器(控制台)显示轨道电路红光带或瞬间闪红,轨道区段在浅蓝色(青色)空闲解锁状态突然变为红色,导致进站、出站信号机不能开放。

注:计算机联锁设备升级、改造后,如轨道电路出现红光带或瞬间闪红故障,CTC/TDCS车站终端、车站联锁机显示器(控制台)显示故障报警信息框红闪,同时系统有报警语音提示(理想状态)。

(b)现场检查判断。故障发生后,车站值班员应指派外勤助理值班员或胜任人员进行故障区段检查,排除是否存在车辆溜逸、线路有障碍等情况,并拍照留取现场照片。

(c)故障判定。在排除故障区段有机车车辆占用、车辆溜逸、轨道上有障碍物等车务原因后,此故障现象不能判明原因,影响列车运行,不能判明设备管理单位。

故障现象图片可扫描本页二维码查看。

图片:车站联锁机显示轨道电路红光带或瞬间闪红的故障现象

c. 行车应急处置方式。

(a)拦停列车。如无法使列车绕开故障区段,采用排列变通进路或变更接车股道的方法接车时,必须在第一时间拦停列车,立即停止经由该故障区段的接发列车及调车作业。

(b)拦停用语。车站值班员使用列车无线调度通信设备或FAS台呼叫列车司机停车,并须确认司机应答。拦停用语为:

车站值班员:"××(次)××(站)机外停车。"

列车司机:"××(次)××(站)机外停车,司机明白。"

③信号机故障。

a. 故障原因。

(a)信号机灯泡故障(电务原因)。

(b)信号机电路设备故障(电务原因)。

(c)电务室内电气设备故障(电务原因)。

(d)信号机非正常关闭(不能判明原因)。

b. 故障现象。

(a)当进、出站信号机灯丝断单丝,不影响信号开放,不影响行车。因为信号灯泡灯丝均为双丝,主丝断丝后,直接点副丝。

(b)当进站(接车进路)信号机、出站信号机允许灯光灯泡"断双丝"时,显示器信号框显示"信号故障关闭",同时伴有"信号故障关闭"语音提示,信号复示绿灯(黄灯、白灯)熄灭、红灯闪烁后常亮。

(c)进站、出站信号机灭灯,CTC/TDCS车站(调度)终端、车站联锁机显示器(控制台)显示进站、出站信号机复示器显示闪红光,说明信号机红灯断双丝,导致进站信号机不能显示进行信号和引导信号，出站信号机不能开放。CTC/TDCS 车站（调度）终端、车站联锁机显示器（控制台）报警信息框文字提示“×灯丝断丝”，同时系统“灯丝断丝”语音报警。

（d）自动闭塞区间通过信号机显示停车信号（包括显示不明或灯光熄灭），在轨道电路显示正常的情况下，可判断为区间通过信号机故障。

c. 故障判断。

在排除建立进路后，因轨道电路瞬间闪红或道岔瞬间失表导致的信号非正常关闭等原因后，需结合故障报警信息框文字提示及语音报警提示综合判定，信号机不能正常开放或复示器闪红光故障现象，可判断为信号机故障，属电务部门原因。

故障现象图片可扫描本页二维码查看。

图片：车站联锁机显示进站信号机故障（能显示红灯，不能显示进行信号）**的故障现象**

d. 行车应急处置方式。

（a）拦停列车。进站信号机故障，如绿、绿黄、黄、双黄允许列车运行的信号都不能开放的情况下，须在第一时间拦停区间列车。

（b）拦停用语。车站值班员使用列车无线调度通信设备或 FAS 台呼叫列车司机停车，并须确认司机应答。拦停用语为：

车站值班员：“××（次）××（站）机外停车。”

列车司机：“××（次）××（站）机外停车，司机明白。”

④自动闭塞区段小轨道报警或区间小轨道报警。

a. 故障原因。

（a）区间设备采用的 ZPW-2000A 型无绝缘移频自动闭塞，当发生区间小轨道报警时，有可能是区间小轨道所检查的线路断轨（工务原因）。

（b）轨道电路故障。如轨道电路钢轨导线断线、松动、绝缘损坏、轨道电路继电器误动作等（电务原因）。

b. 故障现象与判断。

计算机联锁系统故障报警框提示“区间小轨道电路故障”（语音 + 文字），此故障报警后车站值班员“不能判明设备管理单位”，须通知电务、工务部门检查设备。

c. 行车应急处置方式。

（a）拦停列车。车站值班员使用列车无线调度通信设备或 FAS 台呼叫列车司机停车，并须确认司机应答。

（b）拦停用语为：

车站值班员：“××（次），××**站**［场］通知，立即停车。”

列车司机：“××（次）立即停车，司机明白。”

（2）不影响行车的故障类型。

①故障报警类型。

a. 备用设备故障报警：联锁设备中备用的设备出现故障，主要有以下情况：EI32-JD 型计算机联锁设备并用的电源有一个电源出现故障；双套冗余的操作机、联锁机、驱采机(EI32-JD)、通信机(EI32-JD,根据RBC接口需要配置)中的一套设备出现故障;维修机出现故障。备用设备故障不影响正常的车站作业。出现联锁设备故障报警时,只要上位机(操表机)、联锁机各有一个在正常工作状态,即可正常办理进路、开放信号,不影响使用。此故障报警可判明属电务设备故障。

b. 列控网络故障报警:列控与联锁间通信中断,无法接收列控通信信息,无法开放出站信号,已开放的出站信号会被关闭,从列控接收信息的区段显示红光带。此故障报警可判明属电务设备故障。

c. 联锁站间通信故障报警:本站与邻站联锁通信中断,道岔、轨道、信号机显示正常时,可正常办理进路、开放信号,不影响使用。此故障报警可判明属电务设备故障。

d. 轨道停电故障报警:站内轨道停电,轨道正常时,可正常办理进路、开放信号,列车通过后进路不能正常解锁。此故障报警可判明属电务设备故障。

e. 站内主灯丝断丝故障报警:有信号机主灯丝(泡)断丝,可正常办理进路、开放信号,不影响使用。此故障报警可判明属电务设备故障。

f. 站内移频故障报警:可正常办理进路、开放信号,遇机车反映机车收不到机车信号时按机车信号故障处理。此故障报警可判明属电务设备故障。

g. 区间移频故障报警:区间设备正常时,可正常办理进路、开放信号,遇机车反映机车收不到机车信号时按机车信号故障处理。此故障报警可判明属电务设备故障。

h. 区间灯丝断丝故障报警:区间通过信号机主灯丝(泡)断丝,可正常办理进路、开放信号,不影响使用。此故障报警可判明属电务设备故障。

i. 电源屏故障报警:电源屏故障,道岔、轨道、信号机显示正常时,可正常办理进路、开放信号,不影响使用。不能判明设备管理单位,须通知电务、供电人员检查设备。

j. 发码故障报警:发码设备故障,可正常办理进路、开放信号,遇机车反映机车收不到机车信号时按机车信号故障处理。此故障报警可判明属电务设备故障。

k. 轨25双故障报警:电子型25 Hz轨道电路接收器故障,轨道电路正常时,可正常办理进路、开放信号,不影响使用。此故障报警可判明属电务设备故障。

l. 计轴故障报警:计轴设备故障,如果联锁显示器界面的区间(有计轴设备的区间)占用灯亮红灯,影响向该区间的发车进路,如果区间空闲灯亮白灯,不影响使用。此故障报警可判明属电务设备故障。

m. 区间电源故障报警:区间电源故障,道岔、轨道、信号机显示正常时,可正常办理进路、开放信号,不影响使用。此故障报警可判明属电务设备故障。

n. 区间熔丝故障报警:机械室区间设备使用的熔断器断开,道岔、轨道、信号机显示正常时,可正常办理进路、开放信号,不影响使用。此故障报警可判明属电务设备故障。

o. 站内电码化故障报警:站内电码化设备故障,可正常办理进路、开放信号,遇机车反映机车收不到机车信号时按机车信号故障处理。此故障报警可判明属电务设备故障。

p. 中继站电源故障报警:中继站电源故障,中继站信号机、轨道电路正常时,可正常办理进路、开放信号,不影响使用。此故障报警可判明属电务设备故障。

q. 中继站移频故障报警:中继站移频设备故障,中继站信号机、轨道电路正常时,可正常办理进路、开放信号,不影响使用。遇机车反映机车收不到机车信号时按机车信号故障处理。此故障报警可判明属电务设备故障。

r. 中继站灯丝故障报警:中继站机械室使用的熔断器断开,中继站轨道、信号机显示正常时,可正常办理进路、开放信号,不影响使用。此故障报警可判明属电务设备故障。

s. 道岔保护故障报警:道岔保护故障,道岔正常时,可正常办理进路、开放信号,不影响使用。此故障报警可判明属电务设备故障。

t. 自律机通信状态故障报警:A、B 框其中 1 个变色为红框,说明一系操表机与自律机通信中断或故障,另一系仍能正常工作。A、B 框全部变色为红框说明两系操表机与自律机通信中断或故障。其中一系故障时,可正常使用 CTC 系统办理进路、开放信号。两系同时故障 CTC 系统将不能正常使用,但不影响联锁设备使用。此故障报警可判明属电务设备故障。

u. 调监机通信状态故障报警:A、B 框其中 1 个变色为红框,说明一系操表机与调监机通信中断或故障,另一系仍能正常工作。A、B 框全部变色为红框说明两系操表机与调监机通信中断或故障。其中一系故障时,可正常使用 TDCS 系统调监机功能。两系同时故障 TDCS 系统调监机功能将不能正常使用,但不影响联锁设备使用。此故障报警可判明属电务设备故障。

②故障判断:上述各类计算机联锁系统故障报警,均属于联锁设备故障,均须通知电务等设备管理单位进行检查、处理。

③行车应急处置方式:故障出现后,联锁设备如可正常办理进路、开放信号,不影响使用,不需要拦停列车。

2. TDCS/CTC 报警或故障

(1)影响行车的故障类型。

①列车占用丢失报警。

a. 故障原因。

因轨道电路分路不良、轨面生锈、车轮有锈(油渍、污渍)、列车在调谐区运行等原因,TDCS/CTC 系统闭塞分区轨道电路在列车占用的情况下,却反映线路状态为空闲,此时有可能是电气设备发生了故障,列车在区间失去分路时会导致信号显示升级,后续列车易与前行占用丢失列车发生追尾交通事故。

b. 故障现象。

(a)发生占用丢失时,TDCS/CTC 系统立即在两端车站车务终端和所属调度台上报警。若区间涉及两个调度台,则应同时在两个调度台和两端车站报警。对于铁路局集团公司间分界口,仅在铁路局集团公司管辖调度台和车站车务终端报警。

(b)弹出提示窗口(报警对话框)提示,内容为“×××次列车占用丢失”。

(c)报警车次窗放大闪烁,显示原列车车次,并进行语音报警,内容为“×××次列车占用丢失”。遇以上报警时,点击确认即可。

c. 无效报警。

(a)联锁、列控、闭塞、TDCS/CTC 和通信等设备发生故障导致 TDCS/CTC 系统无法正确显示列车占用状态。

(b)因施工、维修作业引起的轨道区段红光带或列车车次不跟踪。

(c)未按允许运行的信号显示组织的非正常情况行车、列车救援、区间折返作业。

(d)列车反方向运行。

(e)使用人员未及时正确输入或修正列车车次号(输入车次时,车次应添加在列车占用前部红光带;修改车次时使用车次号修改功能)。

d. 故障判断。

在排除无效报警等情况后,可判断站内或区间发生列车占用丢失,属电务部门设备故障。

e. 行车应急处置方式。

(a)扣停后续列车。车站值班员在自动闭塞区间,发现列车占用丢失后,应立即扣停后续列车。联控用语为:

车站值班员:"××(次),前行列车占用丢失,停车等待。"

列车司机:"××(次),停车等待,司机明白。"

(b)通知后方站。车站值班员通知后方站停止向该区间放行列车。

(c)询问司机。车站值班员向占用丢失的列车司机了解列车运行情况。询问列车位置及现场情况。(占用丢失的列车无异常时仍按信号显示运行,不得无故停车。)

(d)处置程序:向列车调度员汇报;通知值班干部;立即通知电务(CTC/TDCS 中心)部门进行检查处理,登记"行车设备检查登记簿"(电务),登记内容包括日期、时间、设备名称、故障现象。

(e)自动闭塞区间发生列车占用丢失后,车站值班员根据设备部门检查处理、登记停用的情况组织后续行车。如电务人员确认是轨道电路故障,并在"行车设备检查登记簿"内销记"××轨道电路故障,暂时不能修复,可按非正常方式办理行车"时,车站值班员应按前行列车到达前方站方可放行后续列车的原则组织区间列车逐列运行至前方站,待区间列车全部到达前方站后改按站间组织行车;如电务人员运统 46 销记"设备正常"后,恢复正常行车。对在区间运行异常的单(双)机、专列回送机车、轨道车,根据情况安排在前方站扣停进行检查,确认隐患消除或不影响运行安全后,方可放行。

②自动闭塞区间继电式逻辑检查人工解锁盘给出声光报警。

a. 故障原因。

当正常占用的闭塞分区轨道电路恢复空闲,而其区间闭塞方向前方闭塞分区轨道电路未被正常占用时,判定该闭塞分区为占用丢失,逻辑检查人工解锁盘给出声光报警,此时有可能是电气设备发生了故障,极易导致后续列车与前行占用丢失列车发生追尾交通事故。

b. 故障现象。

当继电式逻辑检查电路判断闭塞分区出现占用丢失时,继电式逻辑检查自动对闭塞分区进行安全防护，防护该闭塞分区的通过信号机点亮红色灯光（出站第一离去区段占用丢失时为出站信号机不能开放），同时将该闭塞分区轨道电路点亮红光带。产生逻辑检查报警时，人工解锁盘报警灯（BJD）红灯点亮，区间轨道继电器状态表示灯（QGJD）绿灯亮，表示该闭塞分区发生占用丢失。

c. 故障判断。

自动闭塞区间继电式逻辑检查人工解锁盘给出声光报警，可判断为电务部门设备故障。

d. 行车应急处置方式。

（a）车站值班员发现闭塞分区占用丢失逻辑检查报警后，应立即通过逻辑检查人工解锁盘或 TDCS/CTC 确认发生报警的闭塞分区和列车车次。设备虽已通过点亮信号机红色灯光对后续列车进行拦停，但也要利用车机联控设备通知后续列车停车。

（b）扣停后续列车用语：

车站值班员："××（次），前行列车占用丢失，停车等待。"

列车司机："××（次），停车等待，司机明白。"

（c）通知后方站停止向该区间放行列车。

（d）处置程序：联系发生占用丢失的列车司机，询问列车位置及现场情况，报告列车调度员，及时通知电务部门并在"行车设备检查登记簿"内登记。此种情况下该闭塞分区出现的轨道电路红光带，不通知工务部门检查。

e. 解除报警。

根据本次列车的运行及前方闭塞分区逻辑状态，继电式逻辑检查可自动解除对该占用丢失闭塞分区的安全防护状态；闭塞分区占用丢失逻辑检查报警自动或人工解除后，防护该闭塞分区的信号机、闭塞分区轨道区段状态和码序恢复正常；遇区间施工（维修）、设备故障检查处理、区间救援、反方向行车、列车区间退行（返回）、越出站界调车、引导接车、未开放列车信号发出列车等情况时，出现闭塞分区占用丢失逻辑检查报警时，由车站值班员确认该闭塞分区空闲后，在区间逻辑检查人工解锁盘上人工解锁该逻辑检查报警，不通知电务部门检查。

f. 核心规定。

任何人不得随意关闭区间占用逻辑检查设备。车站值班员在交接班时须认真确认区间占用逻辑检查设备在开启状态。

③CTC 设备不能正确显示列车占用状态（含灰屏）。

a. 故障现象。

调度所及车站 CTC 设备均不能正确显示列车占用状态。

b. 行车应急处置方式。

（a）车站值班员应立即通知已进入区间的列车司机立即停车，通知电务部门进行处理，同时通知相关车站转入非常站控模式。

（b）故障暂时无法判明原因或能判明故障原因且具备放行列车条件，但不能实现自动闭塞追踪功能时，电务登记"具备放行列车条件，禁止列车追踪运行"后，自动闭塞区段对已进入区间的列车,车站值班员确认列车至前方站间空闲后,通知列车司机逐列恢复运行,指示后列恢复运行前必须确认前列整列到达前方站。区间空闲后,按站间组织行车。

(c)故障修复后,车站值班员根据电务部门“恢复列车追踪运行”的销记,通知有关列车司机恢复正常行车。

(2)不影响行车的故障类型。

①TDCS/CTC 区段列车车次号错误或丢失。

a. 故障现象。

车站值班员通过 TDCS/CTC 显示屏发现列车车次号错误或丢失,此故障不通知电务部门。

b. 行车应急处置方式。

(a)车站值班员立即报告列车调度员,与列车调度员核对、确认列车车次后,在列车运行前方区段或站内重新输入正确的车次号。

(b)列车出发时,应在开放出站(进路)信号前在 TDCS 系统终端输入列车车次;列车终到车站后,车站值班员应及时删除车次号。

(c)联锁设备能正常办理进路、开放信号,不影响使用时,不需要拦停列车。

②TDCS/CTC 系统功能故障。

a. 故障判断。

系统如出现死机、双机不同步、黑屏、打印机故障、不能自动采集列车运行时刻、列车车次号不能自动采集和跟踪、不能自动或人工调整阶段计划、不能接收调度命令、不能自动生成车站行车日志等情况,可判断为 TDCS/CTC 系统故障,此故障须通知电务部门检查处理。

b. 行车应急处置方式。

此故障不影响列车运行,不需要拦停列车。

c. 作业应急处置方式。

CTC/TDCS 设备故障不能使用时,车站值班员要及时通知设备管理单位,同时加强列车运行情况、区间占用情况、调度命令下发情况等的核对确认,根据情况将行车日志填记、列车运行图铺画、阶段计划下达、调度命令发布、列车等作业转为手工办理,人工向列车调车员及邻站报点。

③CTC 区段列车司机接收不到列车进路预告信息。

a. 故障现象。

车站值班员接到列车司机机车综合无线通信设备未接收到接车进路预告信息的通知。

b. 行车应急处置方式。

(a)车站值班员应将进路信息及时通知司机。联控用语为:

列车司机:“××**站**[场],××(次)询问××**站**[场]进路信息。”

车站值班员:“××(次)××**站**[场]×道**通过**[停车]。”

列车司机:“××(次)××**站**[场]×道**通过**[停车],司机明白。”

(b)遇接车进路预告信息中的车次与担当的车次不符或原规定为停车办理客运业务显示为通过时,司机应立即减速不得进站,并报告车站值班员,车站值班员接到司机报告后,立即核对车次与排列的进路是否一致,经确认正确后通知司机进站。车站值班员接到报告后,立即报告列车调度员。

3. 区间行车设备故障

(1)自动闭塞区间通过信号机显示停车信号及显示不明或灯光熄灭。

①故障原因。

a. 显示红色灯光时,可能是前方闭塞分区内有列车或机车、车辆占用;也可能是由于线路上有障碍物引起轨道电路短路或钢轨折断;还可能是轨道电路故障所致;还可能是通过信号机的灯泡断丝而引起的灯光转移等。

b. 信号显示不明,可能是因天气关系,如灯光被飘雪、扬沙所遮盖等;也可能是自动闭塞系统发生故障。

c. 灯光熄灭,可能是灯泡断丝或灯泡松动,也可能是临时断电。

②故障现象与判断。

a. 自动闭塞区间通过信号机显示停车信号(包括显示不明或灯光熄灭),在轨道电路显示正常的情况下,可判断为区间通过信号机故障,属电务部门原因。

b. 自动闭塞区段继电式逻辑检查设备发生报警时,自动对闭塞分区进行安全防护,防护该闭塞分区的通过信号机点亮红色灯光(出站第一离去区段占用丢失时为出站信号机不能开放),同时将该闭塞分区轨道电路点亮红光带。人工解锁盘报警灯(BJD)红灯点亮,区间轨道继电器状态表示灯(QGJD)绿灯亮,表示该闭塞分区发生占用丢失,可判断为电务设备故障。

c. 自动闭塞区段在无列车占用的情况下,闭塞分区轨道电路显示红光带或瞬间闪红,同时通过信号机复示器显示红色灯光,不能判明设备管理单位。

③行车应急处置方式。

通过信号机显示停车信号及显示不明或灯光熄灭时均视为停车信号,列车如果贸然进入前方闭塞分区,有危及行车安全的可能性,因而列车必须在该信号机前停车。

a. 遇区间通过信号机显示红灯(包括显示不明或灯光熄灭),区间已空闲,后方站再放行后续列车时,呼叫时机为正常车机联控作业后,联控用语为:

车站值班员:"××(次),××站至××站间××号通过信号机**红灯**[显示不明][灯光熄灭],按普速技规316条执行。"

列车司机:"××站至××站间××号通过信号机**红灯**[显示不明][灯光熄灭],按普速技规316条执行,司机明白。"

b. 自动闭塞区间继电式逻辑检查设备发生报警,扣停后续列车联控用语为:

车站值班员:"××(次),前行列车占用丢失,停车等待。"

列车司机:"××(次),停车等待,司机明白。"

c. 自动闭塞区段在无列车占用的情况下,闭塞分区轨道电路显示红光带或瞬间闪红拦停列车的用语为：

车站值班员："××（次），××站［场］通知，立即停车。"

列车司机："××（次）立即停车，司机明白。"

（2）闭塞机故障。

①故障原因。

a. 闭塞机电气设备故障，车站进站信号机内方闭塞轨道电路故障（电务原因）。

b. 出站信号机与闭塞机联锁关系破坏（电务原因）。

c. 闭塞表示灯故障（电务原因）。

d. 闭塞机电缆、绝缘不良（通信原因）。

e. 本站发车，接车站或发车站闭塞机故障（电务、通信原因）。

②故障现象。

a. 未办或办理闭塞时，闭塞机表示灯显示错误（闭塞表示灯灭灯而能开放出站信号机时除外）。

b. 闭塞机无法复原（使用故障按钮不能办理复原）。

c. 两端站闭塞表示灯不一致。

d. 办理闭塞后闭塞表示灯无显示。

e. 未按正常手续办理闭塞，即能开放出站信号机。

③故障判断。

a. 当列车到达后闭塞机无法办理复原，可以请求调度命令使用故障按钮办理复原（个别车站使用故障按钮办理复原时，邻站还要同时按下复原按钮后才能办理故障复原），当本站和邻站都使用故障按钮后，仍无法办理闭塞机复原时，才能定为闭塞机故障。

b. 当办理闭塞后，发现两端站闭塞表示灯不一致或无显示时，应首先确认是否是闭塞表示灯故障，当确认不是闭塞表示灯故障时，再重新办理两次，仍显示不一致，视为闭塞机故障。闭塞机故障涉及闭塞表示灯、轨道电路、电缆绝缘、联锁关系、两端站设备等诸多原因，所以闭塞机故障"不能判明设备管理单位"。

④作业应急处置方式。

半自动闭塞区段车站值班员须根据设备部门在运统 46 上销记的设备停用和行车限制条件，向列车调度员申请停用基本闭塞法改按电话闭塞法行车的调度命令，按电话闭塞方式组织行车。

4. 通信故障

（1）车站行车室内一切电话中断。

①故障现象及判断。

由于自然灾害或其他原因，车站行车室内的行车闭塞电话、调度电话、自动电话全部中断，车站值班员均无法使用电话与邻站及列车调度员办理行车联系事项，可判断为车站行车室内一切电话中断故障。

②行车应急处置方式。

在双线自动闭塞区间，如闭塞设备作用良好，列车运行仍按自动闭塞法行车，但车站与列车司机应以列车无线调度通信设备直接联系（说明车次及注意事项等）。如列车无线调度通信设备故障，列车必须在车站停车联系。已办妥闭塞无行车凭证，是指已办妥闭塞，该闭塞方式的行车凭证无法使用的情况。如正常办理的闭塞，列车占用区间凭证为出站信号机显示的进行信号，此时遇轨道电路（出站信号机道岔区段）故障，导致出站信号不能开放，该占用区间凭证不能使用。

③作业应急处置方式。

a. 车站行车室内一切电话中断，单线行车按书面联络法，双线行车按时间间隔法，列车进入区间的行车凭证均为红色许可证。

b. 在双线自动闭塞区间，如闭塞设备作用良好时，列车运行仍按自动闭塞法行车，但车站与列车司机应以列车无线调度通信设备直接联系（说明车次及注意事项等）。如列车无线调度通信设备故障时，列车必须在车站停车联系。

c. 一切电话中断后，连续发出同一方向的列车时，两列车的间隔时间，应按区间规定的运行时间另加 3 min，但不得少于 13 min。

④一切电话中断行车时作业要点。

作业中遇车站行车室内一切电话中断时作业要点：一切电话中断后，及时通知车站值班干部，在“行车设备检查登记簿”登记，通知通信人员。在自动闭塞区间，如闭塞设备作用良好，列车运行仍按自动闭塞法行车，否则按下列方式办理发车：

a. 确认本站为优先发车站。

b. 非自动闭塞区段首列要确认区间空闲。

c. 进路准备：已办妥闭塞（该闭塞方式行车凭证不需改变，同时该列车具备一切电话中断后开行列车条件时），按该闭塞方式准备进路；未办妥闭塞（包括已办妥闭塞，但原行车凭证不能使用时，开放调车信号准备进路。

d. 行车凭证：已办妥闭塞，列车持有行车凭证的，填写《技规（普速铁路部分）》附件 3 红色许可证的“通知书”部分交与司机（保留或交发车权）；未办妥闭塞（包括已办妥闭塞，但原行车凭证不能使用）时，填写《技规（普速铁路部分）》附件 3“许可证”部分交与司机。

e. 发车。

f. 接车：一是确认本站为接车站；二是按邻站传递的《技规（普速铁路部分）》附件 3 “通知书”中邻站下一列开车时间，预计该列车到达前规定时机（或接到司机预告或通知后）；三是开放进站信号接车。

（2）通信设备故障。

①故障现象及判断。

列车无线调度通信系统是为列车调度员（或车站值班员）指挥列车运行而设置的专

用系统，可实现列车调度员、司机、车站值班员之间的通话，以及车站值班员、司机、车辆乘务员之间的通话，并具有数据传送功能。凡有线调度通信系统、自动电话、无线列调设备故障、GSM-R 手持终端、机车综合无线通信设备通信功能不能正常通话时，可判断为通信设备故障。

②行车应急处置方式。

此故障不影响列车运行，不需要拦停列车。

③作业应急处置方式。

a. 有线调度通信系统发生故障后，应使用应急分机，不能使用时，应使用自动电话；GSM-R 区段可使用 GSM-R 手持终端。

b. 网管中心发现 GSM-R 网络中心设备或整条线路故障通信中断时，及时通知调度所值班主任，列车调度员根据 GSM-R 网络故障范围，及时向有关车站发布 GSM-R 网络停止使用、CTC 区段分散自律调度集中转为非常站控的调度命令。

c. 非 GSM-R 网络区段地面 450 MHz 无线列调设备故障后，由列车调度员按规定下达调度命令，组织列车运行至处置车站进行处置。处置站车站值班员组织设备管理单位处理，经判断不能在停车时间内修复时，处置人员汇报列车调度员（车站值班员），列车调度员根据汇报，组织列车运行，处置人员可随车进行处置。列车运行中处置人员修复后向列车调度员（车站值班员）汇报，接到汇报的车站值班员应向列车调度员汇报，列车调度员下达设备恢复的调度命令。

d. 运行途中，司机无法使用机车综合无线通信设备进行通话时，应使用 GSM-R 手持终端与车站值班员（列车调度员）等行车人员联系，办理行车通信业务。GSM-R 手持终端及无线对讲设备也无法进行通话，司机应在前方站停车报告（也可利用公众通信网报告），列车调度员、车站值班员根据汇报组织处置、抢修。

（3）语音记录装置故障。

①故障现象及判断。

使用接入语音记录装置的通信设备进行通话时，对应通道数字不闪烁、显示窗口无显示等不能正常录音时，可判断为行车通信语音记录装置故障。

②行车应急处置方式。

此故障不影响列车运行，不需要拦停列车。

③作业应急处置方式。

a. 遇车站列车无线调度通信设备语音记录装置故障发车时，须向司机显示发车信号。发车人员应提前告知司机，确认发车条件完全具备后，外勤助理值班员使用信号旗（灯）向司机显示发车信号。

b. 遇列车无线调度通信设备或语音记录装置故障时，非正常情况下发车作业，须指派胜任人员向司机交递书面绿色许可证并在故障信号机处显示通过手信号。

5. 铁路线路设备故障

(1)影响行车的故障类型:断轨。

①故障现象及判断。

断轨是线路设备最常发生、危害最大的一种情况,车站值班员主要是通过站内联锁设备和TDCS/CTC车务终端上轨道电路出现红光带或瞬间闪红现象来发现判断,或者通过现场工务巡道人员的汇报得知,红光带或瞬间闪红现象不能判明设备管理单位,如工务汇报断轨可判断属工务设备故障。

②行车应急处置方式。

须立即拦停列车。

a. 拦停在故障区段内或在接近区段运行列车的用语:

车站值班员:"××(次),××**站**[场]通知,立即停车。"

列车司机:"××(次)立即停车,司机明白。"

b. 站内出现断轨故障现象,拦停在区间运行列车的用语:

车站值班员:"××(次)××**站**[场]机外停车。"

列车司机:"××(次)××**站**[场]机外停车,司机明白。"

(2)影响或不影响行车的故障类型。

①线路晃车。

a. 故障现象及判断。

晃车是指列车司机在运行中发现的超出列车正常运行时产生摆幅的车体晃动,存在危及行车安全的风险。列车通过晃车地段,司机呼叫车站:"××(次)××公里××米**晃车**[严重晃车],速度××公里";车站值班员回应:"××公里××米**晃车**[严重晃车],速度××公里,××**站**[场]明白",此列车运行异常现象可判断属工务设备故障或存在安全隐患。

b. 行车应急处置方式。

发生晃车的本列不需要拦停,对后续列车须分情况进行对待,或使列车"注意运行",或使列车"停车等待"。

(a)普速铁路区段接到晃车报告后呼叫后续列车:

车站值班员:"××(次),××公里××米处前行列车晃车,晃车速度××公里,注意运行。"

列车司机:"××(次)司机明白。"

(b)有动车组运行的普速铁路区段晃车、其他普速铁路区段后续列车为回送动车组时晃车、严重晃车、限速地段列车运行中晃车情况下,接到晃车报告后呼叫后续列车:

车站值班员:"××(次),××公里××米处前行列车(严重)晃车,停车等待。"

列车司机:"××(次),司机明白。"

②机车空转。

a. 产生原因。

(a)轨面上有潮湿或霜晶,致使机车的牵引力大于黏着力,产生空转。

(b)机车启动或满载爬坡使用最大牵引力时,发生动轮和钢轨之间黏着破坏而使动轮空转。

(c)列车运行途中,机车乘务员使用紧急制动停车、列车分离或不明原因列车产生紧急制动停车及列车在限制坡道区段启动发生空转。

(d)钢轨打伤、磨损严重。

b. 故障判断。

车站值班员接到列车司机"××(次)××公里××米机车**起车**[运行]空转"的汇报后,可判断为工务设备故障或存在安全隐患。

c. 行车应急处置方式。

发生空转的本列不需要应急拦停,但对后续列车须分情况进行应急处置,或注意运行或停车等待。

(a)后续为货物列车时,车站值班员通知后续列车:"××(次)列车,××公里××米处前行列车发生空转,注意运行。"

(b)如车站接到钢轨擦伤严重的报告后,须立即通知后续列车司机"××(次)列车,××公里××米前行列车机车**起车**[运行]空转,停车等待",不得再向该区间放行列车。

(c)车站值班员处理后续列车,须安排跟随的两列列车进行确认,即通知跟随的两列列车司机经过前行机车发生空转的地段注意运行。在列车运行空转情况下跟随运行的列车为旅客列车时,应立即通知旅客列车限速45 km/h越过空转地段。[车站值班员:"××(次)列车,××公里××米处前行列车发生空转,限速45 km/h。"]

(d)在列车起车空转工务部门未销记前,不得安排旅客列车进入该区间。如旅客列车已跟随进入该区间时,应立即通知旅客列车以遇到阻碍能随时停车的速度继续运行,最高不超过20 km/h越过空转地段。[车站值班员:"××(次)列车,××公里××米处前行列车发生空转,限速20 km/h。"]对已跟随进入及后续安排进入该区间的货物列车,须及时通知列车司机行经空转地段注意运行。

(e)车站值班员接到司机机车在站内起车发生空转的报告后,应报告列车调度员。站内机车起车发生空转,工务部门未销记前该股道不得再接入旅客列车。车站值班员按规定通知工务部门检查处理。

6. 供电设备故障

(1)影响行车的故障类型。

①接触网故障(停电)。

a. 故障现象。

接触网故障停电是一种常见的供电设备故障,车站值班员通过列车司机汇报来判断故障出现，接触网故障停电会影响整个一个供电区段内运行的列车，故障原因繁杂，车站接到汇报应立即通知供电部门检查确认，并向列车调度员汇报，此种情况可判断属供电设备故障。

b. 行车应急处置方式。

车站值班员接到司机的汇报，应先通知管辖范围内所有运行的列车司机停车、降弓，询问列车运行是否存在异常。对已同意邻站闭塞的待发列车，先通知邻站取消发车，不得再向故障区段内放行列车。

c. 列车防溜应急处置方式。

货物列车（含路用列车）在普速铁路电气化区段区间遇接触网停电，在6‰及以上坡道上停车超过120 min，在6‰以下坡道上停车超过180 min须对列车采取防溜措施，防溜措施由机车乘务员负责，可采用拧紧人力制动机方式，也可采用使用人力制动机紧固器拧紧规定数量的人力制动机方式，需车站人员配合机务人员防溜时，由列车调度员安排。

由电力机车牵引的调车列在电化区段专用线走行线遇接触网停电，在6‰及以上坡道上停车超过120 min，在6‰以下坡道上停车超过180 min须对调车列采取防溜措施，车辆防溜措施由车务人员采取，可采用拧紧人力制动机方式，也可采用紧固器拧紧规定数量的人力制动机方式，需机务人员配合车站人员防溜时，由列车调度员安排。

②全站“信、联、闭”设备停电。

a. 故障现象。

6502电气集中联锁设备停电时，控制台上主副电源表示灯熄灭，所有信号复示器及表示灯熄灭，所有按钮操作无反应；计算机联锁、CTC设备设有不间断电源（UPS电源）时，显示器主副电源均灭灯，所有轨道电路区段闪红光带，所有复示器均闪红灯，如果CTC设备区间通过信号机也停电，区间闭塞分区闪红光带、通过信号机闪红灯。没有UPS电源的（包括UPS电源电量用尽后），显示器黑屏。接发车进路无法准备，影响列车运行。该故障不能判明设备管理单位，须通知电务、供电部门进行检查确认。

b. 行车应急处置方式。

（a）自动闭塞区段车站信号设备停电故障应急处置程序及作业组织。

车站值班员发现信号设备停电时，立即询问运行中的列车地面信号显示状态，如地面信号灭灯或显示错误，立即通知列车停车。之后立即报告列车调度员，能通过TDCS设备确认区间通过信号机显示情况时，同时报告区间信号设备情况。TDCS故障时，将TDCS故障情况一并报告列车调度员。通知车站值班干部。通知电务、供电人员检查设备，并在“行车设备检查登记簿”内登记。遇夜间应派人在进站信号机柱距钢轨顶面不低于2 m处加挂防护灯，向区间方面显示红色灯光防护车站。确认电务登记停电影响范围，组织非正常情况接发列车。区间通过信号机正常使用时，手摇道岔准备进路，按规定加锁，派引导员显示引导手信号接车，使用绿色许可证发车；区间通过信号机同时不能正常使用时，两端站确认区间空闲后，请求并接收停用基本闭塞法，改用电话闭塞法行车的调度命令，按电话闭塞法行车。现场手摇道岔准备进路，并按规定加锁。接车派引导员显示引导手信号，发车使用路票。

(b)半自动闭塞区段车站信号设备停电故障应急处置程序及作业组织。

车站值班员发现信号设备停电时，立即询问运行中的列车地面信号显示状态，如地面信号灭灯或显示错误立即通知列车停车。之后向列车调度员报告，通知车站值班干部，通知电务、供电人员检查设备，并在“行车设备检查登记簿”内登记。遇夜间应派人在进站信号机柱距钢轨顶面不低于 2 m 处加挂防护灯，向区间方面显示红色灯光防护车站。确认电务登记停电影响范围，请求并接收停用基本闭塞法改用电话闭塞法行车的调度命令。

(c)信号设备瞬间停电故障应急处置程序及作业组织。

瞬间停电或主电源停电转换副电源供电时，因停电时间(控制台主副电源转换时间)过长等原因，会造成控制台瞬间停电、恢复供电会造成已开放的信号机关闭，部分空闲道电路区段会遗留白光带。在“行车设备检查登记簿”内登记、通知电务人员将遗留的白光带使用区段故障解锁(计算机联锁设备使用上电解锁或区段故障解锁)。对关闭的信号，立即重新开放，组织恢复正常行车。如列车已接近，还应使用列车无线调度通信设备通知司机信号机关闭的原因，指示列车恢复正常行车。将设备故障情况及造成的影响报告列车调度员。

(2)可能影响行车的故障类型：接触网上挂有异物。

①故障现象。

大风等恶劣天气，接触网上(本线、邻线)挂有异物是常见影响列车运行的非正常情况。车站值班员通过列车司机或现场人员的汇报来得知接触网上出现了异状。车站接到报告后，须先问清汇报人是本线还是邻线接触网挂异物，是否影响列车运行。如影响列车运行再问清列车是能降弓通过，还是不能降弓通过。接触网上挂有异物状况，须立即通知供电人员进行处理。

②行车应急处置方式。

a. 司机汇报“不影响行车”时，按正常行车方式通过。

b. 司机汇报“能降弓通过”时：

车站值班员：接收列车调度员下达“列车需临时降弓运行”的调度命令，并向司机转达。具备调度命令无线传送系统的，应使用系统向列车司机发布(转达)调度命令；语音记录装置良好条件下，使用列车无线调度通信设备发布、转达调度命令。

列车司机：“××号降弓运行调度命令已收到，核对内容××。”

车站值班员：“核对正确。”

c. 司机汇报“不能降弓通过”时：

车站值班员应立即通知本线后续列车停车，不得再向该区间放行列车。

车站值班员:" ××(次)列车立即停车,前行 ××(次)在 ××公里(处)被迫停车。"

后续列车司机:" ××(次)列车立即停车,前行 ××(次)在 ××公里(处)被迫停车,司机明白。"

7. 机车、车辆设备故障

(1)影响行车的故障类型。

①机车故障。

a. 故障现象。

机车设备复杂,导致机车不能运行的原因很多,如机车本身故障、机车安全防护系统报警、机车在接触网分相停车、机车与其他障碍物相撞等。车站值班员接到机车故障不能运行的通知后,须询问司机停车原因、停车位置、是否影响邻线等情况。具体信息包括司机及列车长姓名、机车型号、直供电、双风管、机车停车里程、坡度、隧道、分相(上网点)、列车编组内容、LKJ 版本号等信息,并在 CTC/TDCS 车站终端上确认位置。

b. 行车应急处置方式。

车站值班员接到司机通知后,应将区间内列车运行情况通知司机,立即通知已进入区间的后续列车立即停车,并使用列车无线调度通信设备转告区间内有关列车"注意运行"。在停车原因消除前不得再放行追踪、续行、邻线列车。需组织旅客疏散时,车站值班员得到列车调度员准许后,扣停邻线列车并通知司机,司机通知有关作业人员办理。

②车辆抱闸。

a. 故障现象。

列车运行途中,车站有关人员发现旅客列车车辆走行部有冒烟、冒火星、车轮发红等抱闸情形;货物列车车辆走行部有冒火、冒烟,车轮、闸瓦发红、发蓝,车轮抱死、滑行,剧烈振动等严重抱闸情形及零星冒火星或冒火花、异响、闻到焦煳味等一般抱闸情形,立即拦停列车,并通知车站值班员拦停列车。

b. 行车应急处置方式。

(a)发现旅客列车车辆走行部有冒烟、冒火星、车轮发红等抱闸情形,应呼叫司机在就近合适地点停车,扣停已进入区间续行列车,停止向区间放行列车。

(b)货物列车车辆抱闸拦停要求。车站接车人员立岗接车时,注意列车运行和货物装载状态,发现(其他部门人员发现时,通知就近车站或列车调度员)货物列车车辆走行部有冒火、冒烟,车轮、闸瓦发红、发蓝,车轮抱死、滑行,剧烈振动等严重抱闸情形及零星冒火星或冒火花、异响、闻到焦煳味等一般抱闸情形时,须呼叫司机在就近合适地点停车,扣停已进入区间续行列车,停止向区间放行列车。

(c)拦停列车的用语:

车站值班员(外勤助理值班员):" ××(次), ××站[场]通知,车辆抱闸,就近合适地点常用制动停车。"

列车司机："××(次)车辆抱闸,就近合适地点常用制动停车,司机明白。"

(2)可能影响行车的故障类型:机车信号、列车运行监控装置(LKJ)[轨道车运行控制设备(GYK)]、列尾装置故障。

①故障现象。

运行途中,遇机车信号、列车运行监控装置(轨道车运行控制设备)、列尾装置发生故障时,司机应立即使用列车无线调度通信设备报告车站值班员,并根据实际情况掌握速度运行,此类机车设备故障应通知电务人员检查确认。

②行车应急处置方式。

a. 办理相对方向同时接车和同方向同时发接列车,接、发旅客列车的同时,接入列车运行监控装置或轨道车运行控制设备发生故障的列车而接车线末端无隔开设备,须拦停其中一趟列车(应先接不适于在站外停车的列车、停车后起动困难的列车或后面有续行列车的列车),一列进站停妥或办理完毕后,再办理另一列。

b. 遇机车信号、列车运行监控装置(轨道车运行控制设备)发生故障时,司机应控制列车运行至前方站停车处理或请求更换机车,在自动闭塞区间,列车运行速度不超过20 km/h;遇列车无线调度通信设备发生故障时,司机应在前方站停车报告。

c. 机车信号始发不接码和站内掉码。

(a)列车遇站内始发或停车再开,机车信号不接码(白灯或全红灯)时,司机确认机车停车位置是否在绝缘节上(机车信号感应器离开绝缘节各1.5 m以上)及是否有撒砂情况,并及时将情况报告车站值班员。

(b)车站值班员接到报告后,确认停车位置已登记为分路不良区段,正常组织行车;如未登记为分路不良区段,且机车不在绝缘节上和不存在机车撒砂情况时,按《技规(普速铁路部分)》第403条规定执行。登记"行车设备检查登记簿"(电务),通知电务部门进行检查处理。电务部门未销记前列车按地面信号显示组织行车,电务部门销记后根据销记组织行车。

(c)列车运行中,遇机车信号掉码时,司机应严格按地面信号显示的要求行车,并将情况汇报车站值班员。因弯道、天气等原因不能辨认地面信号机显示状态时,必须及时采取减速或停车措施;地面信号机显示停车信号(包括显示不明或灯光熄灭)时,列车必须在该信号机前停车。

(d)地面信号显示正常,确认为机车信号故障时,按《技规(普速铁路部分)》第335条机车信号故障的规定处置。车站值班员接到运行中列车机车信号掉码而地面信号正常的通知后,登记"行车设备检查登记簿"(电务),并通知电务部门。在电务部门销记前,列车按地面信号显示行车。车站值班员将后续列车机车信号接码情况及时通知电务部门,根据电务部门在车站行车设备检查登记簿上的销记组织行车。

(e)列车运行途中发现LKJ基础数据与开通运行的铁路运输基础设备、设施的数据不一致时，机车司机应立即停车，并报告车站值班员或列车调度员；列车调度员应发布允许在数据不对应的区域将LKJ由通常工作状态人工转为随时停车工作状态或降级工作状态（无法进入随时停车工作状态时转为降级工作状态）运行的调度命令，以特别行车措施保障运输安全。

d. 列尾装置故障。车站值班员接到司机通知后及时向列车调度员报告，根据列车调度员安排在前方站场（前方站不具备停车条件时为下一站场）停车检查，经检查列尾装置外观无异状，经处理列尾装置不能恢复使用时，凭调度命令继续运行至有更换条件的站场进行更换。

※思维延伸

如何提升行车应急处置能力

季节变化、设备疲劳使用及各种外在因素势必会对铁路线路、桥隧、道口、机车、接触网、通信、TDCS/CTC系统、信联闭等主要行车设备造成影响，尤其在风、霜、雨、雪、雾等天气下对行车设备危害更大，随时会出现因行车设备故障导致的非正常行车应急处置情况。如应急处置不当，极易把行车设备故障问题升级为铁路交通事故。提升作业人员的行车应急处置能力，需在两环节下功夫：

（1）强化非正常情况及行车设备故障判断能力。行车人员要广学各类规章、规定、文电及各类行车设备的操作说明，加之日常有计划地不断强化培训、应急演练，才能在安全运输生产过程中短时间内根据故障现象做出准确的设备故障判断，才能及时判明该非正常情况对列车运行产生的影响，掌握哪些非正常情况会影响、哪些情况可能影响、哪些情况不影响列车运行，为后续的行车动态应急处置奠定基础。

（2）强化行车应急处置方式的培训。行车应急处置是接发列车应急处置全过程的核心和灵魂。行车人员须娴熟掌握非正常情况下行车应急处置类别，掌握处理行车动态问题的方式、方法、车机联控标准用语。行车人员需对各种非正常情况进行汇总、分类、梳理、不断强化学习，强化日常事故案例警示教育，夯实接发车应急演练实作培训，实时对新技术、新设备、新工艺、新规章“四新”知识的培训，才能有效地提升行车人员的行车应急处置能力。

任务布置

B站方向K601次列车计划在C站通过，当K601次列车自B站发车后，C站管辖范围内突遇非正常情况或发生行车设备故障。列车运行情况如图4-1-1所示。

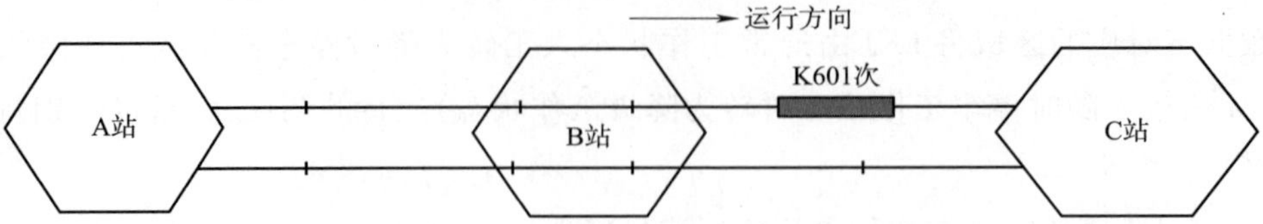

图 4-1-1 K601 次列车运行情况

请 C 站车站值班员判断以下非正常情况是否影响列车运行？应采用哪种方式（正常行车、注意运行、限速运行、降弓通过、拦停列车）进行行车动态应急处置？对应的行车应急处置的车机联控用语是什么？

（1）水害（洪水漫到铁路线路的路肩）。

（2）遇天气恶劣信号机显示距离不足 200 m。

（3）接车进路道岔故障（道岔失表、道岔挤岔报警）。

（4）接车进路轨道电路红光带或瞬间闪红故障。

（5）进站信号机故障。

（6）接到列车司机汇报线路“严重晃车”。

（7）全站“信、联、闭”设备停电。

（8）发现车辆抱闸。

（9）接到司机汇报“列车运行监控装置 LKJ 故障”。

（10）列车司机汇报“列尾装置故障”。

任务实施

序　　号	作业项目	作业内容
1	水害（洪水漫到铁路线路的路肩）行车应急处置	
2	遇天气恶劣信号机显示距离不足 200 m 行车应急处置	
3	接车进路道岔故障（道岔失表、道岔挤岔报警）行车应急处置	
4	接车进路轨道电路红光带或瞬间闪红故障行车应急处置	
5	进站信号机故障行车应急处置	
6	接到列车司机汇报线路“严重晃车”行车应急处置	
7	全站“信、联、闭”设备停电行车应急处置	
8	发现车辆抱闸行车应急处置	

续上表

序　号	作业项目	作业内容
9	接到司机汇报“列车运行监控装置(LKJ)故障”行车应急处置	
10	司机汇报“列尾装置故障”行车应急处置	

任务评价

评价项点	评价标准	本人自评得分(20%)	小组互评得分(20%)	校内教师评价得分(30%)	企业导师评价得分(30%)	综合得分
知识点掌握(30%)	熟悉各类行车设备的作用、性能、特点、基本操作方法、正常运用、故障判断及非正常应急使用知识					
技能点运用(40%)	能根据设备故障现象准确判断对列车运行的影响;会使用标准用语正确及时地做好行车动态应急处置					
职业素养(30%)	具备遵章守纪、勤奋好学、认真负责、爱岗敬业的职业精神和铁路作业标准化执行力					
综合评价						

学生感悟

思考总结	
心得分享	

任务2　接发列车应急处置程序认知	编号	XM4-2
	岗位及等级	车站值班员高级 助理值班员高级

学习目标

1. 知识目标

(1)按照应急处置的时间顺序,掌握在各类非正常情况下每一步处置程序的含义和办理要点。

(2)掌握各类非正常情况接发列车应急处置的程序标准。

2. 技能目标

(1)能第一时间发现并判断非正常情况,并快速做出该情况或故障“是否影响列车影响”的判断。

(2)会运用通信设备按标准用语列车进行行车应急处置,快速解决行车动态问题,规避非正常情况对列车安全运行的危害。

(3)在解决完列车运行动态问题后,会按程序、按步骤进行汇报、通知、故障登记、确认销记、再次汇报等静态应急处置。

3. 素养目标

(1)培养认真负责、勤奋好学、爱岗敬业的职业素质。

(2)提升铁路遵章守纪执行力。

(3)树立超前防范、负重争先、勇于担当的安全责任意识。

所需工具备品材料

序　　号	名　　称
1	《技规(普速铁路部分)》
2	《调规(普速铁路部分)》
3	《事规》
4	计算机联锁设备
5	列车无线调度通信设备

工作安全

在接发列车过程中,在发现非正常情况之初,各项应急处置程序不能颠倒、不能缺漏、要判断准确,不能因小失大。其中,行车动态应急处置是应急处置全过程中的核心程序。

关联任务

项目1任务2、任务3、任务4,项目2任务2,项目4任务1。

知识准备

4.2.1　非正常情况发现与行车设备故障判断

1. 行车非正常情况认知

行车一条线,变化万万千。在铁路行车组织过程中,难免会遇到机车、车辆、线路、信号、联锁、闭塞、供电等行车设备故障,或者遇到自然灾害、施工机具(人、车辆)及其他障碍物侵入铁路限界等非正常情况,有的情况直接危及行车、人身安全。如果不能及时发现非正常情况或应急处置不当、处理不及时，极有可能将故障影响范围扩大，引发更大的行车事故。

非正常情况范畴非常广，简单地说，只要与正常接发列车作业组织方式不同，都属于非正常情况下接发列车应急处置的范畴。行车作业中，行车人员要想准确、及时地发现判断各类非正常情况，首先要熟知正常情况下接发列车作业过程，须娴熟掌握行车设备操作和运用，具备正常情况与非正常情况接发车的对比能力，这样才能在第一时间发现和判断出行车设备故障，做出正确及时的行车应急处置选择。所以说，非正常情况的判断能力是需要日常培训演练、工作中不断总结积累经验才能提高的。

发生各类非正常情况或行车设备故障时，如区间或站内有正在动态运行的列车，处置过程叫行车应急处置；如没有，此过程叫设备故障处置。行车应急处置有非常重要的“拦停列车”“解决动态问题”程序，而设备故障处置没有此程序，也不需要此程序。二者的共同点是都有“故障判断”“汇报”“通知”“登记运统46”“确认运统46销记”“再次汇报列车调度员”等步骤。

2. 行车设备故障判断方法认知

(1)能及时发现非正常情况，迅速准确地判明故障所在，是进行后续接发列车应急处置的前提。行车非正常情况种类繁多，情况各异，有的故障现象明显，如信号机故障、道岔失表、列车占用丢失、线路晃车、接触网上挂异物等，只要认真通过盯控设备报警信息或监听司机汇报信息即可发现；有的则较为隐蔽，如联锁设备轨道电路红光带或瞬间闪红光带、山体崩塌、滑坡、落石、泥石流、线路塌方或塌坑、道床冲空、倒树、断道、接触网设备塌落、信号机倒塌、车辆抱闸脱轨等情况，须靠车站值班员过硬的业务素质、高度的安全敏感性、丰富的行车经验及日常对各种非正常情况的应急演练培训，才能及时发现并做出正确的行车设备故障判断。

(2)指派胜任人员进行现场检查确认是遇特殊情况对行车设备使用状态检查判断的最有效方法。如遇联锁设备轨道电路出现红光带或瞬间闪红光带故障，须第一时间派人到现场检查排除是否存在车辆溜逸、轨面有异物、钢轨断轨等情况；如在降雪时联锁设备发生道岔失表故障，须第一时间派人检查故障道岔，排除是否存在结冰、夹雪影响道岔转换等情况；如遇雨、雪天气或降雨量达到出巡警戒时，要及时组织电务、工务部门人员到现场进行轨面状态检查，排除设备隐患，协助车站值班员判断是否存在危及行车安全的故障现象。总之，在恶劣天气、行车设备维修、施工作业期间，极易导致非正常情况的出现，车站值班员须充分预想、超前防范，提前派胜任人员进行现场检查判断，提前排除行车安全隐患。

(3)按照国铁集团关于信号设备异状或故障时启用故障通知按钮的要求，电务系统在设有计算机监测车站的控制台(计算机联锁为显示屏)设置了故障通知按钮。车站值班员发现集中联锁设备故障时，立即点击故障通知按钮。按下此按钮可及时通过计算机监测网络向电务车间、电务段、电务部发出故障提示。为加强信号设备异状或故障后及时组织处理能力，压缩故障延时，减少对运输的干扰，在设有故障通知按钮的车站，车站值班员发现信号设备异状或故障时，先按正常程序通知电务人员处理，并在“行车设备检查登记簿”上登记故障现象后，及时按压“故障通知”按钮（计算机联锁按带铅封按钮操作），发出故障提示；故障处理完毕后，电务人员应及时拉出“故障通知”按钮并加封（计算机联锁站为再次点击），消除故障提示报警，并按规定办理销记手续。

（4）在正常接发列车过程中突发非正常情况或行车设备故障，首要任务是判断是否影响列车运行。如判断不影响列车运行，正常组织行车，按规定进行汇报、通知、登记等设备故障的处置程序；如判断影响或危及行车安全时，立即进行行车动态应急处置，拦停故障范围内或即将经过故障地段的运行列车。

4.2.2 行车动态应急处置

1. 行车动态应急处置认知

行车动态应急处置步骤是非正常情况接发列车应急处置过程中最核心的程序和步骤。突发非正常情况、行车设备故障不可避免，但行车人员如不能及时发现非正常情况、行车设备故障，不能在第一时间拦停动态列车或调车列，不能将行车危害降到最低，不能控制事态的发展，就是失职。简单地说，在正常接发列车过程中，行车人员的主要任务就是根据列车运行计划，按部就班地做好行车组织；而在非正常情况出现时，行车人员最重要的工作就是在第一时间，解决行车动态问题，拦停列车，控制事态的发展，消除因非正常情况对行车安全运行产生的影响，将故障或事故损失降到最低。

2. 行车动态应急处置方式

行车动态应急处置、拦停列车不是一概而论的。有些非正常情况或行车设备故障是不需拦停列车的，例如出现计算机联锁设备电源屏报警、主灯丝断丝报警、轨道停电、站内移频故障报警等情况，不影响列车运行，不需要进行拦停；有些非正常情况需要通知列车司机“注意运行”或“降弓通过”或“限速运行”，如发生水害列车限速、线路一般晃车、机车运行空转、车辆车轴强热、接触网挂异物能降弓通过等情况，虽影响列车运行，但不需要立即拦停列车，只需通知列车“注意运行”即可；有些非正常情况必须拦停列车，如轨道电路红光带、道岔失表、进站信号机故障、列车占用丢失、列车严重晃车、线路塌方（落石）危及行车安全等。所以，车站值班员必须熟知非正常情况的类别，清楚哪些非正常情况影响列车运行、哪些情况不影响列车运行、哪些情况可能影响列车运行、哪些情况需通知列车司机限速运行、哪些情况必须通知列车司机停车。行车人员须通过日常的工作经验积累、演练、培训，方能掌握行车应急处置的类别和方式、方法。

3. 行车动态问题的类别认知

车站值班员在接发车应急处置过程中先解决行车动态问题毋庸置疑，行车动态问题大致包括下列情况：

(1)正在经过故障地点的列车或调车列。

(2)刚经过故障地点的列车或调车列。

(3)未经过或即将要经过故障地点的列车。

(4)自动闭塞区段,后续运行的列车。

(5)双线区段,在邻线上运行的列车。

(6)与邻站(发车站)已办理妥当闭塞的待发列车。

4.2.3 向列车调度员报告

1. 列车调度员认知

列车调度员是一个调度区段的日常运输工作的具体组织者、指挥者,负责组织按图行车、应急处置,以及完成运输工作的数量指标和质量指标。列车调度员能掌控全局,且在应急处置方面经验丰富,是调度区段行车应急处置的最高指挥官,同时列车调度员也是区段内各类故障信息汇总、上报的具体负责人。可见,列车调度员在车站非正常情况接发车应急处置过程中起着监控、把关、指导、指挥等非常重要的卡控作用。

2. 向列车调度员汇报

在接发列车应急处置过程中,车站值班员看到的是一个点,列车调度员掌控的是一个面。发生非正常情况或行车设备故障后,车站值班员须立即向列车调度员报告故障发生的时间、地点、概况、设备名称、故障初步判断、影响范围等情况,并根据现场处置情况做好后续信息的及时告知。列车调度员接到报告后,可随时根据非正常情况对列车运行产生的影响,及时调整列车运行计划、安排列车会让,及时发布调度命令封锁区间、组织列车救援,降低非正常情况对管辖区段内的行车影响。

※知识拓展

《调规》对调度安全的相关规定

列车调度员是一个调度区段行车的统一指挥者,有关行车人员必须执行列车调度员的命令、指示,服从调度指挥。列车调度员应熟悉管辖区段内主要行车人员和机车车辆、线路桥隧、通信信号、牵引供电等设备基本情况,掌握天气变化对行车工作影响的规律,组织行车有关人员协调动作,实现按列车运行图行车。发生非正常情况时,现场行车有关人员应立即按规定采取安全措施,并及时向列车调度员报告,列车调度员向行车有关人员了解情况时,有关人员应如实汇报。调度指挥必须坚持安全生产的原则。当得到现场危及行车安全的报告时,应及时指示有关人员立即采取停车等安全措施,查明情况,妥善处理。

4.2.4 通知盯控干部上岗

1. 干部盯控认知

(1)值班干部应有车站值班员工作经历,具备丰富的非正常情况接发列车应急处置经验,须具备“上岗能盯控,在岗能作业”的能力。

(2)盯控干部为:设有车间的为车间主任(副)及其以上干部,未设车间的为站长(副)及其以上干部。

2. 非正常情况行车盯控把关规定

(1)遇非正常作业时,车站值班员应及时通知盯控干部上岗。

(2)盯控干部到岗后,确认“行车设备检查登记簿”(施工)登记的内容、影响范围正确无误后,在左页登记内容下方签认职务、姓名及到岗时间(配备电子运统46的站场,根据系统设置进行签认)。

(3)办理非正常情况行车作业时,本站(本场)盯控干部须在“接发列车卡控表”中的“干部到岗时间”栏内填记职务、姓名和到岗时间,对闭塞、进路、信号、凭证等关键环节严格卡控,作业人员办妥一项,盯控干部确认无误后,在“接发列车卡控表”相应程序项中画“√”,不办理的程序在相应程序栏中画“/”。对区间折返等涉及邻站(邻场)非正常行车作业时,邻站(邻场)干部也需上岗盯控,并填记“接发列车卡控表”。

3. 盯控干部上岗

按照车务系统接发列车应急处置五个第一时间、应急处置卡控、信息畅通、经验互补的要求,车站值班员在报告列车调度员之后,应立即通知盯控干部上岗,干部上岗后协助、指导、卡控车站值班员做好非正常情况接发列车应急处置的每一个关键环节。

4.2.5 通知设备管理单位

1. 设备管理单位认知

(1)设备管理单位是负责本单位管辖内的行车设备维修、故障检查、故障应急处理的主体责任部门,车务系统是行车设备的使用部门。

(2)车站值班员应熟练掌握每一类铁路技术设备和行车设备的归口管理部门,在发生非正常情况或行车设备故障时,应准确、及时地通知涉及的设备管理单位进行设备故障排查。

(3)设备管理单位包括电务、工务、供电、通信、房建、公安等部门。其中,供电部门包含接触网工区、电力工区、供水工区三家单位,车站值班员只负责通知供电部门一家即可,其他由供电人员通知各自工区检查设备,设备检查结果由供电部门统一在运统46中进行销记签认。车务自管设备也属于行车设备的一种,如轨道衡、视频监控设、防冻液喷洒、抑尘喷洒等设备发生故障影响行车时，车站值班员须通知本站设备管理部门进行检查确认。

2. 通知设备管理单位现场检查

(1)为缩短应急处置时间，在接发列车处置过程中须本着“先通知，后登记”的原则进行。能判明设备管理单位时，精准通知相关部门立即进行现场检查。如信号机故障、列车占用丢失只通知电务部门；接触网停电、接触网挂异物通知供电部门；线路晃车、机车空转通知工务部门。车站值班员如不能判明设备管理单位时，按照相关应急处置规章规定，须准确通知多家设备管理部门，同时进行故障区段的设备检查。如发生道岔失表故障需通知电务、工务、公安部门检查；闭塞机故障需通知电务、供电部门检查；发生水害需通知事故区段涉及的电务、工务、供电、通信、房建、公安等多家单位，共同进行各自管理设备的故障排查。

(2)车站值班员在进行设备部门通知上，既不能多通知，也不能少通知。多通知一家设备管理单位会延长车站进行应急处置的时间，延误作业；少通知一家则会缺漏应急处置程序，危害更大。所以，准确地通知设备管理单位进行故障排查处理是接发车应急处置的关键程序。

4.2.6 登记“行车设备检查登记簿”

1.“行车设备检查登记簿”(运统46)认知

“行车设备检查登记簿”是车站值班员记录接发车应急处置过程、设备状态的重要行车备品，是记录车站值班员发现设备故障时间、故障现象、通知设备管理单位、设备状态、是否能按非正常方式行车的唯一纸质(电子)凭据。

2.“行车设备检查登记簿”故障登记

车站信号楼(行车室)设有“行车设备检查登记簿”，用于车站值班员通过“行车设备检查登记簿”掌握固定行车设备状态，和对设备状态的交接。如实登记“行车设备检查登记簿”是非正常情况接发车应急处置非常重要一道程序，是车务部门与设备管理单位之间应急处置责任划分、事故定责的重要书面凭证。简单地说，行车人员及时通知了设备部门检查故障设备，并在运统46进行登记，如因设备单位处理故障时间长导致了耽误列车事故，事故责任部门为设备管理单位；反之，如因车站值班员漏通知设备部门或通知后设备部门及时在运统46进行了销记，而因车务部门非正常情况接发列车组织不力导致的事故发生，责任部门可能就会定到车务部门身上。所以，车站值班员在发现或接到行车设备故障的报告后，应立即通知涉及设备管理单位，并在“行车设备检查登记簿”详细记录“故障发生的时间、故障现象、通知设备单位时间、被通知人员姓名”等情况。设备管理单位驻站联络员到岗后须如实在“行车设备检查登记簿”内签认到岗时间，尽快组织本单位人员进行现场故障检查、处理。

※知识拓展

《技规(普速铁路部分)》对"行车设备检查登记簿"登记的规定

车站值班员发现或接到行车设备故障的报告后，应立即通知设备管理单位相关人员，并在"行车设备检查登记簿"内登记。列车调度员发现或接到调度台行车设备故障的报告后，应立即通知设备管理单位相关人员，并在"行车设备检查登记簿"内登记。设备管理单位应在"行车设备检查登记簿"内签认，尽快组织修复。对暂时不能修复的，应登记停用内容和影响范围，并注明行车限制条件。

4.2.7 通知站段安全生产指挥中心

1. 安全生产指挥中心认知

安全生产指挥中心是为加强安全信息管理，遵循预防为主、关口前移、源头防范的原则，确保安全信息报告渠道畅通、响应处置迅速、追踪分析及时、闭环管理到位而设置的站段及应急处置管理岗位。安全信息是指铁路运输生产过程中发生的各类事故、设备故障，以及影响运输秩序、行车安全和人身安全的隐患和问题。

安全生产指挥中心，负责车站应急指挥、安全监控分析、记录仪使用督查及安全专业问题回放与分析、安全生产值班等工作。

2. 通知安全生产指挥中心

车站值班员在发现非正常情况或行车设备故障后，需通知本站段的安全生产应急指挥中心。确保应急指挥中心值班人员能在第一时间通过视频实时监控，对现场非正常情况接发车应急处置过程进行监督、指导、卡控、分析，并及时将故障信息向上一级部门传递，及时启动车站级应急预案。

4.2.8 确认设备管理单位在"行车设备检查登记簿"的签认销记

1. 确认"行车设备检查登记簿"销记认知

(1)确认设备管理单位在"行车设备检查登记簿"上设备检查情况的销记，是能否进行后续非正常情况接发列车的关键程序和时间节点。也就是说，设备部门没有进行运统46销记，车站值班员就不能恢复行车、就不能按非正常方式组织接发列车，设备部门在"行车设备检查登记簿"销记了，车站值班员才可以根据设备部门销记的行车限制条件组织后续非正常行车组织，但要得到列车调度员的同意。

(2)设备管理单位接到车站值班员设备故障的通知后，应在"行车设备检查登记簿"内签认，查明故障原因，确定故障影响范围，尽快组织修复。对暂时不能修复的，应在"行车设备检查登记簿"内登记停用设备的内容和影响范围，并注明行车限制条件。如设备故障危及行车安全需立即抢修时，设备管理单位按规定采取措施，并在“行车设备检查登记簿”内登记，通过车站值班员报告列车调度员，经调度所值班主任批准，列车调度员发布调度命令，设备管理单位组织进行抢修。

2. 确认行车限制条件

设备管理单位在“行车设备检查登记簿”中签认销记的行车限制条件，直接决定了车站值班员能否或该采取何种方式进行后续的非正常行车组织，如发生“线路晃车”工务部门销记“可以限速运行”，车站值班员即向列车调度员申请临时限速运行的调度命令，按照限速运行相关规定组织列车限速恢复运行；如联锁设备发生轨道电路红光带故障时，在工务、供电部门销记各自设备正常，电务部门销记“ ××轨道区段属轨道电路故障，暂时无法修复，可以按非正常方式行车”的销记后，车站值班员确认签认后即可向列车调度员汇报，按其指示组织非正常行车。

※警钟长鸣

未确认设备部门运统46销记，盲目放行列车酿成事故

1. 事故概况

某日4:37，24××次旅客列车运行至×站×行3接近(3842G)时，计算机联锁显示屏左下角对话框显示“SH解锁”提示，ⅡBG闪红光带，造成SH进站信号机关闭。24××次列车非常制动，冒进SH进站信号机停于×线K382+826处。4:40信号员在电务、工务部门没有在运统46销记的情况下，通知24××次列车动车，盲目放行旅客列车通过故障处所。作业人员违反劳动纪律、作业纪律耽误列车，构成铁路交通一般D10类事故。

2. 原因分析

接车作业过程中，信号员没有认真盯控已经建立的列车进路和光带、信号变化情况，没有及时发现进站信号机内方第一轨道区段(ⅡBG)光带短暂闪红异常情况。车站值班员在运统46登记故障后，在设备单位均未销记的情况下，信号员擅自联系司机动车，车站值班员不互控、不阻止。

3. 应采取的措施与方法

在接发列车过程中，要认真盯控进路，随时注意设备变化，发生设备故障要果断执行“拦、停、扣”制度。未在运统46销记设备检查情况和行车限制条件前，严禁放行列车。

4.2.9 再次向列车调度员汇报

各家设备管理单位在“行车设备检查登记簿”中的设备状态检查销记结果，是能否进行后续非正常行车组织的最后一关。车站值班员汇报时,应将每一家设备管理单位的设备状态、检查完毕时间、故障原因、影响范围、行车限制条件、设备恢复时间等情况逐一向列车调度员汇报,之后按照列车调度员的命令或指示,组织后续非正常情况接发列车工作。

※思维延伸

应急在前,处置在后

接发列车应急处置是车站值班员在接发列车过程中,不管遇哪类非正常情况,都须先进行设备故障判断,后进行行车动态应急处置,再进行汇报、通知、登记、确认销记,再汇报列车调度员并按其命令指示组织非正常行车的一个动态过程。

行车应急处置在前,汇报处置在后。程序绝不能颠倒、本末倒置,否则,会扩大故障影响,很有可能会把简单的非正常情况或行车设备故障演变成为铁路交通事故。

任务布置

B 站方向 K603 次列车计划在 C 站通过。当 K603 次列车自 B 站发车后,C 站管辖范围内突遇非正常情况或出现行车设备故障。列车运行情况如图 4-2-1 所示。

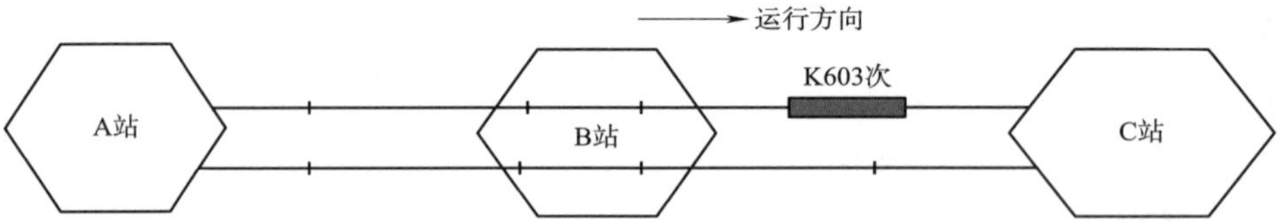

图 4-2-1　K603 次列车运行情况

请 C 站车站值班员按步骤回答遇到下列非正常情况时,接发列车的应急处置程序:

(1)因水害(洪水)导致山体崩塌、滑坡、落石、泥石流、线路塌方或塌坑、道床冲空、倒树、断道、接触网设备塌落、信号机倒塌等危及行车安全的险情。

(2)接车线路轨道电路出现红光带或瞬间闪红。

提示:接发列车应急处置程序步骤如下:

第一步:非正常情况发现与行车设备故障判断。

第二步:行车动态应急处置。

第三步:向列车调度员报告。

第四步:通知盯控干部上岗。

第五步:通知设备管理单位。

第六步:登记“行车设备检查登记簿”。

第七步:通知站段安全生产指挥中心。

第八步:确认设备管理单位“行车设备检查登记簿”销记。

第九步:再次向列车调度员汇报。

任务实施

序　号	作业项目	作业内容
1	遇水害(洪水)导致山体崩塌、滑坡、落石、泥石流、线路塌方或塌坑、道床冲空、倒树、断道、接触网设备塌落、信号机倒塌等危及行车安全的险情时,接发列车应急处置	
2	接车线路轨道电路出现红光带或瞬间闪红时的应急处置	

任务评价

评价项点	评价标准	本人自评得分(20%)	小组互评得分(20%)	校内教师评价得分(30%)	企业导师评价得分(30%)	综合得分
知识点掌握(30%)	掌握接发列车应急处置的程序步骤、含义及办理要点。掌握各类非正常情况运统46登、销记方法和各步骤作业标准					
技能点运用(40%)	能按照时间顺序和应急处置方法灵活进行非正常情况下的接发车应急处置;能运用专业知识做出正确的行车设备故障判断,会快速进行行车动态应急处置,按照固定流程完成接发车应急处置工作					
职业素养(30%)	具备遵章守纪、勤奋好学、认真负责、爱岗敬业的职业精神和铁路作业标准化执行力					
综合评价						

学生感悟

思考总结	
心得分享	

# 任务 3　非正常情况接发列车	编号	XM4-3
	岗位及等级	车站值班员高级 助理值班员高级

学习目标

1. 知识目标

(1)掌握各类非正常情况接发列车的基本原则、类型、方法、办理要点、安全风险点。

(2)掌握各类非正常情况下接发列车作业流程、作业标准。

2. 技能目标

(1)能在发生各类非正常情况时,选择一种最为合理、有效、快捷、简单、实用的方式完成接发列车工作。

(2)能把握非正常情况接发列车的关键程序,严控"闭塞、进路、信号、凭证"顺序关。

(3)能按照非正常情况接发列车作业要求、标准用语、规定程序完成非正常情况接发列车工作。

3. 素养目标

(1)培养认真负责、勤奋好学、爱岗敬业的职业精神。

(2)提升铁路遵章守纪执行力。

(3)树立超前防范、负重争先、勇于担当的安全责任意识。

所需工具备品材料

序　　号	名　　称
1	《技规(普速铁路部分)》
2	《调规(普速铁路部分)》
3	《事规》
4	《铁路车机联控作业》
5	计算机联锁设备
6	列车无线调度通信设备

工作安全

严格执行相关规章制度、作业标准和《铁路车站行车作业人身安全规定》。

关联任务

项目 1 任务 1、项目 2 任务 2、项目 3 任务 1。

知识准备

4.3.1 非正常情况接发列车的范畴

凡与正常接发列车作业不同的接发车方式都属于非正常情况接发列车的范畴。非正常接发列车的范畴，按照类型可分为设备故障导致非正常、施工导致非正常、运行条件发生变化导致非正常三类。

4.3.2 非正常情况接发列车特征与处置原则

1. 非正常情况接发列车的特征

非正常情况接发列车具有行车组织方法发生变化、部分或全部行车设备发生故障、闭塞方式发生变化、准备列车进路的方法发生变化、使用特定的行车凭证、使用引导信号或手信号办理接发列车等特征。上述特性决定了非正常情况接发列车办理方法、安全措施与正常情况接发列车的不同。非正常情况接发列车的处置方法可以理解为“缺啥补啥”，通过补缺项完成接发列车完整的作业项目。

2. 非正常情况接发列车处置原则

非正常情况下组织接发列车应遵循“安全、快捷、科学、合理、能使用行车设备必须使用行车设备”的原则。非正常情况下接发列车的作业过程采用以设备控制为主，人员控制为辅的原则。

以非正常方式组织接发列车作业，不同于正常作业时那么安全、稳定。正常作业时，闭塞、进路、信号、调度指挥、列车运行等关键作业环节都实现了技防、物防手段的科学卡控，列车运行得到了可靠的技术保证。而在非正常情况接发列车作业时，某些作业环节是要靠人工代替联锁设备来完成的，列车运行安全存在较大的风险。正常情况准备列车进路时，车站值班员只需点击进路始端按钮和进路终端按钮，联锁设备即自动将进路上的相关道岔（包括防护道岔）转换到位，自动进行进路预先锁闭，自动开放进（出）站信号，进路准备即自动完毕；而非正常情况下准备进路时，则需要车站值班员一步一步靠人工逐项完成，人工卡控列车进路风险极大，所以在非正常情况接发列车过程中须坚持“能使用行车设备必须使用行车设备”的原则。

3. 非正常情况接发列车“能使用行车设备必须使用行车设备”原则的具体做法

（1）集中联锁设备发生道岔失表或轨道电路红光带设备故障时，可首选采用排列变通进路或变更接车股道的方式绕开故障区段，完成对列车的行车动态应急处置。能使用设备按正常方式接发列车，绝不按非正常方式接发列车。

（2）集中联锁设备进站信号机故障（无法开放绿色灯光）接发本站通过列车时，可采用先开放黄色灯光将列车接入站内，再开放出站信号的方式办理列车在站内通过，尽量利用未故障信号设备办理列车接发。

(3)集中联锁设备在非正常情况下准备接发车进路时,应首选采用正排调车进路的方式准备进路,开放的调车信号只起锁闭进路的作用,不必取消。如不能采用排列调车进路的方法准备进路时,才次选采用单操单锁的方式准备非正常情况接发列车进路。

(4)利用集中联锁设备接车时,能采用开放引导总锁闭的方式接车,绝不派人到进站信号机外方以显示引导手信号的方式接车。

(5)集中联锁设备,对非正常情况接发列车进路进行加锁时,能利用联锁设备进行室内单锁,绝不派人到现场使用勾锁器进行道岔现场加锁。

(6)车站值班员在交付行车凭证、调度命令过程中,能使用调度命令无线传送系统传输或使用语音记录装置良好的列车无线调度通信设备向司机发布、转达,尽量不派助理值班员到现场向司机人工交付行车凭证和调度命令。

4.3.3 非正常情况接发列车的关键环节

1. 非正常情况接发列车关键环节认知

非正常情况接发列车关键环节是非正常情况接发列车过程的骨架,每一环节都是必须要有的,漏一个环节就是事故,程序颠倒也会导致事故的发生。进一步考虑现场非正常情况不常遇、日常演练不到位等原因,非正常情况接发列车工作风险极大,行车安全隐患突出。

非正常情况接发列车关键环节依次包含办理时机关、闭塞关、进路关、信号关、行车凭证关、调度命令关、顺序关等关键环节。其中,进路关是核心,顺序关不能颠倒。

2. 关键环节

(1)办理时机关。

①车站值班员在组织非正常情况接发列车时的时机掌握非常重要。进行非正常情况接发列车工作必须要具备两个条件:一是确认设备管理单位在“行车设备检查登记簿”销记的行车限制条件;二是得到列车调度员准许。

②每一关键环节的办理时机也很重要,如非正常情况接发列车进路未准备完毕,车站值班员即填写、交付行车凭证即构成了事故。非正常情况接发列车每一作业环节都有办理的时机,车站值班员在进行非正常情况接发列车作业组织时,务必要掌握好节奏、把控好时机,要做到不慌不乱、心中有数、沉着冷静、处置有序。

(2)闭塞关。

①闭塞关是办理非正常情况接发列车的开门关,车站值班员如果粗心大意,很容易导致列车漏办闭塞、错办闭塞、错开方向等事故。所以,车站值班员在办理闭塞前,必须先确认区间空闲,认真核对班计划、阶段计划的列车车次、时刻、命令、指示,必要时与列车调度员联系,核对好接发车计划。未办或错办闭塞发出列车行为属于铁路交通一般C9类事故。

②遇行车设备故障、施工维修作业、自然灾害等情况造成基本闭塞法不能使用或在

特定行车条件下需停止使用基本闭塞法时，车站值班员须向列车调度员报告。列车调度员详细了解现场情况后，向有关处所和人员发布停止使用基本闭塞法改按电话闭塞法行车的调度命令。

③车站值班员在办理闭塞时，必须确认区间空闲。采用半自动闭塞设备的车站，因区间无轨道电路，一旦列车在区间丢车，设备也反映不出来，如不认真确认列车是否整列到达，即办理区间开通，再向区间发出列车，是非常危险的。至于电话闭塞，因无设备控制，一旦疏忽，就更有可能向占用区间发车。因此，车站值班员在接发列车工作中，首先要把好办理闭塞时确认区间空闲这一关。确认区间空闲的办法，主要是通过闭塞设备、行车日志、各种表示牌，以及有关人员的情况报告等，确认前次列车是否全部到达，补机是否返回，出站（跟踪）调车是否完毕，以及有无区间封锁和轻型车辆占用等。

※知识拓展

电话闭塞法

微课：电话闭塞法认知

电话闭塞法是当基本闭塞法不能使用时所采用的代用闭塞法，由两站（线路所）值班员以电话记录办理闭塞的一种方法。

电话闭塞不论单线或双线，均按站间区间办理。在停用基本闭塞法改按电话闭塞法或恢复基本闭塞法行车时，均须根据列车调度员的命令并确认区间空闲后方准采用。遇列车调度电话不通时，闭塞法的变更或恢复，应由该区间两端的车站值班员确认区间空闲后，直接以电话记录办理。列车调度电话恢复正常时，两端站车站值班员应及时向列车调度员报告。

停止基本闭塞法改用电话闭塞法行车的情况有以下五种：

（1）基本闭塞设备发生故障导致基本闭塞法不能使用、自动闭塞区间内两架及以上通过信号机故障或灯光熄灭时。

（2）无双向闭塞设备的双线区间反方向发车或改按单线行车时。

（3）发出由区间返回的列车，或发出挂有由区间返回后部补机的列车时。

（4）自动站间闭塞、半自动闭塞区间，由未设出站信号机的线路上发车，或超长列车头部越过出站信号机并压上出站方面轨道电路发车时。

（5）在夜间或遇降雾、暴风雨雪，为消除线路故障或执行特殊任务，开行轻型车辆时。

（3）进路关。

①准备非正常情况接发列车进路，是非正常情况接发列车工作组织的核心。道岔按占用顺序分顺向、对向。列车经辙叉心向尖轨运行时，该道岔为进路上的顺向道岔，列车由尖轨向辙叉运行时，该道岔为进路上的对向道岔。当进路上顺向道岔开通位置错误

时，可能造成挤岔；当对向道岔开通位置错误时，则可能使列车进入不该进入的线路，与线路内的机车、车辆发生冲突，其后果严重。未准备好进路接发列车属于铁路交通一般C8类事故。

②在无联锁的线路上接发列车时，由于无设备保证进路正确及不能锁闭敌对进路，容易发生意外，为了保证列车出入站的安全，进路上无联锁的对向道岔及邻线上能够进入该进路的无联锁的防护道岔应加锁，进路上有联锁的道岔及邻线上有联锁的防护道岔应在控制台上单独锁闭，以防意外扳动造成列车进入异线、脱轨或其他机车车辆闯入接车进路发生冲突事故。

③对接发列车进路上的分动外锁闭道岔，由于结构不同于普通道岔，活动部分多，锁闭工具、加锁位置也与普通道岔不同，要求在进路上无论对向和顺向，都必须对密贴尖轨，斥离尖轨和可动心轨加锁。

④为达到双人互控进路的目的，车站值班员在布置、准备进路时应使用标准用语，要使互控人员能听清，用语要简明清楚，不得简化。布置进路的命令，不准与其他作业命令一起下达，防止信号员在排列进路时混淆、听错。如车站衔接方向有两条及以上运行线时，布置进路时除讲明方向，还应讲清经由线别。

⑤为了防止准备进路时有关人员错听，受令人员必须复诵。车站值班员要认真听取复诵，核对无误后方可下达“执行”命令。

⑥准备进路、开放信号前，车站值班员必须进行“两个确认”：一确认，确认接发列车进路空闲。集中联锁设备或有轨道电路并纳入联锁的车站，车站值班员应按信号操作终端光带或线路占用表示灯确认。设备故障时，车站值班员应指派助理值班员进行现场确认并进行汇报；二确认，确认影响列车进路的调车作业已停止，车站值班员必须亲自或通过有关人员现场检查。上述工作完毕后，车站值班员方可下达准备接发列车进路的命令。影响列车进路的调车作业应在《站细》规定的开放信号时机前停止，严禁抢钩作业。

⑦当接发列车进路发生道岔失表或轨道电路红光带设备故障时，准备进路环节最为复杂，需要信号员（车站值班员）和扳道员（两人）分别准备，共同完成。信号员（车站值班员）利用联锁设备准备未故障区段的进路，扳道员手摇把和勾锁器准备故障区段内的进路，现场手摇道岔、室外加锁，严格执行“双人检查、双人确认、双人汇报”制度。

※知识拓展

《事规》有关进路规定

《事规》第十四条规定，未准备好进路接、发列车，未构成一般B类以上事故的，为一般C8类事故。

进路：系指接入停车列车时，由进站信号机起至接车线末端计算该线有效长度的警冲标或出站信号机止的一段线路；发出列车时，由列车前端起至相对进站信号机或站界标为止的一段线路；通过列车时，为该列车通过线两端进站信号机或站界标间的一段线路。

未准备好进路：系指一是进路上的道岔未扳、错扳、临时扳动或错误转动；二是进路上有轻型车辆（包括拖车）、小车及其他能造成脱轨的障碍物（不包括其他交通车辆）；三是邻线的机车车辆越过警冲标；四是违反《技规（普速铁路部分）》第353条“禁止办理相对方向同时接车和同方向同时发接列车”的规定而办理同时接车或发接列车；五是超限列车（包括挂有超限货物车辆的列车）、客运列车由于错误办理造成进入非固定股道。

接入停车或通过的列车，列车前端进入进站（进路）信号机或站界标及发出的列车起动均算。

设有进路信号机的车站，分段接发列车时，按分段算。如果每段都发生，每段各定1件事故；如果一次准备的全通路，为一个进路，定1件事故。

（4）信号关、行车凭证关。

①在接发列车进路准备妥当后，才能开放引导信号或填写行车凭证。

②非正常情况下接入列车开放信号方式有四种：一是正常开放进站信号接车；二是采用开放引导信号的方式接车；三是指派引导员显示引导手信号方式接车，使用引导手信号的根据是列车调度员下达准许引导手信号接车的调度命令；四是站内无空闲线路的特殊情况下，由接车人员向司机通知事由后，以显示调车手信号旗（灯）的方式将列车领入站内。

③引导接车具体办理方法：

a. 引导接车的方法有开放引导信号接车和派引导人员显示引导手信号接车两种。其中引导信号接车又分为进路式引导接车和引导总锁闭方式引导接车。派引导人员显示引导手信号接车前，须提前向列车调度员申请准许使用引导手信号接车的调度命令。

b. 当进站（接车进路）信号机故障仅能开放引导信号、进路上无岔区段轨道电路故障或道岔区段轨道电路故障道岔在所需位置、延续进路轨道电路故障（或道岔失表）、相关联的侵限绝缘区段轨道电路故障时，应采用进路式引导方式接车。

c. 当进路上道岔区段轨道电路故障道岔不在所需位置、进路上道岔或该进路上的防护道岔失表故障、向进站（接车进路）信号机联锁范围以外的线路上接车时，应采用引导总锁闭的方式开放引导信号接车。

d. 当进站（接车进路）信号机故障无法开放引导信号、信号设备停电不能开放引导信号、双线区段反方向接车而无进站信号机时，应派引导员显示引导手信号接车。

e. 进站信号机内方第一轨道电路区段故障开放引导信号后，应持续点击引导信号按钮,点击间隔不超过14 s(标准版联锁应小于15 s)。如点击间隔超出规定的时间,引导信号则会自动关闭,影响列车运行。

f. 按压引导总锁闭按钮后,本咽喉区不能再排列其他进路,但不影响本咽喉已排列的列车、调车进路。在双线(多线)区段及一端咽喉衔接多方向且作业繁忙的车站,使用引导总锁闭,对本咽喉区其他作业影响较大,所以在这种情况下,应按列车调度员的指示确定接发列车顺序。车站值班员也可提前准备同一咽喉的其他进路。

g. 引导接车时,列车以不超过20 km/h速度进站,并做好随时停车的准备。在使用引导信号或派引导人员接车时,为保证列车进站安全,列车应以不超过20 km/h的速度进站,并做好随时停车的准备,以防进路准备错误或进路上有障碍物。

h. 由引导人员接车时,为了便于司机确认,引导人员应站在引导员接车地点标处(未设的,应站在进站信号机、进路信号机或站界标外方),正确显示引导手信号。当列车头部越过引导信号或引导手信号后,即可关闭引导信号或收回引导手信号。

④非正常情况下发出列车的行车凭证包括四种:一是自动闭塞区段遇《技规(普速铁路部分)》第315条特殊情况时,发出列车的行车凭证为绿色许可证;二是自动闭塞、单(双)线半自动闭塞、自动站间闭塞集中联锁设备车站,遇行车设备故障或反方向行车等情况需停止使用基本闭塞法改按电话闭塞法行车时,发出列车的行车凭证为路票,停用基本闭塞法改按电话闭塞法行车的调度命令和路票须一并向列车司机交付;三是向封锁区间发出救援列车或路用列车时,列车进入封锁区间的行车凭证为调度命令;四是一切电话中断后的条件下优先发车站,发出列车的行车凭证为红色许可证。

⑤办理行车凭证的规定:

a. 调度命令及各种行车凭证,要做到正确齐全,字迹清晰。

b. 各种行车凭证的站名及调度命令的受令车站须盖站名印,签名处不得盖人名章。

c. 列车调度员通过TDCS系统下达的调度命令与《技规(普速铁路部分)》附件4等效,车站加盖站名印后,可直接向司机等有关人员交付。

d. 开通GSM-R网络的区段,具备使用CTC/TDCS系统向机车司机传送调度命令和行车凭证的车站,可使用系统向司机发布(转达)或交付调度命令(行车凭证),并均需确认司机回执。如未收到司机回执,应及时联系司机确认。车站值班员转达或交付行车凭证时,必须在进路准备妥当后方可进行。收到司机回执后,应与司机核对行车凭证,并告知司机进路准备情况。车站值班员使用调度命令无线传送系统向司机转达或交付行车凭证时,车站干部需上岗盯控。车站值班员先填写纸质行车凭证(调度命令除外),再对照录入系统,经车站盯控干部对列车车次、机车类型、机车号码、凭证内容等逐项确认无误后,方可传送。纸质行车凭证在列车到达前方站后注销。路票需加盖“反方向行车”或“××线行车”章时,可在系统中使用文本格式输入“反方向行车”或“××线行车”字样,再进行无线传送。需要交付书面通知且书面通知无法传送时,绿色许可证与书面通知应一并交付。

e. 反方向或多线区间使用路票发车时，应在路票左上角加盖“反方向行车”或“××线行车”章。

(5)调度命令关。

①调度命令是为了落实运行图及编组方案，保证运输秩序的正常运转，及时处理所辖区段内的突发情况，列车调度员代表国铁集团或铁路局集团公司面向基层运输站段下达的书面命令。

②在非正常情况接发列车过程中，调度命令起三个作用：一是起到非正常情况接发车作业程序的卡控作用，没有列车调度员的命令，有些程序不能往下进行，如停用基本闭塞法改按电话闭塞法行车、引导手信号接车、使用故障按钮办理闭塞机复原等情况在办理作用前，都必须得到列车调度员调度命令卡控后才能进行；二是起行车凭证的作用，列车司机接到调度命令后才会发车，如向封锁区间发出救援列车或路用列车；三是起指挥列车运行的作用，如列车临时限速运行、列车降弓通过等情况。不管调度命令起什么作用，车站值班员都不能漏交、错交、漏传、错传调度命令。

※警钟长鸣

值班员盲目签收调度命令

1. 事故概况

某日10:14，某铁路局集团公司调度员下发调度命令：“自接令时起至另有命令时止，K365+500~K365+600处限速45 km/h。受令处所：A站、B站、C站。”A站车站值班员未通知在场盯控作业的副站长、值班站长进行审核，在未对调度命令内容认真审核的情况下，盲目点击签收。副站长听到调度命令下达，通过TDCS系统查阅确认有错，10:15才由车站值班员向列车调度员汇报该命令不正确，造成铁路局集团公司模拟错发调度命令未能及时卡控的问题。

2. 原因分析

调度台下达模拟调度命令后，A站车站值班员没有严格落实调度命令签阅基本作业制度，在调度命令下达不到30 s内，没有认真阅读确认调度命令内容，直接省略阅读确认程序，不加思索，盲目签收。

3. 应采取的措施与方法

作为行车人员，要规范限速调度命令发布、传递的程序，严格执行签署调度命令的标准化程序，树立遵章守纪、从严落标的安全观念。

(6)顺序关。

确保非正常情况接发列车各程序依序进行，不可颠倒。

4.3.4 非正常情况接发列车进路准备

1. 非正常情况接发列车准备进路认知

准备进路是非正常情况下接发列车全过程最为重要的环节,是核心中的核心。如进路准备错误,轻则发生列车错开方向事故,重则会发生挤坏道岔、列车脱轨、列车相撞、列车颠覆等恶性事故,后果不堪设想。

2. 非正常情况接发列车准备进路方法

(1)非正常情况接发列车,能使用行车设备时,应使用行车设备办理行车。非正常情况接发列车准备进路时,应坚持"能使用行车设备必须使用行车设备"的原则:能单操道岔时,不就地操纵;能在显示屏(控制台)上加锁时,不现场使用勾锁器加锁;能使用引导总锁闭方式接车,不采用派人显示引导手信号的方式接车。

(2)非正常情况接发列车时准备进路的方法:

①设备能使用时:采用正排调车进路的方法准备进路,开放的调车信号只起锁闭进路的作用;无法正排调车进路时,采用单操单锁的方法准备进路。

②设备不能使用时:采用就地操纵道岔的方法准备进路并按规定加锁(进路上有联锁的道岔室内单锁,进路上无联锁的所有道岔及邻线上防护道岔室外加锁)。

③设有中岔线路非正常情况接发列车,准备进路时,中岔应开通所需位置并加锁。

④引导进路的准备方法依据设备厂家操作手册办理。

⑤在信号操作终端上具备接通光带功能时,应使用接通光带功能确认进路正确。

(3)共同完成进路准备。共同完成非正常情况接发车进路准备是最难的,也是风险最大的。例如,集中联锁设备发生道岔失表或轨道电路红光带(道岔不在所需位置)设备故障时,准备进路环节最为复杂,需要信号员(车站值班员)和扳道员分别准备,共同完成。信号员(车站值班员)准备未故障区段的进路,能正排调车进路就正排,不能时采用单操单锁的方式准备进路;扳道员准备故障区段内的进路,现场手摇道岔、利用勾锁器加锁,之后双人确认、双人检查、双人汇报。再如,施工导致非正常情况,施工作业车在封锁区段内作业范围涉及邻站准备进路时,两站车站值班员须分别准备各自的作业车走行进路,本站车站值班员确认双方站均准备进路妥当、加锁正确后,方准同意施工作业车开始作业。

(4)设有延续进路的接车进路,遇非正常情况准备接车进路时,亦应准备延续进路并按规定锁闭道岔。

(5)在无联锁的线路上接发列车时,车站值班员除严格按接发列车程序办理外,还应将进路上无联锁的全部道岔及邻线上的防护道岔加锁。

(6)就地操纵的道岔为双动、多动道岔,现场加锁时相应道岔亦应操纵至所需位置并加锁。复式交分道岔可动心轨也应使用专用勾锁器加锁。

3. 无联锁或联锁失效时道岔加锁认知

(1)道岔勾锁器配备及管理的规定。

车站应按道岔类型配备足够数量的勾锁器,数量须满足同时办理接发列车进路时道岔(包括防护道岔)加锁的需要。勾锁器应进行编号管理。

(2)道岔加锁位置的有关规定。

道岔扳动装置良好时,按下列规定办理:

①使用手摇把转换内锁闭道岔时,确认内锁闭道岔的尖轨与基本轨密贴及道岔转辙机锁闭后,使用勾锁器对尖轨勾锁。

②使用手摇把转换分动外锁闭道岔时,确认道岔已处于锁闭状态后,使用勾锁器对尖轨勾锁;对可动心道岔须对尖轨、辙叉心转辙机分别摇动、落锁后,确认尖轨、可动心辙叉开通位置正确并使用勾锁器勾锁。分动外锁闭道岔除按规定锁定密贴尖轨外,均需用斥离轨限位器对斥离尖轨进行锁定。

③正常情况下,上述作业由车务人员负责办理,仅设有车务应急值守人员的 CTC 区段集控站遇非正常情况时由电务、工务人员负责办理。

4. 道岔锁闭的方式

(1)在控制台或显示屏上单锁道岔,道岔按钮点亮红灯,该道岔被锁住,叫作单操锁闭。

(2)排列进路后,进路上点亮白光带时,进路上的所有道岔就被锁住,叫作进路锁闭。

(3)道岔区段有车占用或轨道电路发生故障,该区段内的道岔被限制于规定位置而不能转换的锁闭状态,叫作区段锁闭。

(4)集中区的道岔联锁失效或非集中联锁的道岔需要加锁时,使用勾锁器等将道岔锁于所需位置,叫作人工锁闭。

5. 电动(液)转辙机手摇把的管理规定

手摇把是车务人员现场手摇道岔、准备进路的必备工具,电动(液)转辙机手摇把要实行统一编号,集中管理,建立登记签认制度。

(1)手摇把的保管。

①集中联锁的道岔所使用的手摇把,应存放在指定地点,并统一编号,电务加封,统一装箱,电务、车务双方加锁,车站保管。手摇把的数量由车务与电务共同商定,编号由电务负责,钥匙由车务、电务分别保管。

②无信号工区的车站实行统一编号、电务加封、统一装箱、车务加锁、车站保管,钥匙由车站站长保管。需使用时,应在“行车设备检查登记簿”内登记后,方可启用。

(2)遇集中联锁失效时,按下列程序办理:

①立即通知信号工区处理。

②在车站值班员的指示下,电务人员切断电源,到现场打开电动(液)转辙机手摇把孔,后由扳道员或胜任人员用手摇把将道岔转换到所需位置,并达到锁闭。

③联锁失效施行就地操纵的道岔,在接发列车时,列车进路上的对向道岔及邻线上的防护道岔,均以勾锁器加锁;分动外锁闭道岔由工务以紧固器紧固(包括斥离尖轨),车务确认进路正确后,以勾锁器加锁。

④手摇把使用后应及时收回,由车务、电务双方清点数量并核对号码,加封加锁后销记。

4.3.5 非正常情况接发列车办理要点

1. 非正常情况接发列车的实质

非正常情况接发列车工作的实质就是一种作业方式的替代。正常情况下,车站值班员依靠行车设备及各种电子系统来完成接发列车组织工作。非正常情况下,行车设备的某些功能不能正常使用时,只能靠人工方式来取代。例如发生道岔故障,联锁关系破坏时采用现场手摇道岔的方式准备进路;进站信号机故障时采用引导接车方式接车;闭塞机故障时采用"停基改电"的方式填写路票组织发车等。不管是非正常情况还是正常情况下接发列车,只是在某一环节的方式方法上不同,接发列车大程序上两种组织方式是完全一致的。

2. 非正常情况接发列车难点

(1)在非正常情况接发列车过程中,最怕的是作业漏项、程序颠倒。如在非正常情况接发列车组织过程中处置不当、程序缺漏会导致事故的发生或事故升级,会造成比行车设备故障更大的损失和危害。

(2)随着铁路新技术、新设备的广泛运用和换代更新,行车设备的运用状态逐步趋于稳定,非正常情况发生的次数明显减少,有的车站值班员在一年当中遇不到几次。因为不熟悉,如突发非正常情况,车站值班员往往会忙乱无序、抓不住作业关键点。所以,"不常遇"是非正常情况接发列车作业的一个难点。

(3)非正常情况行车组织是铁路各行业中最为复杂的工作,车站值班员在非正常作业组织过程中不但要熟知本系统的规章制度、作业标准等,还要清楚调度、机务、电务、工务、供电等系统的规章规定,同时还要考虑"天、地、人、车、货"等动态因素,因此非正常情况接发列车组织对车站值班员的综合素质要求特别高。俗话说"台上一分钟,台下十年功",若日常对在岗车站值班员接发列车应急演练培训不到位,势必会导致事故的发生。所以,"不常练"也是非正常情况接发列车作业的一个难点。

(4)由于非正常情况接发列车的某些程序环节要靠人工完成,稍有不慎,就会在处置过程中发生作业漏项、程序颠倒,长时间的工作也会让车站值班员思想麻痹、作业疲沓、不以为意、不懂不会还不怕,不清楚非正常情况下错误组织行车的危害。所以,"不懂怕"也是非正常情况接发列车的一个难点。

3. 非正常情况下接入列车的办理要点

《技规(普速铁路部分)》规定:"进站、接车进路信号机不能使用时,应开放引导信号。引导信号不能开放或无进站信号机时，应派引导人员接车。”接车办理要点如下：

(1)闭塞方式：正常或电话闭塞。

(2)进路准备：首选正排调车进路，次选单操单锁的方法准备列车进路，开放的调车信号只起锁闭进路的作用。如发生道岔故障时，信号员准备未故障区段的进路，扳道员准备故障区段内的进路(现场手摇道岔)。

(3)接车方式：自动、半自动、自动站间闭塞区段或由封锁区间接入列车有三种接车方式。

①采用开放引导信号的方式接车。

a. 直接开放引导信号(进路上的道岔未进行现场手摇扳动情况下)。

b. 引导总锁闭 + 引导信号(进路上的道岔进行了现场手摇扳动情况下)。

②向列车调度员申请准许使用引导手信号接车的调度命令，派引导员到规定地点显示引导手信号接车(复示器闪红或接车无进站信号机时)。

③派助理值班员以向列车司机显示调车手信号旗(灯)的方式，将列车领入站内(站内无空闲线路满线接车情况下)。

4. 非正常情况下发出列车的办理要点

(1)自动闭塞区段发车要点。

①闭塞方式：正常。

②准备进路：首选正排调车进路，次选单操单锁的方法准备列车进路，开放的调车信号只起锁闭进路的作用。如发生道岔故障时，信号员准备未故障区段的进路，扳道员准备故障区段内的进路(现场手摇道岔)。

③行车凭证：绿色许可证。

④发给行车凭证的依据：监督器表示第一闭塞分区空闲，不表示时为接到前次列车到达邻站的通知或前次列车出发后不少于 10 min 的时间；确认道岔位置正确及进路空闲。

⑤发车方式：

a. 列车无线调度通信设备语音记录装置作用良好的车站，在具备发车条件后，准许使用列车无线调度通信设备通知司机发车。由车站值班员通知司机发车时，必须得到助理值班员或胜任人员具备发车条件的汇报。

b. 车站使用列车无线调度通信设备发车时，通知司机用语为：“×(次)司机、×站[×站×场]×道发车”，并听取复诵无误。司机应答用语为：“×站[×站×场]、×(次)×道发车，司机明白”。“站”可省略。

c. 遇车站列车无线调度通信设备语音记录装置故障时，须向司机显示发车信号。

d. 设有发车表示器时，动车组以外的旅客列车可使用发车表示器发车。

(2)自动站间、半自动闭塞区段发车要点。

①闭塞方式:电话闭塞。

②准备进路:首选正排调车进路,次选单操单锁的方法准备列车进路,开放的调车信号只起锁闭进路的作用。如发生道岔故障时,信号员准备未故障区段的进路,扳道员准备故障区段内的进路(现场手摇道岔)。

③行车凭证:路票(凡路票作为进入区间凭证的,均需附有相应的调度命令)。

④发给行车凭证的依据:得到列车调度员发布的停止基本闭塞法改电话闭塞法的命令;单线或双线正方向首列为取得接车站承认的电话记录号码(双线为收到的前次发出的列车到达电话记录号码);在进路准备妥当后填发路票。

⑤发车方式:

a. 列车无线调度通信设备语音记录装置作用良好的车站,在具备发车条件后,准许使用列车无线调度通信设备通知司机发车。由车站值班员通知司机发车时,必须得到助理值班员或胜任人员具备发车条件的汇报。

b. 车站使用列车无线调度通信设备发车时,通知司机用语为:"×(次)司机、×站[×站×场]×道发车",并听取复诵无误。司机应答用语为:"×站[×站×场]、×(次)×道发车,司机明白"。"站"可省略。

c. 遇车站列车无线调度通信设备语音记录装置故障时,须向司机显示发车信号。

d. 设有发车表示器时,动车组以外的旅客列车可使用发车表示器发车。

(3)向封锁区间发出救援列车、路用列车发车要点。

①闭塞:不办理闭塞手续。

②准备进路:首选正排调车进路,次选单操单锁的方法准备列车进路,开放的调车信号只起锁闭进路的作用。

③行车凭证:调度命令。

④发车方式:

a. 列车无线调度通信设备语音记录装置作用良好的车站,在具备发车条件后,准许使用列车无线调度通信设备通知司机发车。由车站值班员通知司机发车时,必须得到助理值班员或胜任人员具备发车条件的汇报。

b. 车站使用列车无线调度通信设备发车时,通知司机用语为:"×(次)司机、×站[×站×场]×道发车",并听取复诵无误。司机应答用语为:"×站[×站×场]、×(次)×道发车,司机明白"。"站"可省略。

c. 遇车站列车无线调度通信设备语音记录装置故障时,须向司机显示发车信号。

d. 设有发车表示器时,动车组以外的旅客列车可使用发车表示器发车。

5. 非正常情况下填记行车日志规定

(1)填记行车日志(动车组、旅客列车使用红笔),要做到正确齐全,字迹清晰。

(2)双线反方向运行时,应在记事栏内填记“反”字;多线区间运行时,应在记事栏内填记“ ×线”。

(3)使用路票时,在行车日志记事栏内应填记路票编号(多方向车站还应填记方向)。

(4)正常情况发车站取消预告(闭塞),应在记事栏填记“ ×(时):×(分)取消”。

(5)超限、超长列车应在记事栏内填记“超限”“超长”;加开或停运列车时,在记事栏填记“加开”或“停运”。

(6)向封锁区间开行救援列车、路用列车由区间折返时,应按区间别填记列车到达、出发时刻,并在记事栏中填记“区折”;对请求救援的列车应在记事栏内注明救援事项。

(7)非正常行车时,应在占用区间凭证号码栏填记占用区间号码,并在号码前冠以汉字,如“票 1”“绿 1”;调度命令作为进入封锁区间的许可或凭证时,填记调度命令号码并在号码前冠以“令”字,如“令 ×”。

6. 办理行车凭证的规定

(1)调度命令及各种行车凭证,要做到正确齐全,字迹清晰。

(2)各种行车凭证的站名及调度命令的受令车站须盖站名印,签名处不得盖人名章。

(3)列车调度员通过 TDCS 系统下达的调度命令与《技规(普速铁路部分)》附件 4 等效,车站加盖站名印后,可直接向司机等有关人员交付。

(4)开通 GSM-R 网络的区段,具备使用 CTC/TDCS 系统向机车司机传送调度命令和行车凭证的车站,可使用该功能传送调度命令和行车凭证。

(5)反方向或多线区间使用路票发车时,应在路票左上角加盖“反方向行车”或“ ××线行车”章。发出挂有返回后部补机的列车时,补机司机持路票副页,在路票左上角加盖“副”字。

7. 常见的行车设备故障非正常情况接发列车办理要点

(1)进站信号机红灯灭灯接车。

①故障现象:进站信号机红灯熄灭,控制台或显示屏进站信号复示器闪红灯,导致进站信号机不能显示进行信号和引导信号。

②办理要点:

a. 办理闭塞:正常。

b. 准备进路:正排调车进路或将进路上道岔单操至所需位置,室内单锁。

c. 信号:引导手信号。

d. 使用引导手信号的依据:准许引导接车的调度命令。

(2)进站信号机故障(能显示红灯不能显示进行信号)接车。

①故障现象:当进站(接车进路)信号机允许灯光灯泡断双丝时,显示器信号框显示“信号故障关闭”,同时伴有“信号故障关闭”语音提示,信号复示绿灯(黄灯、白灯)熄灭,红灯闪烁后常亮。

②办理要点：

a. 办理闭塞：正常。

b. 准备进路：正排调车进路或将进路上道岔单操至所需位置。

c. 信号：引导信号。

(3)进站信号机内方第一轨道电路区段故障接车。

①故障现象：进站信号机内方第一轨道电路区段无机车车辆占用，控制台(显示屏)显示轨道电路红光带，导致进站信号机不能开放。

②接车条件：本情况是在进站信号机内方第一轨道电路区段故障(出现红光带)的条件下接入列车。

③办理要点：

a. 办理闭塞：正常。

b. 准备进路：正排调车进路或将进路上道岔单操至所需位置。

c. 信号：引导信号。

关键点：引导信号开放后须断续点击“引导”按钮，重复点击的间隔时间不应超过14 s(标准版联锁应小于15 s)，否则引导信号自动关闭，再次点击“引导”按钮需再次输入口令。

(4)道岔区段轨道电路红光带接车(道岔开通位置正确)。

①故障现象：接车进路上的某一道岔区段轨道电路故障，控制台(显示屏)显示红光带，导致进站信号机不能正常开放。但该道岔区段内所有的道岔均处在所需位置不需扳动，且控制台道岔位置表示正常。

②接车条件：本情况是在接车进路道岔区段轨道电路出现红光带故障锁闭，道岔开通位置正确的条件下接入列车。

③办理要点：

a. 办理闭塞：正常。

b. 准备进路：通过控制台(显示屏)确认接车线路空闲，得到故障区段空闲的报告后，确认进路上的道岔位置。未故障区段正排调车进路或将进路上道岔单操至所需位置，故障区段道岔室内单锁。

c. 信号：引导信号。

(5)道岔区段轨道电路红光带接车(道岔不在开通位置)。

①故障现象：接车进路上的某一道岔区段轨道电路故障，控制台(显示屏)显示红光带，导致进站信号机不能正常开放。故障区段内有一组或几组道岔未在所需位置，需要扳动。

②接车条件：本情况是在接车进路道岔区段轨道电路出现红光带故障锁闭，道岔开通位置不正确的条件下接入列车。

③办理要点：

a. 办理闭塞：正常。

b. 准备进路：未故障区段内正排调车进路或将进路上道岔单操至所需位置；故障区段内的道岔开通位置不正确时就地操纵至所需位置加锁。

c. 信号：引导总锁闭+引导信号。

（6）道岔失去定、反位表示接车。

①故障现象：控制台（显示屏）显示接车进路上的道岔失去定、反位表示（定位或反位表示灯之一或全部熄灭），导致进站信号机不能开放，失去表示13 s后挤岔铃响。

②接车条件：本情况是在接车进路道岔区段轨道电路出现红光带故障锁闭，道岔开通位置不正确的条件下接入列车。

微课：道岔失表接车应急处置

③办理要点：

a. 办理闭塞：正常。

b. 准备进路：未故障区段内正排调车进路或将进路上道岔单操至所需位置；故障区段内的道岔开通位置不正确时就地操纵至所需位置加锁。

c. 信号：引导总锁闭+引导信号。

（7）双线改单线行车时接车（设有双向闭塞设备除外）。

①接车条件：双线中的某一线因线路施工封锁或发生自然灾害及事故等原因，改为单线行车的条件下接入反方向列车。接车前需要确认双线改单线行车、停用基本闭塞法改用电话闭塞法行车、准许引导接车的调度命令。

②办理要点：

a. 办理闭塞：电话闭塞。

b. 准备进路：正排调车进路或将进路上道岔单操至所需位置，室内单锁。

c. 接车方式：引导手信号。

（8）双线改单线行车时发车（设有双向闭塞设备除外）。

①发车条件：双线中的一线因线路施工封锁或发生自然灾害及事故等原因，改为单线行车的条件下发出列车。发车前需要确认双线改单线行车、停用基本闭塞法改用电话闭塞法行车的调度命令。

②办理要点：

a. 办理闭塞：电话闭塞。

b. 准备进路：正排调车进路或将进路上道岔单操至所需位置，室内单锁。

c. 行车凭证：路票。

d. 发给行车凭证的依据：得到列车调度员发布的停止基本闭塞法改电话闭塞法的命令；取得接车站承认的电话记录号码；在进路准备妥当后填发路票。

e. 发车方式：列车无线调度通信设备语音记录装置作用良好的车站，在具备发车条件后，准许使用列车无线调度通信设备通知司机发车。由车站值班员通知司机发车时，必须得到助理值班员或胜任人员具备发车条件的汇报。遇车站列车无线调度通信设备语音记录装置故障时，须向司机显示发车信号。

(9)向封锁区间发出救援列车。

①发车条件:本情况为向封锁区间发出救援列车。

②办理要点:

a. 封锁区间:向列车调度员申请区间封锁的调度命令。

b. 办理闭塞:不办理行车闭塞手续。

c. 准备进路:正排调车进路或将进路上道岔单操至所需位置,室内单锁。

d. 行车凭证:调度命令。

e. 发车方式:列车无线调度通信设备语音记录装置作用良好的车站,在具备发车条件后,准许使用列车无线调度通信设备通知司机发车。由车站值班员通知司机发车时,必须得到助理值班员或胜任人员具备发车条件的汇报。遇车站列车无线调度通信设备语音记录装置故障时,须向司机显示发车信号。

(10)向施工封锁区间发出路用列车。

微课:施工维修时特定行车办法

①发车条件:本情况是向施工封锁区间发出路用列车。

②办理要点:

a. 封锁区间:向列车调度员申请区间封锁、准许施工的调度命令。

b. 办理闭塞:不办理行车闭塞手续。

c. 准备进路:正排调车进路或将进路上道岔单操至所需位置,室内单锁。

d. 行车凭证:向施工封锁区间开行路用列车的调度命令。

e. 发车方式:列车无线调度通信设备语音记录装置作用良好的车站,在具备发车条件后,准许使用列车无线调度通信设备通知司机发车。由车站值班员通知司机发车时,必须得到助理值班员或胜任人员具备发车条件的汇报。遇车站列车无线调度通信设备语音记录装置故障时,须向司机显示发车信号。

※思维延伸

非正常情况接发列车的实质

非正常情况接发列车的实质就是一种"代替",是一种"缺啥补啥"的过程。较正常接发列车组织而言,非正常情况接发列车"办理闭塞、准备进路、开放信号、接车与发车"各环节与正常接发列车的步骤完全一致,所不同的是在某些程序的办理方式上有所不同。如在准备列车进路环节,正常情况下,车站通过操作联锁设备进路的始端按钮+进路终端按钮后,列车进路自动建立、信号自动开放;而在非正常情况下准备进路,是靠人工采用"正排调车进路"或"单操单锁"的方式来完成,列车信号则以引导信号或交付行车凭证来代替。非正常情况接发列车组织过程中,只要牢记大程序不变、区分方式方法，加之夯实日常的应急演练，就能在非正常情况接发列车过程中把控好办理要点。

任务布置

B站方向K605次列车计划在C站通过。当K605次列车自B站发车后，C站管辖范围内突遇非正常情况或出现行车设备故障。列车运行情况如图4-3-1所示。

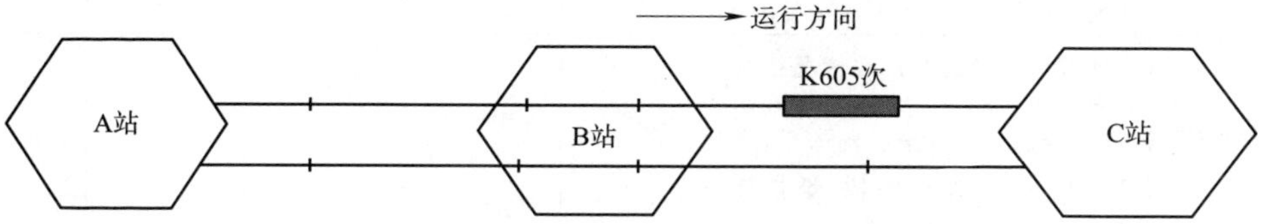

图4-3-1 K605次列车运行情况

如果你是C站车站值班员，请回答以下非正常情况下接发列车的办理要点：

(1)进站信号机红灯灭灯时(闭塞方式、准备进路、信号)。

(2)道岔区段轨道电路红光带故障(道岔开通位置正确)时(闭塞方式、准备进路、信号)。

(3)联锁设备出现道岔失表故障时(闭塞方式、准备进路、信号)。

(4)双线改单线行车(设有双向闭塞设备除外)时(闭塞方式、准备进路、行车凭证、发车方式)。

(5)半自动、自动站间闭塞区段道岔区段轨道电路故障(道岔开通位置不正确)时(闭塞方式、准备进路、行车凭证、发车方式)。

(6)向封锁区间发出救援列车、路用列车(闭塞方式、准备进路、行车凭证、发车方式)。

任务实施

序号	作业项目	作业内容
1	进站信号机红灯灭灯时接车	
2	接车进路道岔区段轨道电路红光带故障时(道岔开通位置正确)接车	
3	接车进路道岔失表故障时接车	
4	K605次列车C站双线改单线(自动闭塞无双向闭塞设备)发车	
5	K605次列车在C站发车进路轨道电路故障(道岔开通位置不正确)时，向自动站间闭塞区段发车	
6	C站向封锁区间发出救援列车(路用列车)	

任务评价

评价项点	评价标准	本人自评得分（20%）	小组互评得分（20%）	校内教师评价得分（30%）	企业导师评价得分（30%）	综合得分
知识点掌握（30%）	熟知非正常情况接发列车的范畴、原则、闭塞办理、进路准备、开放信号、办理凭证等关键作业环节的作业标准、风险卡控、作业程序等知识点					
技能点运用（40%）	能按照正确的非正常情况接发列车作业标准、规定程序、规章制度、调度命令完成接发列车工作。会使用设备、车机联控、填记凭证、运统46登记等作业					
职业素养（30%）	具备遵章守纪、勤奋好学、认真负责、爱岗敬业的职业精神和铁路作业标准化执行力					
综合评价						

学生感悟

思考总结	
心得分享	

任务4　接发列车应急处置实训演练	编号	XM4-4
	岗位及等级	车站值班员高级 助理值班员高级

学习目标

1. 知识目标

(1)熟知非正常情况下应急处置程序。

(2)掌握非正常情况接发列车作业标准。

2. 技能目标

会采用正确的方式,使用规范用语按应急处置程序完成非正常情况下接发列车工作。

3. 素养目标

(1)培养认真负责、勤奋好学、爱岗敬业的职业精神。

(2)提升遵章守纪的执行力。

(3)树立超前防范、负重争先、勇于担当的安全责任意识。

所需工具备品材料

序　号	名　称
1	《技规(普速铁路部分)》
2	《调规(普速铁路部分)》
3	《铁路接发列车作业》
4	计算机联锁设备
5	列车无线调度通信设备

工作安全

(1)“能发现、懂危害、会拦停、快处置、懂接发、知风险”是处理行车设备故障接发列车的必须项,实训演练是提高作业能力、确保行车安全的法宝。

(2)“知标、学标、落标、对标”是接发列车应急处置的基础。

(3)行车人员在接发列车时要严格遵守《铁路车站行车作业人身安全规定》。

关联任务

项目1任务2、任务3、任务4,项目2任务2,项目3任务1、任务2,项目4任务1、任务2、任务3。

知识准备

4.4.1 自动闭塞区段进站信号机红灯灭灯接车

1. 故障现象与判断

(1)故障现象。

正常办理预告、邻站已发车后,车站值班员在布置接发车进路时,进站信号机复示器出现红闪或灭灯的故障现象,语音提示“S(X)主灯丝断丝”,联锁设备报警信息框显示“S(X)主灯丝断丝”。

(2)故障判断。

此现象可判断为进站(接车进路)信号机红灯熄灭,红灯灯泡断双丝,进站信号机不能显示进行信号和引导信号,属于信号机故障,可判断属电务部门原因。

(3)使用故障通知按钮。

车站值班员亲自或指派信号员点击故障通知按钮。

图片:自动闭塞区段进站信号机红灯灭灯复示器闪红灯的故障现象

故障现象图片可扫描本页二维码查看。

2. 行车应急处置

车站值班员:"××(次)、××**站**[场]、机外停车。"

列车司机:"××(次)、××**站**[场]、机外停车,司机明白。"

3. 静态处置程序

(1)向列车调度员报告。

车站值班员:"××**站**[场]报告,××点××分,××**进站**[接车进路]信号机故障,目前影响情况……"

(2)通知盯控干部上岗。

车站值班员电话通知值班干部立即上岗,干部接到通知要在10 min内上岗,上岗后要了解具体情况,确认运统46登记正确后签认,准备填记"接发列车卡控表"。

(3)通知设备部门检查设备。

车站值班员电话或现场通知电务部门立即现场检查设备,并将通知时间和被通知电务人员的姓名记录在运统46。

(4)登记"行车设备检查登记簿"(电务)。

①登记时间:设备故障实际发生的时间。

②登记样式:(××方向)×行××进站(接车进路)信号机,不能开放。

(5)通知站段安全生产指挥中心。

车站值班员:"安全生产指挥中心,××**站**[场]报告,××点××分,××**进站**[接车进路]信号机故障,目前影响情况……"

(6)确认"行车设备检查登记簿"销记。

①确认电务部门在"行车设备检查登记簿"(电务)内销记的设备检查完毕时间、检查结果、故障原因、设备停用、行车限制条件、销记签认等事项后,车站值班员进行运统46签认,干部须进行盯控把关。

②确认电务人员销记"设备停用,可以按非正常方式组织行车"的行车限制条件后,才能进行后续的非正常情况接发列车行车组织。

(7)再次向列车调度员汇报。

车站值班员向列车调度员汇报电务部门在运统46内销记的设备检查完毕时间、检查结果、故障原因、设备停用、行车限制条件等事项,根据列车调度员的指示组织非正常情况接发列车。

4. 非正常接车程序及用语

(1)接车条件。

本情况系指本站与发车站正常办理闭塞(预告),列车已从邻站发出,进站信号机红灯灭灯的条件下接入列车。

①接车条件1:确认电务部门销记"电务设备停用,可以按非正常方式组织行车"的行车限制条件。

②接车条件2:得到列车调度员准许按非正常方式组织接发列车的指示。

③接车条件3:向列车调度员申请准许采用引导手信号接车的调度命令。接车前,须向列车司机转达引导手信号接车的调度命令。

调度命令模板:"×行进站(×接车进路)信号停用,列车凭引导手信号的显示进站。"

(2)闭塞办理。

正常接受发车站预告。

(3)准备进路。

①确认准备进路条件。

车站值班员按《站细》规定通知有关人员,确认接车线路空闲。

车站值班员通知信号员:"停止影响进路的调车作业。"(无影响时此项可省略。)

信号员应答:"停止影响进路的调车作业。"确认停止后报告:"影响进路的调车作业已停止。"

②准备接车进路。

车站值班员:"(×方向)、×(次)、×道停车,准备进路。"列车通过时,应办理有关发车作业程序,车站值班员认为需指定延续进路或办理变通进路时,一并通知。

信号员:"(×方向)、×(次)、×道停车,准备进路。"

车站值班员:"执行。"

信号员正排调车进路或将进路上道岔单操至所需位置,确认进路正确室内单锁后,口呼:"(×方向)×道接车进路好(了)。"

车站值班员:"好(了)。"

(4)引导接车。

①向司机转达调度命令。

车站值班员使用调度命令无线传送系统传送引导手信号接车的调度命令或按规定使用列车无线调度通信设备向司机转达。

②通知引导员接车。

车站值班员通知引导员:"(×方向)×(次)、(×点)×(分)开过来(了),引导接车。"

引导员复诵:"(×方向)×(次)、(×点)×(分)开过来(了),引导接车。"

车站值班员:"执行。"

引导员到规定地点,按规定时机显示引导手信号。引导人员接车时,应在引导员接车地点标处或在进站信号机、进路信号机或站界标外方,显示引导手信号接车。列车头部越过引导手信号,即可收回引导手信号。

引导手信号显示方式见项目2任务3。

③车机联控。

车站值班员确认引导员到位后主呼司机:"×(次),×站引导接车,×道**停车**[通过],注意引导手信号。"

列车司机:"×(次),×站引导接车,×道**停车**[通过],注意引导手信号,司机明白。"

(5)通知接车。

信号员通过信号操作终端监视信号及进路表示,第二(三)接近语音提示(接近铃响)、光带变红,口呼:"×(次)接近。"

车站值班员再次确认进路正确,应答:"×(次)接近。"

车站值班员通知助理值班员:"×(次)接近,×道接车。"并听取复诵。

助理值班员复诵:"×(次)接近,×道接车。"助理值班员到《站细》规定地点接车,监视列车进站,于列车停妥后返回,通过列车,于列车尾部越过接车地点,确认列车尾部标志后返回,对通过列车擦(划)掉占线板(簿)记载。

(6)列车到达(通过)。

①到达汇报。

信号员通过信号操作终端确认列车整列进入接车线,口呼:"×(次)**到达**[通过]。"对通过列车擦(划)掉占线板(簿)记载。

车站值班员应答:"好(了)。"填写行车日志。对通过列车通知接车站:"×(次)、(×点)×(分)通过。"并听取复诵。

②解锁进路。

车站值班员通知信号员解锁进路。(连续使用同一进路接发列车时可不解锁进路,进路能自动解锁无此项。)

信号员复诵后按规定解锁进路。

③通过计算机报点系统向列车调度员报点。

车站值班员不能使用计算机报点系统时,向列车调度员报点:"×(站)报点,×(次)、(×点)×(分)**到**[通过]。"

※知识拓展

使用引导手信号接车的规定

进站、接车进路信号机不能使用时,应开放引导信号。引导信号不能开放或无进站信号机时,应派引导人员接车。

引导接车时,列车以不超过 20 km/h 速度进站,并做好随时停车的准备。由引导人员接车时,应在引导员接车地点标处(未设的,引导人员应在进站信号机、进路信号机或站界标外方),显示引导手信号接车。列车头部越过引导信号,即可关闭信号或收回引导手信号。

在无联锁的线路上接发列车时,车站值班员除严格按接发列车手续办理外,还应将进路上无联锁的有关对向道岔及邻线上防护道岔加锁。进路上无联锁的分动外锁闭道岔无论对向或顺向,均应对密贴尖轨、斥离尖轨和可动心轨加锁。

使用引导手信号接车须有列车调度员发布的调度命令,车站值班员可使用语音记录装置良好的列车无线调度通信设备向司机发布、转达此调度命令。

4.4.2 半自动闭塞区段道岔失表采用引导总锁闭方式接车

1. 故障现象与判断

(1)故障现象。

排列进路时,道岔暂时(如正在转换)失表,线路断开,道岔名称为红色。道岔挤岔时,线路上挤岔的岔心闪红光,报警窗提示"××道岔挤岔"并有语音报警,道岔名称为红色;或者故障报警框内显示"××道岔挤岔"汉字报警信息,而且该框的底色为红、蓝交替闪烁。

(2)故障判断。

发生挤岔报警,车站值班员应先取消进路后,对该道岔进行定、反位交替单操,每次单操时间间隔不应少于30 s(以控制台时钟为准),如在单操1至3个往返过程中,道岔转换到位、表示恢复后,按正常组织行车,并将道岔转换情况及时通知电务人员。电务人员按照有关规定对该道岔进行要点检查试验,发现问题及时处理。如按照以上操作方式操纵3个往返后,道岔仍未恢复表示,车站值班员在排除故障道岔存在夹雪结冰、障碍物等车务原因后可判定该故障属于道岔故障,不能判明设备管理单位。

(3)使用故障通知按钮。

车站值班员亲自或指派内勤助理点击故障通知按钮。

故障现象图片可扫描本页二维码查看。

图片:半自动闭塞区段接车进路上道岔失去定、反位表示的故障现象

2. 行车应急处置

车站值班员:"××(次)、××站[场]、机外停车。"

列车司机:"××(次)、××站[场]、机外停车,司机明白。"

3. 静态处置程序

(1)向列车调度员报告。

车站值班员:"××站[场]报告,××点××分,×行××道岔失去定、反位表示,目前影响情况……"

(2)通知盯控干部。

车站值班员电话通知值班干部立即上岗。干部接到通知要在10 min内上岗,上岗后要了解具体情况,确认运统46登记正确后签认。准备填记"接发列车卡控表"。

(3)通知电务、工务、公安部门立即检查设备。

车站值班员将通知时间和被通知人员的姓名记录在运统46。

(4)登记"行车设备检查登记簿"(电务、工务)。

①登记时间:行车设备故障实际发生的时间。

②登记样式:×号道岔定(反)位无表示,不能判明设备管理单位。

(5)通知站段安全生产指挥中心。

(6)确认"行车设备检查登记簿"销记。

①确认设备管理单位在"行车设备检查登记簿"(电务)内销记完毕并进行签认,销记故障原因部门须注明行车限制条件。

②组织非正常情况接发列车的前提:必须在确认工务部门销记"设备正常",电化区段亦应得到供电销记"供电设备正常"后,方可根据电务部门销记的故障原因、设备停用、行车限制条件、销记时间等事项组织后续非正常情况发车。

(7)再次向列车调度员汇报。

车站值班员向列车调度员分别汇报设备部门在运统46内销记的设备检查完毕时间、检查结果、故障原因、设备停用、行车限制条件等事项,根据列车调度员的指示组织非正常情况接发列车。

4. 非正常发车程序及用语

(1)接车条件。

本情况系指本站与发车站正常办理闭塞(预告),列车已从邻站发出,本站接车进路上道岔失去定反位表示,进站信号机不能开放的情况下接入列车。

①接车条件1:确认工务部门运统46销记"工务设备正常"(电气化区段亦应得到供电销记设备正常)后,方可根据电务部门销记的道岔故障原因、影响范围、行车限制条件组织非正常行车。

②接车条件2:得到列车调度员准许按非正常方式组织接车的指示。

(2)承认闭塞。

正常与发车站办理闭塞手续,同意闭塞。

(3)准备进路。

①领取手摇把。

车站值班员登记"行车设备检查登记簿"(电务),通知电务部门,一同打开手摇把箱取出手摇把。登记样式:因××,破封使用×(×、×)号手摇把。

②取出勾锁器。

车站值班员根据故障道岔类型,取出数量足够并配套的勾锁器。

③派人领取。

车站值班员通知1、2号扳道员上信号楼(行车室)领取手摇把和勾锁器,现场手摇道岔需电务人员一同到现场配合打开手摇把孔。

④检查接车进路空闲。

车站值班员通知扳道员:"×号,×号道岔失去表示,检查空闲。"并听取复诵。

扳道员复诵:"×号,×号道岔失去表示,检查空闲。"故障区段衔接到发线时还应检查邻线机车、车辆是否越出警冲标。现场检查后,向车站值班员报告:"×号,×号道岔区段空闲。"

车站值班员听取扳道员报告后，应答："×号道岔区段空闲。"

⑤停止影响进路的调车作业（无影响时，此项作业省略）。

车站值班员确认接车线路空闲后，通知信号员"停止影响进路的调车作业。"并听取报告。

信号员复诵："停止影响进路的调车作业。"确认停止后报告："影响进路的调车作业已停止。"

车站值班员通知扳道员："×号，停止影响进路的调车作业。"

扳道员："×号，停止影响进路的调车作业。"确认停止后报告："×号，影响进路的调车作业已停止。"

⑥准备接车进路。

车站值班员通知信号员："（×方向）×（次）、×道停车，准备进路。"车站值班员认为需指定延续进路或需办理变通进路时，一并通知。

信号员复诵："（×方向）、×（次）、×道停车，准备进路。"

车站值班员："执行。"

信号员对未失去表示道岔正排调车进路，确认道岔位置正确后再取消调车进路或将进路上的道岔单操至所需位置，确认进路正确后，口呼："（×方向）×道接车进路好（了）。"

车站值班员听取报告确认正确后，应答："好（了）。"

车站值班员通知扳道员："×号、（×方向）×（次）、×道停车，准备进路。"车站值班员认为需指定延续进路或需办理变通进路时，一并通知。

扳道员复诵："×号，（×方向）×（次）、×道停车，准备进路。"

车站值班员听取复诵无误后，命令："执行。"

扳道员对失去表示的道岔就地操纵至所需位置并加锁，双人确认位置正确、尖轨密贴后，报告："×号，（×方向）×道接车进路好（了）。"（进路上无联锁的分动外锁闭道岔无论对向或顺向，均应对密贴尖轨、斥离尖轨和可动心轨加锁，邻线上无联锁的防护道岔一并就地操纵至规定位置并加锁。）

车站值班员听取报告确认正确后，应答："好（了）。"

车站值班员通知扳道员："×号，确认（×方向）×道接车进路。"

扳道员复诵："×号，确认（×方向）×道接车进路。"

车站值班员："执行。"

扳道员确认进路正确后报告："×号，（×方向）、×道接车进路确认好（了）。"

车站值班员听取扳道员报告后，应答："好（了）。"

(4)引导接车。

①开放引导信号。

车站值班员通知信号员："开放（×方向）×（次）×道引导信号。"

信号员复诵:“开放(×方向)×(次)×道引导信号。”

车站值班员听取复诵无误后命令:“执行。”

信号员开放引导信号前确认未建立敌对进路,在信号操作终端通过引导总锁闭方式开放引导信号,确认引导信号开放后,口呼:“(×方向)×道引导信号好(了)。”

车站值班员确认引导信号正确后应答:“(×方向)×道引导信号好(了)。”

运统46登记样式:因引导接××次列车,破封使用×引总锁、×YA按钮开放引导信号,×引总锁记录由×号变为×号,×YA记录由×号变为×号。

②车机联控。

车站值班员:“×(次),×站引导接车,×道停车(通过),注意引导信号。”

列车司机:“×(次),×站引导接车,×道停车(通过),注意引导信号,司机明白。”

(5)通知接车。

①接近汇报。

信号员通过信号操作终端监视信号表示,接近语音提示(接近铃响)、光带(表示灯)变红,再次确认引导信号开放正确,口呼:“×(次)接近。”

车站值班员再次确认引导信号正确,应答:“×(次)接近。”

②通知接车。

车站值班员通知助理值班员:“(×方向)、×(次)接近,×道接车。”

助理值班员:“(×方向)、×(次)接近,×道接车。”到《站细》规定地点接车,监视列车进站,于列车停妥后返回。通过列车于列车尾部越过接车地点,确认列车尾部标志后返回。

车站值班员通知扳道员:“×号,(×方向)、×(次)接近,×道接车。”

扳道员:“×号,(×方向)、×(次)接近,×道接车。”扳道员到《站细》规定地点接车,监视列车进站,确认全列进入警冲标内方后返回;故障区段不衔接到发线时,扳道员于列车尾部越过后返回。

(6)列车到达。

①到达汇报。

信号员通过信号操作终端确认列车整列进入接车线,口呼:“×(次)到达。”(故障区段衔接到发线时,无此项),填写占线板(簿)。

车站值班员:“好(了)。”填写行车日志。

扳道员向车站值班员报告:“×号,×(次)到达。”(故障区段不衔接到发线时,无此项。)填写占线板(簿)。

车站值班员:“好(了)。”填写行车日志。

②确认完整(旅客列车除外)。

司机或助理值班员汇报:“××次列车完整。”

车站值班员:“××次列车完整。”

③向发车站报点。

车站值班员通知发车站:"×(次)、(×点)×(分)到。"并听取复诵。填记或确认电子行车日志。

④解锁进路。

车站值班员通知信号员:"解锁进路。"(连续使用同一进路接发列车时可不解锁进路。)

信号员复诵后按规定解锁进路。

车站值班员通知扳道员:"×号,解锁进路。"(连续使用同一进路接发列车时可不解锁进路。)

扳道员复诵后按规定解锁进路。

⑤通过计算机报点系统向列车调度员报点。

不能使用计算机报点系统时,车站值班员向列车调度员报点:"×(站)报点,×(次)、(×点)×(分)到。"

⑥办理故障复原。

车站值班员向列车调度员请求并接收使用故障按钮的调度命令,把关于部签认。联锁设备能正常办理复原的,故障复原程序省略。调度命令模板:根据××站申请,现查明××站至××站间×行线区间空闲,准许××站使用故障按钮办理闭塞机复原。

车站值班员通知信号员:"调度命令×号,办理×(站)区间故障复原。"

信号员复诵:"调度命令×号,办理×(站)区间故障复原。"在信号操作终端,点击(破封并按下)故障按钮,办理复原后,口呼:"×(站)区间复原。"

车站值班员确认无误后应答:"好(了)。"

4.4.3 半自动闭塞道岔区段轨道电路红光带发车(道岔未开通发车位置)

1. 故障现象与判断

(1)故障现象。

发车进路轨道电路区段在无车占用的情况下,出现红光带或瞬间闪红故障。

(2)派人检查。

车站值班员通知助理值班员:"×方向、××号道岔区段发生轨道电路红光带故障,现场检查,留取资料。"

助理值班员复诵检查完毕后汇报:"××道岔区段空闲、无异状。"

(3)故障判断。

在排除故障区段无机车车辆占用、无异物、无车辆溜逸等情况后,该轨道电路红光带现象不能判明故障原因,不能判明设备管理单位,电务、工务、供电、公安部门都须通知。

(4)使用故障通知按钮。

车站值班员亲自或指派信号员点击故障通知按钮。

图片:半自动闭塞道岔区段轨道电路红光带道岔未开通发车位置的故障现象

故障现象图片可扫描本页二维码查看。

2. 行车应急处置

(1)首选应急。

应先考虑采取排列变通发车进路的方法组织发车作业,设法绕开故障区段。

(2)拦停列车。

列车在静止状态,无此项。

3. 静态处置程序

(1)向列车调度员报告。

车站值班员:"××站[场]报告,××点××分,××号道岔区段发生轨道电路红光带故障,目前影响情况……"

(2)通知盯控干部。

车站值班员电话通知值班干部立即上岗。干部接到通知要在 10 min 内上岗,上岗后要了解具体情况,确认运统 46 登记正确后签认。准备填记"接发列车卡控表"。

(3)通知电务、工务、供电、公安部门立即检查设备。

车站值班员:将通知时间和被通知电务人员的姓名记录在运统 46。

(4)登记"行车设备检查登记簿"(电务、工务、供电)。

①登记时间:行车设备故障实际发生的时间。

②运统 46 登记样式:×G(×DG)轨道区段红光带,不能判明设备管理单位。

(5)通知站段安全生产指挥中心。

车站值班员:"安全生产指挥中心,××站(场)报告,××点××分,××号道岔区段发生轨道电路红光带故障,目前影响情况……"

(6)确认"行车设备检查登记簿"销记。

①确认设备管理单位在"行车设备检查登记簿"(电务)内销记完毕并进行签认,销记故障原因部门须注明行车限制条件。

②组织非正常情况接发列车的前提:必须在确认工务销记"工务设备正常",电化区段亦应得到供电销记"供电设备正常"后,方可根据电务部门销记的故障原因、设备停用、行车限制条件、销记时间等事项组织后续非正常发车。

(7)向列车调度员汇报。

车站值班员向列车调度员分别汇报设备部门在运统 46 内销记的设备检查完毕时间、检查结果、故障原因、设备停用、行车限制条件等事项,根据列车调度员的指示组织后续非正常情况接发列车工作。

4. 非正常情况发车程序及用语

(1)发车条件。

本情况系指本站与接车站已正常办理了列车闭塞,车站值班员在准备发车进路时发现发车进路上道岔区段轨道电路故障,出站信号机不能开放的情况下发出列车。

①发车条件1:确认工务部门在运统46销记“工务设备正常,无断轨”,电务部门销记“电务设备停用,可以按非正常方式组织行车”的行车限制条件。

②发车条件2:得到列车调度员准许按非正常方式组织发车的指示。向列车调度员申请停用基本闭塞法改用电话闭塞法行车的调度命令。

(2)请求闭塞。

①申请“停基改电”调度命令。

车站值班员向列车调度员报告,并接收停用基本闭塞法改用电话闭塞法行车的调度命令。命令模板:自接令时(××次列车到××站)起,××站至××站间×行线停用基本闭塞法,改用电话闭塞法行车。

车站值班员与信号员互签互控调度命令后,通知信号员:“××站至××站间×行线‘停基改电’。”

信号员复诵后在占线板对应处标注“停基改电”。

②取消原闭塞(如未提前与接车站闭塞无此项)。

车站值班员:“(×点)×(分),取消××次闭塞。”行车日志“记事栏”内记明“××:××取消”。

接车站:“(×点)×(分),取消××次闭塞。”

车站值班员通知信号员:“取消××次,××方向闭塞。”

信号员复诵:“取消××次,××方向闭塞。”点击闭塞机复原按钮,确认闭塞表示灯熄灭后汇报:“××次闭塞取消。”

车站值班员:“好了。”

③通知揭挂。

车站值班员:“标注区间空闲。”

信号员复诵:“标注区间空闲。”使用黑笔在占线板对应处标记“区间空闲”。

④确认区间空闲。

车站值班员确认列车运行计划;根据闭塞表示灯、行车日志及各种行车表示牌,确认区间空闲。

⑤请求闭塞。

车站值班员:“(×方向)×(次)闭塞。”

接车站:“×号,(×点)×(分)同意×(次)闭塞。”

车站值班员复诵接车站发出的电话记录:“×号,(×点)×(分)同意×(次)闭塞。”填记电子行车日志。

车站值班员通知信号员:“(×方向)×(次)闭塞好(了),标注‘区间占用’。”并听取复诵。

信号员复诵:“(×方向)×(次)闭塞好(了),标注‘区间占用’。”并在占线板相应位置擦掉“区间空闲”,标注“区间占用”(使用红笔)。

(3)准备进路。

①领取手摇把。

车站值班员登记“行车设备检查登记簿”(电务),通知电务,打开手摇把箱取出手摇把。

登记样式:因××,破封使用×(×、×)号手摇把。

②取出勾锁器。

车站值班员根据故障道岔类型,取出数量足够并配套的勾锁器。

③派人领取。

车站值班员通知1、2号扳道员上信号楼(行车室)领取手摇把和勾锁器,现场手摇道岔需电务人员一同到现场配合打开手摇把孔。

④检查故障区段空闲。

车站值班员通知扳道员:“×号,×号道岔区段红光带,检查空闲。”并听取复诵。

扳道员复诵:“×号,×号道岔区段红光带,检查空闲。”现场检查确认后报告:“×号,×号道岔区段空闲。”故障区段衔接到发线时还应检查邻线机车、车辆是否越出警冲标。

车站值班员听取报告后应答:“×号道岔区段空闲。”

⑤停止影响进路的调车作业(无影响时,此项作业省略)。

车站值班员:“停止影响进路的调车作业。”

信号员:“停止影响进路的调车作业。”确认停止后报告:“影响进路的调车作业已停止。”

车站值班员:“×号,停止影响进路的调车作业。”

扳道员复诵:“×号,停止影响进路的调车作业。”确认停止后,报告:“×号,影响进路的调车作业已停止。”

⑥准备发车进路。

车站值班员确认列车运行计划和发车条件具备后,通知信号员:“×(次)、×道(×方向)发车,准备进路。”车站值班员认为需办理变通进路时,一并通知。

信号员复诵:“×(次)、×道、(×方向)发车,准备进路。”

车站值班员:“执行。”

信号员对故障区段开通进路的道岔室内单锁,未故障区段正排调车进路或将进路上的道岔单操至所需位置,确认进路正确室内单锁后,口呼:“×道(×方向)发车进路好(了)。”

车站值班员确认进路正确后,应答:“好(了)。”

车站值班员通知扳道员:“×号、×(次)、×道(×方向)发车,准备进路。”车站值班员认为需办理变通进路时，一并通知。

扳道员复诵：“ ×号，×(次)、×道(×方向)发车，准备进路。”

车站值班员：“执行。”

扳道员将进路上故障区段未开通进路的道岔就地操纵至所需位置加锁，双人确认位置正确、尖轨密贴后，报告：“ ×号，×道(×方向)发车进路好(了)。”进路上无联锁的分动外锁闭道岔无论对向或顺向，均应对密贴尖轨、斥离尖轨和可动心轨加锁，邻线上无联锁的防护道岔一并就地操纵至规定位置并加锁。

车站值班员：“好(了)。”

车站值班员通知扳道员：“ ×号，确认 ×道(×方向)发车进路。”

扳道员复诵：“ ×号，确认 ×道(×方向)发车进路。”设进路检查人员时检查确认办法按《站细》规定。

车站值班员：“执行。”

扳道员再次确认进路正确后，报告：“ ×号，×道(×方向)发车进路确认好(了)。”

车站值班员：“好(了)。”

(4)办理凭证、准备发车。

①填写路票。

车站值班员核对车次、区间、电话记录号码，填写路票，路票编号填记在行车日志记事栏内(多方向车站还应填记方向)。可按《站细》规定，由指定的助理值班员填写路票。使用路票时，在行车日志“占用区间凭证号码”栏填记电话记录号码，电话记录号码前冠以“票”字，如“票 1”。可按《站细》规定，由指定的助理值班员填写路票。

使用调度命令无线传送系统传送时，车站值班员先填写纸质路票，然后在 CTC 车务终端编辑路票，双人核对无误后方可传送，收到司机回执后，应与司机核对行车凭证，并告知司机进路准备情况。路票填写如图 4-4-1 所示。

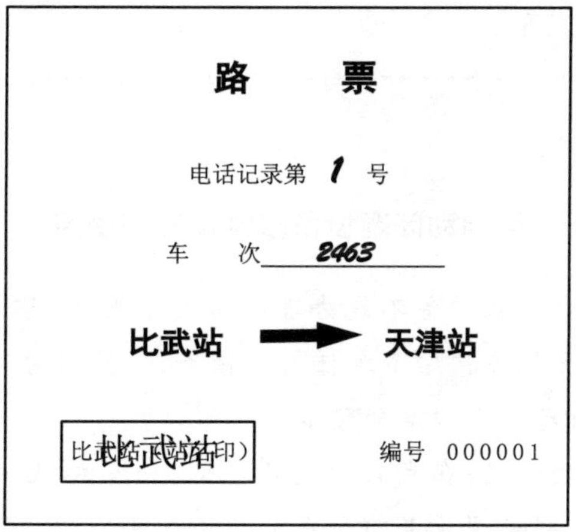

图 4-4-1 路票填写

②准备“停基改电”调度命令。

车站值班员打印或抄写列车调度员下达的停用基本闭塞法改用电话闭塞法行车的调度命令。

③核对路票、核对调度命令。

车站值班员与助理值班员核对路票，核对“停基改电”的调度命令，核对正确后加盖站名印，通知助理值班员：“将 ××凭证、××调度命令交付 ×道 ××次列车司机。”

助理值班员与车站值班员核对路票和调度命令。

④通知发车。

车站值班员将路票及调度命令交助理值班员，通知助理值班员：“发 ×道 ×(次)。”并听取复诵。

助理值班员复诵：“发 ×道 ×(次)。”出场发车前通过信号操作终端确认发车进路正确。

车站值班员通知扳道员：“ ×号，发 ×道 ×(次)。”并听取复诵。

扳道员复诵：“ ×号，发 ×道 ×(次)。”

⑤确认现场发车进路、要道还道(可使用无线对讲设备口述对道)。

助理值班员面向扳道员显示发车股道号码信号。

扳道员确认进路正确后，面向助理值班员先还股道号码信号，再显示道岔开通信号。

⑥交付凭证、确认发车条件。(使用调度命令无线传送系统传送时无此项作业，具体发车条件的确认，按《站细》规定执行。)

助理值班员与司机核对路票，确认正确后，与调度命令一并交付司机。确认旅客上下、行包装卸和列检作业等完了(或得到通知)发车条件具备后汇报：“ ××站信号楼(行车室)、×道发车进路好(了)，×号路票和 ××号‘停基改电’调度命令已交付 ×道 ××次司机。”

车站值班员：“好了。”询问 ××次司机是否收到 ×号路票和 ××号“停基改电”调度命令，确认正确后组织发车。

※思维延伸

半自动闭塞设备故障按钮的使用

故障按钮是半自动闭塞设备不能办理正常复原时，采取特殊方法办理闭塞机复原的功能按钮。由于故障按钮不加任何联锁条件，使用时不论区间是否有车，都能使闭塞机复原，是行车安全的薄弱环节。

需使用故障按钮的情况：在半自动闭塞区间，遇车站轨道电路发生故障、闭塞设备停电后恢复供电、列车因故退回原发车站等情况时，车站值班员确认列车整列到达后,根据列车调度员命令,使用故障按钮,办理人工复原,并在“行车设备检查登记簿”内登记。

使用故障按钮的方法:使用故障按钮办理复原时,区间两端站应相互联系,共同做到“三确认”,即确认列车没有出发、确认区间空闲、确认列车整列到达。

(5)发车作业。

①车机联控。

列车司机:“××**站**[场],××(次)出站联控。”

车站值班员:“××(次)×道发车进路好(了),(去××方向)。”

列车司机:“××(次)、×道发车进路好(了),(去××方向,)司机明白。”

②发车联控。

助理值班员按规定站在适当地点,显示发车信号或使用列车无线调度通信设备(发车表示器)发车。由车站值班员使用列车无线调度通信设备发车时,应确认发车条件具备(或得到报告)。

助理值班员(车站值班员):“××(次)司机,××**站**[场]×道发车。”

列车司机:“××(次)×道发车,司机明白。”

③向接车站报点。

车站值班员在列车起动后,及时通知接车站“×(次)、(×点)×(分)开。”并听取复诵,填记电子行车日志。车站值班员不能确认列车是否起动时,由助理值班员报告车站值班员。

接车站应答:“×(次)、(×点)×(分)开。”

④列车出站。

助理值班员监视列车,于列车尾部越过发车地点,确认列车尾部标志后返回。擦(划)掉占线板(簿)记载。

信号员通过信号操作终端确认列车整列出站,口呼:“×(次)出站。”抹擦占线板记载。信号员不能确认列车整列出站时,无此项作业。

车站值班员应答:“好了。”

扳道员监视列车,确认列车尾部标志,于列车尾部越过最外方道岔后返回,并报告:“×号,×(次)出站。”

车站值班员应答:“好了。”

⑤向列车调度员报点。

车站值班员通过计算机报点系统向列车调度员报点,不能使用计算机报点系统时,向列车调度员报点:“×(站)报点,×(次)、(×点)×(分)开。”

⑥解锁进路。

车站值班员通知信号员："解锁进路。"

信号员复诵后按规定解锁进路。

车站值班员通知扳道员：" ×号，解锁进路。"

扳道员复诵后按规定解锁进路（连续使用同一进路接发列车时可不解锁进路）。

⑦接受到达通知。

接车站复诵接车站列车到达电话记录：" ×号，×（次）、（×点）×（分）到。"

车站值班员：" ×号，×（次）、（×点）×（分）到。"填记或确认电子行车日志。电话记录号码填记在行车日志"占用区间凭证号码"栏。

车站值班员通知信号员："标注'区间空闲'。"

信号员复诵并在占线板相应位置擦掉"区间占用"，标注"区间空闲"。

※警钟长鸣

错误解锁旅客列车进路导致事故发生

1. 事故概述

某日16:51，K73××次旅客列车甲站Ⅲ道通过的过程中，因车站值班员取消调车作业遗留的白光带时按错列车进路上的区故解按钮，导致出站信号复起后重新补办，K73××次旅客列车16:53因信号突变停于甲站至乙站间K460+301处，17:00开车，区间停车7 min。构成错误操纵设备耽误列车一般D15类事故。

2. 原因分析

车站值班员对遗留白光带进路解锁办法掌握不清，先后尝试使用了总取消、总人解、区故解三种解锁方式，导致作业风险升级，且对本站轨道区段划分不熟，解锁17—23DG遗留白光带时，错解锁了11—15DG轨道电路区段，导致客车机外停车事故发生。

3. 应采取的措施与方法

作业人员使用区故解方式办理人工解锁进路时，应执行"双人确认、呼唤应答"制度。室内车站值班员单人作业时，应加强确认，防止错误解锁已建立的其他进路。

4.4.4 向封锁区间发出救援列车

1. 原因及判断

（1）区间发生机车故障或机车在接触网分相停车不能继续运行（机务部门原因）。

（2）区间发生水害、线路塌方等（自然灾害原因）。

（3）区间发生列车分离事故或其他交通事故（突发事件）。

(4)区间发生接触网故障(供电部门原因)。

(5)人为破坏等(治安原因)。

2. 行车应急处置

(1)请求救援。

列车在区间被迫停车不能继续运行时,司机应立即使用列车无线调度通信设备通知两端站(列车调度员)及车辆乘务员(随车机械师),报告停车原因和停车位置,根据需要迅速请求救援。对已请求救援的列车,不得再行移动,并按规定对列车进行防护。

(2)掌握情况。

车站值班员接到司机故障不能运行通知后,询问司机停车原因、列车停车位置、现场情况。具体信息包括司机及车长姓名、机车型号、直供电、双风管、机车停车里程、坡度、隧道、分相(上网点)、列车编组内容、LKJ 版本号等信息,并在 CTC/TDCS 车站终端上确认位置。

(3)拦停列车。

车站值班员接到司机通知后,应将区间内列车运行情况通知司机,立即通知已进入区间的后续列车立即停车,并使用列车无线调度通信设备转告区间内有关列车"注意运行"。在停车原因消除前不得再放行追踪、续行、邻线列车。需组织旅客疏散时,车站值班员得到列车调度员准许后,扣停邻线列车并通知司机,司机通知有关作业人员办理。

3. 静态处置程序

(1)向列车调度员汇报。

向列车调度员汇报请求救援列车车次、机车停车里程、停车原因、现场情况、影响范围、司机及车长姓名、机车型号、列车总重、换长、直供电、双风管、坡度、隧道、分相、列车编组内容、LKJ 版本号等信息;向列车调度员提供区间救援端线路里程。

(2)通知盯控干部上岗。

电话通知值班干部立即上岗。干部接到通知要在 10 min 内上岗,上岗后要了解具体情况,确认运统 46 登记正确后签认。准备填记"接发列车卡控表"。

(3)通知安全生产指挥中心。

(4)接收救援调度命令。

根据列车调度员的调度命令和指示组织救援,做好救援各项准备工作。救援调度命令必须注明被救援列车或车列的救援端里程;站内采用调车方式救援时,不发布调度命令。

4. 发出救援列车程序及用语

(1)发车条件。

①向封锁区间发出救援列车时,不办理行车闭塞手续,以列车调度员的命令作为进入封锁区间的许可。

②站长或胜任人员携带列车无线调度通信设备或 GSM-R 手持终端、简易紧急制动阀、列尾钥匙等行车备品做好跟车准备。

(2)请求发车。

①请求封锁区间。

车站值班员向调度员报告情况,请求救援,接收向封锁区间开行救援列车的调度命令,通知信号员"标注'封锁区间'"。遇调度电话不通时,救援列车以车站值班员的命令作为进入封锁区间的许可。

调度命令模板:自接令时起, ××站至 ××站间 ××行线区间封锁。准许 ××站(利用 ××机车)开 ××次列车,进入 ××站至 ××站间 ××行线封锁区间 ××km ××m 处进行救援,将 ××次列车推进(拉回)至 ××站(返回开 ××次列车)(按救援负责人的指挥办理)。

信号员复诵并在占线板相应位置标注"封锁区间"。当区间封锁时,在该区间接车的始端或发车的终端列车按钮上戴帽,并在揭示板对应位置使用红笔标记"封锁区间"字样。

②布置计划。

车站值班员确认列车运行计划,向信号员布置开行救援列车计划:" ×道、**×(次)**[×号机车]担当 ×(次)救援列车,折返 ×(次)。"并听取复诵。

信号员复诵:" ×道、**×(次)**[×号机车]担当 ×(次)救援列车,折返 ×(次)。"并填写占线板(簿)。

车站值班员确认列车运行计划,向助理值班员布置开行救援列车计划:" ×道、**×(次)**[×号机车]担当 ×(次)救援列车,折返 ×(次)。"并听取复诵。

助理值班员复诵" ×道、**×(次)**[×号机车]担当 ×(次)救援列车,折返 ×(次)。"并填写占线板(簿)。

(3)准备进路。

①停止影响进路的调车作业(无影响进路的调车作业时,此项作业省略)。

车站值班员通知信号员:"停止影响进路的调车作业。"并听取报告。

信号员复诵:"停止影响进路的调车作业。"确认停止后报告:"影响进路的调车作业已停止。"

②准备发车进路。

车站值班员通知信号员:" ×(次)、×道(×方向)发车,准备进路。"

信号员复诵:" ×(次)、×道(×方向)发车,准备进路。"

车站值班员听取复诵无误后命令:"执行。"

信号员正排调车进路或将进路上有关道岔单操至所需位置,确认进路正确室内单锁后,口呼:"(×方向) ×道发车进路好(了)。"

车站值班员确认进路正确应答:"好(了)。"

(4)准备发车。

①办理凭证。

车站值班员打印向封锁区间开行救援列车的调度命令,与助理值班员核对向封锁区间开行救援列车的调度命令，确认无误后加盖站名印。使用调度命令无线传送系统传送调度命令，收到司机回执后，与司机核对调度命令，并告知司机进路准备情况。

助理值班员与车站值班员核对调度命令。

②交付凭证。

车站值班员将调度命令交助理值班员并通知："发 ×道、×(次)。"并听取复诵。

助理值班员复诵"发 ×道、×(次)。"出场发车前，通过信号操作终端确认发车进路正确。与司机核对调度命令，确认正确后交付司机(使用调度命令无线传送系统传送时，无此项作业)。

③通知站长或胜任人员。

车站值班员通知站长或胜任人员携带相关备品(列车无线调度通信设备或 GSM-R 手持终端、简易紧急制动阀、列尾钥匙等)上救援列车。在事故调查组人员到达前，站长或胜任人员应随乘发往事故地点的第一列救援列车(分部运行时挂取遗留车辆的机车除外)到事故现场，负责指挥列车有关工作。

④确认发车条件。

助理值班员确认救援列车发车条件已具备，站长或胜任人员上车后，汇报："××站信号楼(行车室)、×道发车进路好(了)，××号调度命令已交付 ×道 ××次司机，发车条件具备。"

车站值班员："好了。"

(5)发车作业。

①车机联控。

列车司机："××**站**[场]，××(次)出站联控。"

车站值班员确认救援列车发车条件已具备，口呼："××(次)×道发车进路好(了)，(去 ××方向)。"

列车司机："××(次)、×道发车进路好(了)，(去 ××方向)，司机明白。"

②发车联控。

助理值班员按规定站在适当地点，显示发车信号或使用列车无线调度通信设备(发车表示器)发车，由车站值班员使用列车无线调度通信设备发车时，应确认发车条件具备(或得到报告)。

助理值班员(车站值班员)："××(次)司机，××**站**[场] ×道发车。"

列车司机："××(次) ×道发车，司机明白。"

③向接车站报点。

车站值班员在列车起动后，及时通知接车站："×(次)、(×点) ×(分)开。"并听取复诵。填记或确认电子行车日志。

接车站："×(次)、(×点) ×(分)开"。

④列车出站。

助理值班员监视列车，于列车尾部越过发车地点，确认列车尾部标志后返回。擦

(划)掉占线板(簿)记载。

信号员通过信号操作终端确认列车整列出站口呼:"×(次)出站。"擦(划)掉占线板(簿)记载。

车站值班员听取报告后,应答:"好(了)。"

⑤通过计算机报点系统向列车调度员报点。

车站值班员不能使用计算机报点系统时,向列车调度员报点:"×(站)报点,×(次)、(×点)×(分)开。"

⑥解锁进路。

车站值班员通知信号员:"解锁进路。"

信号员复诵后按规定解锁进路。(进路能自动解锁时无此项作业。)

任务布置

A 站至 C 站为下行方向,列车运行计划为 B 站下行方向发 2463 次旅客列车。列车运行情况如图 4-4-2 所示。

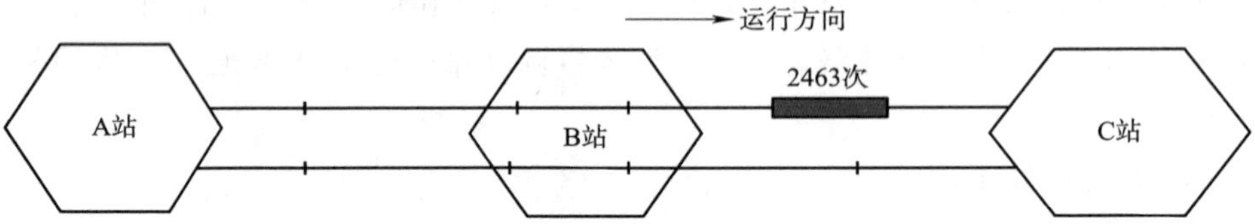

图 4-4-2　2463 次列车运行情况

请回答下列问题:

(1)自动闭塞区段,C 站车站值班员在准备 2463 次旅客列车接车进路时,进站信号机复示器出现闪红灯故障现象,进站信号不能正常开放。请 C 站车站值班员按时间顺序回答行车应急处置流程及组织非正常接入列车的程序及用语。(提示:非正常情况或设备故障判断、行车动态应急处置、静态处置程序、非正常情况接发列车程序及用语,下同。)

(2)半自动闭塞区段,C 站车站值班员在准备 2463 次旅客列车接车进路时,接车进路上的道岔发生道岔挤岔报警,道岔发生故障,进站信号不能正常开放。请 C 站车站值班员按时间顺序回答行车应急处置流程及组织非正常接入列车的程序及用语。

(3)半自动闭塞区段,B 站车站值班员在准备 2463 次旅客列车发车进路时,道岔区段出现轨道电路红光带故障(故障区段内道岔未开通发车位置)。请 B 站车站值班员按时间顺序回答行车应急处置流程及组织非正常发出列车的程序及用语。

(4)2463 次旅客列车运行到 B 站至 C 站间机车发生故障,不能继续运行,列车司机请求救援。请 B 站车站值班员回答向封锁区间发出救援列车的应急处置流程及非正常发出列车的程序及用语。

任务实施

序　号	作业项目	作业内容
1	自动闭塞区段，C站在准备2463次旅客列车接车进路时，进站信号机复示器出现闪红灯故障现象，进站信号不能正常开放。按时间顺序回答行车应急处置流程及组织非正常接入列车的程序及用语	
2	半自动闭塞区段，C站在准备2463次旅客列车接车进路时，接车进路上的道岔发生道岔挤岔报警，道岔发生故障，进站信号不能正常开放。按时间顺序回答行车应急处置流程及组织非正常接入列车的程序及用语	
3	半自动闭塞区段，B站在准备2463次旅客列车发车进路时，道岔区段出现轨道电路红光带故障（故障区段内道岔未开通发车位置）。按时间顺序回答行车应急处置流程及组织非正常发出列车的程序及用语	
4	2463次旅客列车运行到B站至C站间机车发生故障，不能继续运行，列车司机请求救援。回答向封锁区间发出救援列车的应急处置流程及非正常发出列车的程序及用语	

任务评价

评价项点	评价标准	本人自评得分（20%）	小组互评得分（20%）	校内教师评价得分（30%）	企业导师评价得分（30%）	综合得分
知识点掌握（30%）	熟知各类非正常情况及行车设备故障的判断方法；熟知行车动态应急处置措施；掌握静态应急处置程序标准及内涵；熟知在各类非正常情况接发列车的办理要点、作业程序和岗位作业技术要求					

续上表

评价项点	评价标准	本人自评得分(20%)	小组互评得分(20%)	校内教师评价得分(30%)	企业导师评价得分(30%)	综合得分
技能点运用(40%)	能根据设备故障现象准确判断对列车运行的影响;会使用标准用语进行行车动态应急处置;能准确完成"汇报、通知、登记、确认销记、汇报列车调度员"等在无列车或调车列运行情况下的静态处置程序;能按照作业程序、标准用语完成不同设备、不同情况下的非正常情况接发列车工作					
职业素养(30%)	具备遵章守纪、勤奋好学、认真负责、爱岗敬业的职业精神和铁路作业标准化执行力					
综合评价						

学生感悟

思考总结	
心得分享	

巩固提升

一、填空题

1. 核对临时限速调度命令的车机联控用语为:________。

2. 车站值班员发现或接到行车设备故障的报告后,应立即通知设备管理单位相关人员,并在________内登记。

3. 设备管理单位在"行车设备检查登记簿"中签认销记的________,直接决定了车站值班员能否或该采取何种方式进行后续的非正常行车组织。

4. ________是列车占用区间或闭塞分区的许可。

5. 非正常情况下组织接发列车,应遵循________的原则。

6. ________是非正常情况接发列车组织工作的核心。

7. 非正常情况接发列车时准备进路,设备能使用时采用________的方法准备进路,开放的调车信号只起锁闭进路的作用。

8. 向封锁区间发出救援列车或路用列车,列车进入封锁区间的行车凭证为________。

9. 在非正常情况接发列车过程中，最怕的是________。

二、判断题

1. 接到线路塌坑危及行车安全险情报告后，应立即通知有关列车限速运行。（ ）

2. 集中联锁设备发生道岔失表或道岔挤岔故障，不能判明设备管理单位。（ ）

3. 在自动闭塞区间，车站值班员发现列车占用丢失后，扣停后续列车的车机联控用语为"××（次），前行列车占用丢失，立即停车。"（ ）

4. 车站行车室内一切电话中断，单线行车按书面联络法，双线行车按时间间隔法，列车进入区间的行车凭证均为绿色许可证。（ ）

5. 发生空转的本列不需要应急拦停，但对后续列车须分情况进行应急处置，或注意运行或停车等待。（ ）

6. 在非正常情况时，车站值班员最重要的工作就是在第一时间拦停列车，消除非正常情况和行车设备故障对列车运行的影响，控制事态的发展，将损失降到最低。（ ）

7. 正常情况接发车作业与非正常情况接发车作业程序都是一样的，只是每一个环节的方式方法不一样而已，换言之，就是一种代替。（ ）

8. 非正常情况下接发列车关键环节包含办理时机关、闭塞关、进路关、信号关、凭证关、调度命令关、顺序关等关键环节。其中，进路关是核心，顺序关可以颠倒。（ ）

9. 非正常情况接发列车与正常接发列车工作，只是在作业方式上不同，作业程序和步骤上是完全一样的。（ ）

10. 货物列车车辆走行部有冒火、冒烟，车轮、闸瓦发红、发蓝，车轮抱死、滑行，剧烈振动等严重抱闸情形及零星冒火星或冒火花、异响、闻到焦煳味等一般抱闸情形时，须呼叫司机立即停车。（ ）

三、选择题

1. 机车运行时发生空转，跟随运行的列车为旅客列车时，应立即通知旅客列车限速（ ）越过空转地段。

A. 15 km/h　　B. 20 km/h

C. 25 km/h　　D. 45 km/h

2. JD型计算机联锁系统出现（ ）报警，车站须拦停相关列车。

A. 区间电源报警　　B. 小轨道报警

C. 电源屏报警　　D. 备用设备故障

3. 当降雨量达到封锁警戒值时，工务段调度立即电话通知车站值班员封锁警戒信息（同时安排人员在车站登记），车站值班员要立即通知正在区间运行的列车司机（ ），并向列车调度员报告。

A. 注意运行　　B. 停车

C. 限速运行　　D. 区间降雨量已达到封锁警戒值

4. 非正常情况接发列车准备进路环节最为复杂的故障是(　　)。

A. 进站信号机故障　　　　B. 轨道电路红光带

C. 道岔失表　　　　D. 反方向行车

5. TDCS/CTC 列车占用丢失的无效报警包括(　　)。

A. 列车反方向运行　　　　B. 非正常行车

C. 区间折返　　　　D. 列车救援

6. 在无联锁的线路上接发列车时,对进路上无联锁的分动外锁闭道岔无论对向或顺向,均应对(　　)加锁。具体加锁办法,由铁路局集团公司规定。

①密贴尖轨　　②斥离尖轨　　③翼轨　　④可动心轨

A. ①②③　　　　B. ②③④

C. ①②④　　　　D. ①③④

7. 进站信号机内方第一轨道电路区段故障开放引导信号后,应持续点击引导信号按钮,点击间隔不超过(　　)。

A. 10 s　　B. 13 s　　C. 14 s　　D. 16 s

四、简答题

1. 行车动态问题的类别包括哪些情况?
2. 计算机联锁设备出现轨道电路红光带或瞬间闪红故障的原因有哪些?
3. 自动闭塞区间继电式逻辑检查人工解锁盘给出声光报警的故障现象是什么?
4. 接到列车司机汇报线路晃车的行车应急处置方式是什么?
5. 非正常情况接发列车与正常接发列车组织的区别是什么?
6. 请写出接发列车应急处置的程序和步骤。
7. 非正常情况接发列车的关键环节有哪些?
8. 办理行车凭证有哪些规定?
9. 在非正常情况接发列车过程中,调度命令起哪些作用?
10. 非正常情况下填记行车日志有哪些规定?

五、技能应用题

1. 接到铁路灾害应急电话报警时,车站值班员应如何进行应急处置?
2. 遇哪些非正常情况会影响列车运行?
3. 非正常情况下接入列车方式有哪几种?
4. 非正常情况下发出列车的书面行车凭证包括哪些?
5. 非正常情况下接发列车准备进路有哪些方法?
6. 非正常情况接发列车的难点有哪些?
7. 非正常情况接发列车"能使用行车设备必须使用行车设备"原则的具体做法有哪些?
8. 请写出在非正常情况下发出列车的办理要点。

9. A 站为单线半自动闭塞计算机联锁车站,3 道发 33001 次列车前,发现发车进路上 4 号道岔定(反)位无表示,挤岔铃响(报警),车站值班员如何办理 33001 次列车发车?请写出发车办理流程、作业要点。

10. B 站为双线自动闭塞计算机联锁车站,接 35001 次列车时,进站信号机内方第一轨道电路区段出现红光带,车站值班员如何办理 35001 次列车接车?写出办理流程、作业要点。

参考文献

[1] 中国铁路总公司.铁路技术管理规程(普速铁路部分)[S].北京:中国铁道出版社,2014.

[2]《技规》条文说明编写组.《铁路技术管理规程(普速铁路部分)》条文说明[M].北京:中国铁道出版社,2014.

[3] 中国铁路总公司.铁路技术管理规程(高速铁路部分)[S].北京:中国铁道出版社,2014.

[4] 中国国家铁路集团有限公司.中国国家铁路集团有限公司铁路运输调度规则(普速铁路部分)[S].北京:中国铁道出版社有限公司,2022.

[5] 中国国家铁路集团有限公司.中国国家铁路集团有限公司铁路货车统计规则[S].北京:中国铁道出版社有限公司,2020.

[6] 国家铁路局.铁路接发列车作业[S].北京:中国铁道出版社有限公司,2021.

[7] 国家铁路局.铁路车机联控作业[S].北京:中国铁道出版社有限公司,2021.

[8] 中华人民共和国铁道部.铁路交通事故调查处理规则[S].北京:中国铁道出版社,2007.

[9] 中国国家铁路集团有限公司.铁路车站行车作业人身安全规定[M].北京:中国铁道出版社有限公司,2020.

[10] 中国国家铁路集团有限公司.助理值班员(修订版)[M].北京:中国铁道出版社有限公司,2020.

[11] 蓝志江,黄世章.接发列车工作[M].北京:北京交通大学出版社,2023.

[12] 中国国家铁路集团有限公司运输部.铁路车务工作[M].北京:中国铁道出版社有限公司,2022.

[13] 李海荣.接发列车工作[M].北京:北京交通大学出版社,2023.

[14] 孙志辉,刘畅,王建华.非正常接发列车[M].北京:北京交通大学出版社,2023.

[15]《助理值班员》编委会.助理值班员[M].北京:中国铁道出版社有限公司,2023.